# CETTE VIE

KAREL SCHOEMAN

# CETTE VIE

roman

Traduit de l'afrikaans par
PIERRE-MARIE FINKELSTEIN

PHÉBUS

*Illustration de couverture :*
Josef Koudelka
*Czechoslovakia*, 1963.


Titre original de l'ouvrage :
*Hierdie Lewe*


www.phebus-editions.com

La veilleuse vacille et s'éteint; allongée dans l'obscurité, j'entends la respiration régulière de la jeune fille qui dort sur la paillasse au pied de mon lit. C'est sans importance, plus rien n'a d'importance, il ne reste plus qu'à attendre, et peu importe qu'il fasse jour ou bien nuit. Je la connais bien, cette chambre où je dormais quand j'étais enfant, cette vieille bâtisse sur la colline qui surplombe la nouvelle maison de Maans située un peu plus loin, les enclos, les lacs et les collines basses de ce pays plat et gris. Je n'ai même pas besoin de fermer les yeux : les yeux grands ouverts dans le noir, je vois la maison où je suis née, la ferme où j'ai grandi, et si je me levais je retrouverais à tâtons mon chemin sur le sol de bouse séchée de la chambre et sur le nouveau plancher que Stienie a fait poser au salon; rien qu'au toucher, je trouverais le verrou de la porte d'entrée, j'ouvrirais sans hésiter la vieille et lourde porte sans faire grincer les gonds et je sortirais dans la cour. C'est une nuit sans lune mais je n'ai nul besoin du clair de lune pour reconnaître la ferme de ma jeunesse ni pour distinguer le sentier, je marcherais pieds nus sur les pierres sans qu'elles me blessent, longerais les dépendances et l'enclos, franchirais la crête de la colline et me dirigerais vers le cimetière où je m'arrêterais et poserais la main sur le mur fait de pierres empilées les unes sur les autres. Ensuite ? Quoi, ensuite ? Je ne sais plus ce que je suis venue chercher ici. Le reflet argenté de la nuit se voile, le paysage gris s'obscurcit devant mes yeux, je ne sais plus où je suis.

Mais non. Non.

Où suis-je ? Allongée, prise au piège dans l'obscurité, j'entends dans le noir quelqu'un respirer près de moi. Est-ce Dulsie qui est restée dormir sur la peau de mouton au pied de mon lit pour me veiller pendant que je suis malade ? Est-ce Sofie qui s'est endormie en attendant d'entendre frapper au volet ? Mais non, je ne suis plus une enfant, Dulsie est morte depuis longtemps et Sofie aussi ; c'est la fille d'Annie qui me veille et qui s'est endormie parce qu'elle est jeune et fatiguée de sa journée de travail, et qu'une vieille femme mourante dans ce lit ne signifie rien pour elle – pourquoi d'ailleurs devrait-elle ressentir quoi que ce soit pour moi qui ne suis même pas une parente, pourquoi devrait-elle être reconnaissante à Maans de leur faire la charité, à sa mère et à elle ? Elle dort, et c'est sans importance, car de quoi pourrais-je encore avoir besoin, quelle raison aurais-je de l'appeler ? La fille d'Annie – je ne me rappelle plus son nom, mais cela aussi, c'est sans importance.

C'est ma chambre, ça y est, je me souviens, la chambre où je dormais lorsque j'étais enfant : là se trouve la porte qui ouvre sur le salon et là-bas, enfoncée dans l'épaisseur du mur, la petite fenêtre avec son volet intérieur qui donne sur la cour, la grange et les chambres des domestiques. Pourquoi ne la vois-je pas ? S'immisçant par la fente entre le volet et le cadre de bois, la lune éclairait l'intérieur de la pièce et dévoilait l'emplacement de la fenêtre, le rayon de lune se faufilait à l'intérieur par le mince interstice et scintillait dans le miroir, et si j'attends un peu, je verrai à nouveau ce carré dessiné par le clair de lune, le volet s'ouvrir sans bruit, la lumière inonder le plancher et, dehors, mon frère Pieter poser ses mains sur l'appui de la fenêtre pour se propulser à l'intérieur.

Mais non, plus maintenant; non, maintenant je me souviens, et dans l'obscurité une certitude s'impose au milieu de la masse confuse de mes pensées et de mes souvenirs. Dans les dernières années, nous avions fait poser des vitres : comment dès lors Pieter, si jamais il revenait, pourrait-il s'élancer comme autrefois dans la chambre en passant par la fenêtre? La grange et la chambre de bonne où il dormait tombaient en ruine, et Maans les avait fait démolir; Pieter est mort et repose sous la pierre tombale sculptée au ciseau que j'ai commandée au vieil Appie et que j'ai payée de mes propres deniers.

Je n'ai plus aucune raison de me lever, même si je pouvais encore bouger; il n'y a plus rien à faire et plus personne à rechercher, car au fil des ans ils s'en sont tous allés, l'un après l'autre. Où êtes-vous dans cette immense obscurité, m'entendez-vous? Parlez-moi si vous êtes près d'ici, près de cet endroit où, arrivée à la fin de ma vie, je n'arrive pas à dormir, seule dans la nuit, prise au piège de mes pensées et de mes souvenirs; parlez-moi, vous qui savez, expliquez-moi ce que je ne puis comprendre. Mais rien, pas la moindre voix, pas même le froufrou d'une robe noire dans la profondeur de l'ombre : je suis seule dans ce lit, muette et paralysée, seule avec ces pensées dont je ne sais que faire, avec ces souvenirs auxquels je ne puis plus me soustraire et ce savoir terrible dont je me passerais bien.

J'ai trop de souvenirs : toute ma vie, j'ai eu trop d'occasions de regarder, d'écouter, de voir, d'entendre et de me souvenir. J'étais assise à côté d'eux, j'aidais à servir le café, passais les assiettes, débarrassais le plateau; je les entendais parler des mariages et des enterrements, des réunions du conseil presbytéral et des ventes aux enchères, de la carriole d'un noir étincelant et de la plaque de marbre blanc, de toutes ces choses auxquelles ils attachaient de l'importance, et maintenant qu'ils sont morts je m'en souviens encore. J'étais assise à côté d'eux et j'entendais les silences entre les mots, l'hésitation avant la réponse, l'esquive, presque imperceptible ; je surprenais le regard ou le rapide mouvement des mains que personne n'avait remarqué parce que tous fixaient leur attention sur des choses plus importantes, et je m'en souviens encore. Je n'ai pas fait exprès d'emmagasiner toutes ces connaissances et je n'ai pas demandé à les retenir, mais aujourd'hui, au soir de ma vie, je considère toute cette sagesse et je me rends soudain compte qu'elle est loin d'être vaine, qu'elle est comme le renflement de la terre qui révèle les routes cachées le long desquelles la taupe a creusé son tunnel. Tout ce qui subsiste, c'est ce savoir ; tout ce que j'ai retenu de cette vie, c'est cette sagesse accumulée.

Jusqu'où dois-je fouiller le passé ? Aussi loin que remontent mes souvenirs, jusqu'à ce jour où j'étais allée ramasser du miel avec Jakob, Pieter et Gert et où ils m'avaient portée sur leurs épaules au retour parce que j'étais encore toute petite et que j'étais trop fatiguée pour rentrer à pied, jusqu'à cette marche interminable en compagnie de ces hommes jeunes qui riaient et plaisantaient en évoquant leurs exploits du jour tandis que le paysage dur et blafard s'embrasait un bref instant dans le soleil couchant et que les lacs, au loin, étincelaient ? Ou bien plus loin encore, jusqu'à cette époque que les récits, la tradition familiale et mes propres déductions me donnaient le sentiment d'avoir connue, la carriole déglinguée et le petit troupeau de moutons rongés par la gale, les bonnets plissés, le tablier brodé, le bleu et le rouge éclatants des bols rangés dans le placard ? Je ne sais pas : je suis fatiguée, je voudrais me reposer mais le sommeil ne vient pas et rien n'annonce que cette nuit va prendre fin ; seuls demeurent les pensées, les souvenirs, et s'y soustraire n'est plus possible. L'obscurité devant mes yeux, ce corps inerte et cet amas de souvenirs à travers lesquels je dois me frayer un chemin à tâtons. Des mots et des images datant de plus de soixante-dix ans, des bribes de conversations, une petite phrase prononcée par une domestique à la cuisine, quelques mots d'un berger dans le veld, des anecdotes et des récits, des poèmes, des comptines, et les psaumes que nous chantions le soir, autour de la table du salon, ou plus tard, au temple du village : autant de scènes que je serais incapable de replacer dans leur contexte, la maison et la cour illuminées par le clair de lune, les reflets de la lune qui scintillait dans le miroir, et au loin les étincelles sur l'eau du lac qui retenait la lumière, le blanc étincelant des zygophyllums qui se profilaient sur la crête des collines au printemps, l'éclat argenté des élytropappus[1] dans la lumière diffuse du soleil de la fin d'après-midi, l'agneau mort auquel les corbeaux avaient crevé les yeux et l'antilope aux mâchoires maculées de sang séché jetée en travers de la selle ; la plume d'oie, le couteau de poche, le bougeoir sur la table de nuit à côté du lit ; la fraîcheur de la vitre sur mes doigts, la fraîcheur de la pierre, le garde-boue lisse et dur sous ma main le jour où je m'étais arrêtée près de la carriole bâchée. Voilà ce que j'ai retenu et tout ce que je puis faire désormais, couchée dans cette chambre obscure où j'attends le sommeil, c'est passer tous ces souvenirs au crible, seule, sans main pour me guider, sans voix qui murmure à mon oreille. J'étais une enfant calme et timide dont personne ne remarquait la présence, une enfant curieuse au regard éveillé et attentif qui avait le don d'observer et de se souvenir et aujourd'hui encore, ma mémoire et ma raison sont intactes, même si ce sont les seules facultés qu'il me reste. Trier et classer les fragments, les pierres et les éclats, les bouts de chiffon, les fils, les rubans et les petits mots, reconstituer enfin cette histoire dont, pendant toutes ces années, j'ai été l'une des protagonistes, silencieuse et vigilante dans mon coin, en retrait, peut-être aussi comprendre, voire pardonner, éliminer les tourments, les reproches et la souffrance inexprimés, solder les derniers comptes. Me souvenir.

Il faudrait que je me lève, que je remonte le temps et que je traverse les années, seule dans l'obscurité. Que je me déplace dans la maison endormie sans faire de bruit afin

1. Variété d'arbuste (*elytropappus rhinocerotis*, en afrikaans : « *renosterbos* »).

que nul ne m'entende, et que j'ouvre la porte d'entrée ; que je franchisse le seuil et que je m'aventure au-dehors.

La lune n'est pas encore levée, mais dans l'éclat terne et diffus des étoiles je reconnais le monde de ma jeunesse, le vaste paysage où j'ai passé toute ma vie, le pays nu et gris peuplé d'arbustes et de pierres, le pays rude où alternent le givre, la neige et la sécheresse. Pays cruel où je suis née, sol pauvre et pierreux où l'on creusera ma tombe près du mur de pierre du cimetière. J'aimerais, une fois encore, traverser la maison endormie pour dire adieu à la vie ; j'aimerais, une dernière fois, sortir et contempler le paysage, sous le soleil, sous les étoiles, suivre l'étroit sentier qui mène au cimetière derrière la colline et fouiller à tâtons entre les pierres du mur d'enceinte. Plus jamais. Ce n'est que dans mon souvenir que je foulerai les sentiers d'autrefois dans l'obscurité ; ce n'est que dans mes pensées que je me déplacerai encore, sans un bruit, dans la pénombre familière de la maison pour remonter les ans. Me lever et partir, me lever et marcher dans la nuit ; ouvrir la porte et quitter la maison endormie, en franchir le seuil, et sortir dans la cour pour contempler le paysage illuminé par les étoiles. Dix fois, cent fois je refais le trajet dans le noir sur cette route familière sans que personne m'entende, dix fois, cent fois j'hésite devant la porte, j'hésite sur le seuil. Alors seulement je tends la main vers le verrou, tire la porte à moi et sors dans la nuit.

Pays pauvre, pays rude, pays chéri. Comment ai-je pu vivre ici toute ma vie sans jamais te regarder, ou si peu, me contentant de temps à autre de coups d'œil furtifs qui m'ont laissée inassouvie, brûlant toujours du désir de te revoir ? Pays pauvre, terre aride, pays rude peuplé d'arbustes rabougris, de pierres, de cours d'eau asséchés et de sources stagnantes ; nos sources étaient les seules à ne jamais se tarir, et nos lacs les seuls à briller dans la lumière. Pays impitoyable où le chat sauvage déchiquette le mouton et où l'aigle fond sur l'agneau, où l'on retrouve le berger mort dans son abri recouvert d'une fine neige poudreuse et où le pied du chasseur dérape sur les pierres ; pays où le pardon n'existe pas, où le frère se dresse contre son frère et le valet contre son maître, où la transgression n'est jamais pardonnée, où l'écrit perpétue l'imposture, faisant de l'inscription gravée dans la pierre un mensonge.

Je dois continuer, pieds nus dans la pénombre, pas après pas, souvenir après souvenir ; examiner chaque mot dont je me souviendrai et tenter de me remémorer chacun de ceux qui, peut-être, m'auront échappé ; le long des crêtes rocheuses, au fond des crevasses sèches et dans les anfractuosités de cette terre aride, je dois chercher la source rare, le clapotis de l'eau, la terre humide qui, peut-être, aura conservé l'empreinte d'un pied, et voler de découverte en découverte.

Pays de lumière, pays gris aux reflets argentés qui s'éloigne de moi dans la nuit : émerveillée, je contemple la branche d'euryops[1] étincelante dont les feuilles en spirales touffues capturent le reflet de la lumière, et les rochers brillant d'un éclat terne sur les crêtes. Le porc-épic disparaît dans l'ombre parmi les arbustes, le cobra du Cap ondule devant mes pas et, le long des crêtes, les chacals trottinent sans prêter attention aux moutons qui broutent. Je n'ai plus rien à craindre, je marche pieds nus, seule à travers le veld et les pierres, vêtue de ma chemise de nuit qui flotte au vent, jusqu'à ce que j'arrive au bord du plateau, là où la roche tombe à pic, où le ravin est invisible dans l'ombre épaisse, pieds nus sur la corniche, au bord du monde ; je sens la pierre froide sous mes pieds et le vent pénétrant qui me fouette le visage, pourtant je n'ai pas froid, et je ne tremble pas. À mes pieds s'étendent les chaînes de montagnes, les parois rocheuses, les gouffres béants et les plaines du

1. Arbuste originaire d'Afrique australe, souvent à fleurs jaunes, appartenant à la famille des astéracées ; il en existe une centaine d'espèces.

Karoo, les montagnes s'alignent sans fin jusqu'à l'horizon ; au-dessous de moi s'étendent les plaines chaudes où les arbustes exhalent leurs parfums et sur lesquelles, une fois encore, je promène mon regard ; puis je me retourne vers la pente douce du plateau où le vent souffle avec force, vers ce pays où je suis née, ce pays rude, ce pays bien-aimé, lentement je rebrousse chemin sous le ciel étoilé parmi les arbustes et les herbes grossières, franchis les crêtes où se cachent les chacals, les lits rocailleux des cours d'eau asséchés et les crevasses où l'eau, depuis longtemps, a cessé de couler. Je distingue enfin au loin le scintillement des lacs, la forme sombre de la maison couverte d'un haut toit de chaume dont la silhouette se dessine sur la colline, puis l'enclos, la grange, les dépendances et les poiriers en fleur qui resplendissent dans le soleil printanier ; enfin, derrière le potager, le petit sentier qui mène au cimetière, les tas de pierres solitaires et les quelques pierres tombales protégées par le mur d'enceinte.

# 1

La ferme avait été attribuée au grand-père de Papa à l'époque où les premiers Blancs, se frayant à grand-peine un chemin à travers les cols des montagnes du Roggeveld, venaient faire paître leurs troupeaux au bord du plateau. C'est sans doute lui, ou son fils, qui a bâti la vieille maison de pierre qui, dans mon enfance, faisait partie des dépendances, avec ses murs de pierres plates empilées les unes sur les autres et son grand foyer; la première fois que je l'ai vue, le toit de chaume commençait déjà à s'affaisser sur les poutres, et c'est pour cette raison que Maans, plus tard, l'avait fait démolir lorsqu'il avait déplacé les dépendances. Ce n'était pas une très grande ferme, mais elle était bien située, en lisière du plateau, et c'était l'un des meilleurs élevages de moutons du district[1] car elle disposait de bons pâturages et de lacs alimentés par des sources qui étaient rarement à sec, sauf en période de très grande sécheresse.

De mon arrière-grand-père et de sa femme je ne sais rien de plus, et de mes grands-parents guère davantage, car ils étaient déjà tous morts avant ma naissance et Papa était un

1. Le district (en afrikaans, *distrik*) est une unité administrative d'Afrique du Sud, intermédiaire entre la province et la municipalité.

homme assez réservé, peu enclin à parler du passé. Quant à Maman, le passé, elle n'en parlait jamais et se gardait d'y faire la moindre allusion, même incidemment. Tout ce que je sais, c'est que lorsque nous étions enfants, nous ramassions parfois dans le veld des pointes de flèches et que Papa avait dit un jour que quand il était petit, ils avaient dû fuir la ferme en direction du Karoo après avoir été attaqués par des Bochimans ; parfois, en traçant un sillon ou en creusant la terre, nous tombions sur des perles faites de coquilles d'œufs d'autruche polies, sur un bracelet ou encore sur une tombe contenant des crânes et des ossements. Je me souviens aussi qu'un jour Papa avait raconté que dans le temps, des garçons bouchers venaient du Cap pour nous acheter des moutons, et c'est sans doute comme cela que Grand-Père a gagné son argent ; d'après ce qu'on disait, à sa mort, c'était un homme aisé, du moins pour la région. Il avait épousé une femme originaire du Bokkeveld, et c'est lui qui avait fait construire la grande maison ; ou plutôt non, je me souviens que Papa nous disait que c'était elle qui surveillait les ouvriers pendant les travaux, que Grand-Père, comme Papa d'ailleurs, était un homme doux et soumis, et qu'elle avait pris la direction des opérations. Les grands-parents s'étaient installés dans la nouvelle maison, et Maman et Papa, après leur mariage, avaient emménagé dans l'ancienne – celle-là même où sont nés Jakob et Pieter. Ce n'est qu'à la mort de Grand-Père que Papa, Maman et toute la famille sont venus vivre dans la nouvelle maison, cette maison où je suis née et où je mourrai. Mes parents ont fait construire deux pièces supplémentaires, et ensuite personne n'a plus rien changé.

La maison n'était pas particulièrement grande, et l'on ne peut pas dire non plus qu'elle fût imposante – Stienie la trouvait sombre, petite et vieillotte et elle n'a eu de cesse que de s'en faire construire une nouvelle – mais elle était située dans une région pauvre et isolée, où la plupart des paysans devaient se déplacer constamment à la recherche d'eau et de pâturages, franchir la Rietrivier et pousser en direction du Nuweveld ou bien, l'hiver, descendre dans le Karoo ; comparée aux habitations plus sommaires et plus ou moins temporaires du Roggeveld, elle semblait solide et impressionnante, voire imposante – du moins à mes yeux d'enfant. Les murs avaient près de soixante centimètres d'épaisseur, le plafond aux poutres apparentes était surmonté d'un grenier construit spécialement pour résister aux flammes et recouvert d'un haut toit de chaume, les fenêtres étaient petites, avec des volets intérieurs en bois, et les sols étaient en argile – j'étais déjà grande lorsqu'ils ont décidé de faire poser des vitres aux fenêtres ; ou plutôt non, c'était juste avant le mariage de Maans et Stienie, donc j'étais déjà adulte. Malgré cela, la maison n'était pas assez bien pour Stienie, même si elle s'était bien gardée de se plaindre du vivant de Maman – il est vrai qu'il y faisait froid et sombre et qu'elle manquait de confort, mais nous y vivions depuis si longtemps que nous y étions habitués, et puis nous n'avions jamais connu autre chose ; c'est là que Papa est mort, puis Maman, et plus tard c'est là que nous, les enfants, avons grandi, là que Sofie a vécu le peu de temps qu'elle a passé chez nous, là encore que Maans est né – oui, et c'est aussi là que Stienie a habité pendant toutes ces années, jusqu'à ce que Maans fasse construire pour elle la nouvelle maison en pierre dans la plaine, non loin de la route. À partir de ce moment-là, personne ne se soucia plus guère d'entretenir la vieille maison, car il n'y avait plus que Pieter et, dans les dernières années, Annie et sa fille qui y habitaient – pourquoi Maans se serait-il mis en peine pour eux ? La maison a commencé à se délabrer, mais pour l'essentiel elle est toujours comme je l'ai connue lorsque j'étais enfant, il y a de cela soixante, soixante-dix ans, avec un salon sombre et tout en longueur et deux petites chambres de chaque côté : Papa et Maman couchaient dans la chambre de devant, à droite, et plus tard Jakob et Sofie s'installèrent dans celle de gauche ; ma chambre à moi se trouvait derrière celle des parents, avec une fenêtre qui donnait sur la cour et sur les dépendances, et nous verrouillions les volets pour nous protéger de la clarté de la lune. C'est ici que l'on m'a ramenée, dans cette chambre où, allongée dans l'obscurité, j'attends la mort.

Sur le mur du fond, en entrant dans le salon, l'on se serait attendu, dans une région aussi froide que la nôtre, à voir un foyer, mais c'était dans la cuisine que nous faisions du feu et un jour qu'un visiteur faisait une remarque à ce propos, Papa avait haussé les épaules : «Feu ma mère l'a voulu ainsi», avait-il répondu, comme si cela suffisait à tout expliquer. Grand-Mère avait-elle voulu bannir de son salon la préparation des repas et les domestiques? Était-ce sa manière à elle d'imposer son mode de vie dans cette maison dont elle avait surveillé la construction d'un air sourcilleux? Sur le mur du fond, là précisément où l'on se serait attendu à voir un foyer, étaient encastrés deux petits placards munis de portes vitrées, les seules vitres qu'il y eût dans tout le Roggeveld lorsque j'étais enfant, des placards dans lesquels Grand-Mère rangeait sa porcelaine, ses tasses, ses soucoupes et ses petits bols ornés de motifs rouge, blanc et bleu avec çà et là, quelques dorures. Maman ne s'en servait jamais et ne les avait même jamais sortis de leurs placards, et lorsque j'étais enfant, le dimanche après-midi, il m'arrivait de passer des heures entières debout à regarder, derrière les petites portes vitrées, le rouge, le bleu et le doré des motifs de la porcelaine, seules taches de couleur dans notre maison sombre et dans ces régions blafardes et plates où j'ai grandi. C'est probablement Stienie qui en a hérité, bien que je ne me souvienne pas de les avoir jamais vus; un jour, des gens du Boland que ces choses intéressaient étaient venus nous rendre visite au village; Stienie avait dit en passant, d'un air légèrement méprisant, qu'elle avait encore la porcelaine ancienne de Grand-Mère, mais je n'ai jamais su où elle la rangeait, et comme elle la trouvait vieillotte et pas du tout à son goût, elle ne s'en était jamais servie. C'est tout ce que je sais de Grand-Mère : qu'elle était originaire du Bokkeveld et qu'elle avait fait construire une maison avec des placards encastrés dans le mur pour y ranger sa porcelaine. Grand-Père est enterré au cimetière, derrière la colline, et sur sa tombe quelqu'un a laborieusement gravé son nom ainsi que les dates de sa naissance et de sa mort; c'est lui qui est mort le premier, et Grand-Mère avait tenu à lui faire faire une pierre tombale, mais lorsqu'elle est partie à son tour, personne n'a pris la peine d'en faire autant pour elle et elle repose dans l'anonymat, non loin de son mari, sous un tas de pierres envahi par les mauvaises herbes. Papa devait savoir où elle avait été enterrée, mais aujourd'hui plus personne ne serait capable de dire où est sa tombe.

Bien que ce fût surtout cette porcelaine multicolore qui attirait mon attention lorsque j'étais enfant, elle était loin de constituer tout l'héritage que Grand-Père et Grand-Mère nous avaient laissé. Dans mon enfance, nous ne quittions que rarement la ferme, sauf l'hiver pour descendre dans le Karoo, mais lorsque je fus plus grande, nous nous rendîmes plus souvent à des mariages ou à des enterrements dans des fermes voisines et je me mis à apprécier cette prospérité modeste et discrète qu'ils nous avaient léguée : non plus seulement la porcelaine multicolore qui attirait mon attention d'enfant, mais la maison solide avec ses murs épais et les meubles, lourds et simples, fabriqués non pas dans la région mais achetés dans le Boland et transportés en chariot à bœufs à travers les montagnes, le lit à baldaquin de Papa et Maman, les lits de camp, la grande table du salon, les chaises faites de lanières de cuir qui étaient alignées le long des murs et les coffres dans lesquels nous rangions les vêtements et le linge. D'une certaine manière, cette maison et ces meubles qui nous venaient de mes grands-parents nous distinguaient de nos voisins du Roggeveld et, au fur et à mesure que j'en prenais conscience, je ressentais – oui, même moi – un peu de la fierté et de la morgue dont notre famille était imbue et qui ne faisaient que croître de génération en génération.

Seule l'ambition m'avait été épargnée : la tâche qui m'avait été assignée ne consistait en effet ni à lutter, ni à faire des efforts désespérés pour réussir, mais à voir, à entendre et à me souvenir, comme je l'ai enfin compris maintenant que j'arrive à la fin de ma vie.

Lorsque l'on approche de la ferme, que l'on monte du Karoo en empruntant l'ancienne route du col du Vloksberg ou que l'on prenne la route du village, la nouvelle maison est la toute première chose que l'on distingue au loin, avec son toit étincelant qui reflète la lumière bien avant que l'on soit arrivé à destination, et j'étais la seule, chaque fois que nous rentrions avec la calèche, à me pencher en avant, presque instinctivement pour apercevoir la vieille maison dont les dépendances, qui se profilaient contre la colline, semblaient me souhaiter la bienvenue. Aujourd'hui encore, alors que gisant dans l'obscurité je me remémore mon arrivée à la ferme, j'ai l'impression que tout est resté exactement comme avant la construction de la nouvelle maison, car quelle que soit la route que l'on emprunte, que l'on vienne de Groentfontein ou d'Oorlogskloof – le village n'existait pas encore à l'époque –, que l'on suive les traces de roues entre les collines basses et les corniches ou que l'on franchisse le col dans la montagne au-delà de Klipfontein, dès que l'on arrivait sur le plateau, dans ce paysage immense, infini et ondoyant, l'on voyait de très loin, par-delà les arbustes, les herbes ployant sous l'effet du vent et le miroitement des lacs, la maison avec son haut toit de chaume se dessiner contre la crête de la colline, la maison et, en arrière-plan, la grange, l'étable et les autres bâtiments, le verger dont les poiriers étaient battus par le vent et le cimetière avec son mur irrégulier. Tel était le monde de ma jeunesse ; les fermes avoisinantes en marquaient les limites, sauf l'hiver, lorsque nous descendions dans le Karoo.

« Il n'avait pas grand-chose au début, avait dit Herklaas Vlok à l'enterrement de Papa, juste les deux fermes et quelques moutons » ; à sa mort, toutefois, les terres et les troupeaux s'étaient multipliés et je crus percevoir dans la voix du vieil Herklaas un certain agacement. Même si d'aucuns, parmi les habitants du district, étaient un peu jaloux, je ne crois pas qu'il y eût de véritable malveillance et encore moins d'inimitié, car Papa n'était pas homme à se faire des ennemis, c'était un homme calme, taciturne, qui lissait sa barbe et réfléchissait longtemps avant d'exprimer une opinion ou de répondre à une question, quelqu'un dont on écoutait les conseils. Il pesait avec tant de soin le pour et le contre et mettait si longtemps avant de trancher dans un sens ou dans l'autre que c'était souvent Maman qui prenait les décisions ; parfois, emportée par son élan, elle s'impatientait tellement de le voir hésiter qu'elle décidait à sa place, alors que lui en était encore à réfléchir à l'attitude à adopter. Elle tannait le cuir aux garçons à coups de cravache ou de fouet, même lorsqu'ils furent plus grands, et c'était parfois elle qui corrigeait les bergers, chose que Papa, qui avait toujours répugné à lever la main sur qui que ce fût, ne faisait qu'exceptionnellement. Il est fort probable que c'est elle qui, pendant toutes les années que dura leur mariage, l'incita à acheter toujours plus de troupeaux et toujours plus de terres.

Étant la seule fille, j'ai grandi dans la maison auprès de Maman, et elle est morte sous mes yeux ; pendant près de cinquante ans, année après année, elle et moi avons vécu côte à côte, d'abord ici, à la ferme, puis au village, dans la maison où elle s'est éteinte ; que dire d'elle, maintenant que le temps est venu de rassembler mes souvenirs, de tenter d'expliquer et de comprendre ? C'était une femme maigre et brune, vive, toujours de mauvaise humeur et qui avait la dent dure – les domestiques, les voisins, tout le monde vous le dira, et les gens de mon âge, qui s'en souviennent encore, rapportent des anecdotes sur ses colères et son orgueil inébranlable lorsqu'ils pensent que je suis trop loin pour les entendre ; quant à moi, sa fille, malgré près de cinquante ans de vie commune, je ne trouve rien à ajouter, car même à moi elle n'a rien révélé de plus. Comment est-ce possible? Il doit bien y avoir un fil conducteur qui relie entre eux ces gestes et ces paroles isolés, ces fragments, ces éclats, quelque chose qui permette de les réunir et de les assembler, qui permette de comprendre, d'expliquer, ou du moins de *tenter* de comprendre, de *tenter* de pardonner.

Les phénomènes les plus marquants de mes années d'enfance, d'autres s'en souviennent tout aussi bien que moi, à cette différence près que j'ai eu, davantage qu'eux peut-être, la possibilité de les observer : l'ardeur, l'énergie et la passion, l'opiniâtreté confinant à l'entêtement, les accès soudains de rage aveugle et incontrôlable dont la violence nous terrifiait chaque fois; l'ardeur et l'énergie poussées jusqu'à l'obsession, comme si des forces invisibles à tous, sauf à elle, et totalement incompréhensibles – même pour elle – l'attiraient vers quelque but lointain et mystérieux. Cela semble-t-il étrange si je décris les choses de cette manière? J'exagère peut-être un peu, mais j'essaie simplement de trouver les mots pour restituer quelque chose de cette femme inaccessible dans l'ombre de laquelle j'ai grandi, et que j'ai veillée tout au long de sa lente, douloureuse et muette agonie. Je dis bien «j'essaie», et c'est là tout ce que je puis faire.

Passion et obsession – ce sont là, sans doute, les mots qui conviennent le mieux. Sur ses vieux jours, bien des années plus tard, alors qu'elle était mourante, la tension et la pression étaient toujours là, car elles faisaient partie d'elle et elle n'aurait rien pu y changer même si elle l'avait voulu, mais vers la fin de sa vie ce côté obsessionnel s'était calmé, comme si elle avait enfin atteint le but lointain vers lequel elle tendait. Était-ce donc cela qu'elle avait désiré pendant toutes ces années sans en avoir elle-même clairement conscience : l'argent, les fermes, la maison au village, assurer à Maans une bonne éducation et lui donner pour épouse une jeune femme distinguée, la considération dont elle jouissait dans notre petite communauté depuis qu'elle était veuve de Papa, la chaise au premier rang au temple, la petite cape de jais brillant? Était-ce donc là la raison de cette ambition qui n'avait jamais fléchi durant toutes ces années, la raison de cet orgueil jusqu'à cette fin amère et silencieuse?

Ces quelques mots en disent-ils un peu plus sur Maman?

Il y a encore deux autres choses que je sais d'elle, deux choses qui datent d'une époque où je ne la connaissais pas encore, d'un passé auquel elle n'avait jamais fait allusion. Après son enterrement, au village, lorsque tout le monde est venu prendre le café à la maison, j'ai entendu l'un des jeunes hommes demander au vieux Koos van Wyk, au cours de la conversation, si elle était originaire de par chez nous : «Non, avait répondu le vieux Koos, elle vient d'une famille de nomades qui sillonnaient le Karoo.» Il avait dit cela en passant, comme si la chose en soi était sans importance, sans intérêt, sans savoir que j'écoutais, et n'avait plus rien ajouté, sans remarquer à quel point j'étais tétanisée et brûlais d'en entendre davantage. Il est mort depuis longtemps, et avec lui sont morts tous ceux qui savaient peut-être d'autres choses semblables; il ne me reste aujourd'hui que cette seule et unique petite phrase prononcée sur un ton presque méprisant, cette petite phrase et un fragment de mes propres souvenirs d'enfance, une image que j'ai conservée mais qui, faute de pouvoir la replacer dans son contexte, est condamnée à demeurer incertaine et vague.

C'était l'hiver, nous étions descendus dans le Karoo, j'étais encore petite mais je ne saurais pas dire quel âge j'avais exactement; je ne sais même plus si Maans était déjà né ni si Jakob et Pieter habitaient encore avec nous. La seule image qui me soit restée est celle-ci : un jour, un groupe de nomades avait fait irruption dans notre ferme d'hiver avec une carriole déglinguée, quelques chiens squelettiques et un petit troupeau de moutons rongés par la gale; on nous avait expliqué que c'était l'oncle Ruben, le frère de Maman. D'où ils venaient, lui et sa famille, où ils allaient, comment ils nous avaient trouvés et quel était le motif de leur visite, je n'en ai pas la moindre idée ; tout ce que j'ai gardé de cette scène, c'est l'image de ce petit groupe de nomades désespérés dans le soleil hivernal : la femme sous la bâche du chariot qui nous regardait comme si elle craignait d'être mal accueillie, les enfants timides et négligés, l'homme à la barbe noire en broussaille et aux yeux noirs et brillants profondément enfoncés dans leurs orbites, comme ceux de Maman ; mais c'est surtout de Maman elle-même que je me souviens, de la manière dont cet homme étrange et elle s'étaient salués sans manifester la moindre marque d'affection, le moindre signe de reconnaissance, comme si ces gens qui débarquaient dans notre campement étaient des étrangers, et aussi de la façon dont ils s'observaient mutuellement de loin, avec méfiance, tous les sens en éveil, comme s'ils se connaissaient et se comprenaient trop bien pour pouvoir se faire confiance. Je ne crois pas que la visite ait duré très longtemps, ni que la conversation se soit prolongée : le visiteur ayant obtenu ce qu'il était venu chercher – de l'argent, je suppose –, l'étrange petit groupe de vagabonds fit demi-tour et disparut parmi les leucadendrons[1] et les acacias comme il était venu ; personne ne fit jamais plus allusion à leur visite et je n'entendis plus jamais parler d'eux.

Était-ce donc là le monde d'où venait Maman ? Aujourd'hui, rétrospectivement, je me pose la question en fouillant dans mes souvenirs : était-elle la fille d'une famille qui errait de source en source et de ferme en ferme en quête d'un refuge provisoire, poussant devant elle son maigre troupeau, tolérée par les Blancs, méprisée par les métis, petit groupe de vagabonds et de chasseurs à demi sauvages comme il en existait encore à cette époque dans l'intérieur des terres, arpentant le Karoo en tous sens, comme disait le vieux Koos en sirotant son café après l'enterrement de Maman. Oncle Ruben, grand-père Adam – mais d'où

1. Plante de la famille des protéacées.

sortent donc ces souvenirs tout à coup, tels des échos venus du fond d'un puits, toutes ces choses que je croyais avoir oubliées ? Papa tirant la langue, inscrivant laborieusement la date de naissance de Maans dans la Bible familiale à l'aide d'une plume d'oie qui crisse et fait des taches, Sofie debout derrière sa chaise qui le regarde et lui demande si Pieter, lui aussi, porte le prénom de son grand-père : « Non, avait répondu Papa, son grand-père s'appelait Adam, mais nous trouvions que ce n'était pas un prénom pour un enfant. » Il faisait allusion au père de Maman, le grand-père dont Pieter, en tant que deuxième fils, aurait dû porter le prénom. Adam et Ruben étaient pourtant des prénoms bibliques – qui donc avait bien pu s'y opposer ? Était-ce Maman, parce qu'elle préférait oublier les noms et le monde dont elle était issue, ou bien Grand-Mère, qui vivait encore à l'époque, la grand-mère du Bokkeveld aux placards remplis de porcelaine ? Mais dans ce cas, comment se fait-il que Papa ait pu épouser Maman et l'amener jusqu'ici, et comment ont-ils fait pour vivre ici tous ensemble pendant tant d'années, Papa et Maman dans l'ancienne maison, Grand-Père et Grand-Mère dans la nouvelle ? Dulsie devait le savoir, mais elle est morte, elle aussi, et les quelques renseignements qu'elle m'a fournis sont si incomplets et si confus que je serais bien en peine d'imaginer une réponse à partir des souvenirs que j'en ai. Je ne saurai jamais le fin mot de l'histoire ; je ne découvrirai jamais rien qui soit plus près de la vérité que ce souvenir que j'ai conservé de l'oncle Ruben et de sa famille timide et renfermée aux yeux sans cesse sur le qui-vive, qui s'étaient éclipsés de nos vies en catimini tels des loups efflanqués pour rejoindre quelque destination vague et lointaine ; grand-père Adam et oncle Ruben avec leurs chariots de guingois et leurs fusils d'un autre âge, hommes taciturnes aux yeux noirs profondément enfoncés dans leurs orbites.

Mes premiers souvenirs de Maman remontent à une époque où elle devait avoir une quarantaine d'années : sa date de naissance figure dans la Bible familiale, dans la maison de Maans, et aussi sur la grosse pierre blanche qu'il lui a fait ériger au cimetière du village ; il doit encore être possible d'aller vérifier. Je ne me souviens plus de ces choses. À l'époque, elle était déjà mariée depuis plus de vingt ans ; en admettant qu'il y ait eu des objections ou des réserves sur ce mariage, elles ont disparu pour toujours à la mort de Grand-Père et de Grand-Mère ; Maman et Papa emménagèrent dans la nouvelle maison avec les placards aux murs et le lit à baldaquin et la transformèrent pour eux et leurs enfants. Et personne ne mit jamais en doute la propriété de Maman.

Même si – comme l'affirmait Herklaas – Papa n'avait pas hérité de grand-chose, il devait tout de même avoir de quoi vivre et avec le temps, il sut faire fructifier son bien ; certes il n'était pas riche, mais nous vivions néanmoins dans une certaine aisance. Nous n'avons jamais manqué de rien, même en période de sécheresse, même les années où les troupeaux d'antilopes sauvages, les sauterelles ou le gel causaient des dégâts sévères : nous avions toujours de quoi manger – du mouton, du gibier, du blé concassé, du riz, des fruits frais ou séchés si le gel n'avait pas tué les bourgeons, du lait et du beurre en été et parfois même du pain, car nous avions un champ dans lequel Papa semait un peu de blé. Nous possédions des vêtements et des bougies en suffisance, des couvertures de peau et des édredons contre le froid, et nous rapportions du petit bois du Karoo sur le chariot ; la solide bâtisse, avec son toit de chaume et ses volets, nous offrait un abri sûr. Nous ne manquions de rien, mais nous n'avions que le strict nécessaire : Maman veillait jalousement sur le trousseau de clefs avec lesquelles elle fermait et ouvrait portes et placards ; c'était elle qui mesurait et pesait les provisions, et qui raccommodait, reprisait ou transformait nos vêtements : nous n'allumions jamais une bougie inutilement, ne la laissions jamais brûler plus longtemps que nécessaire et ne mettions jamais une souche ou une bûche de trop dans l'âtre.

Nous étions enfants et nous acceptions tout cela sans nous poser de questions, car nous n'avions jamais rien connu d'autre ; isolés comme nous l'étions dans cet univers désolé et rude, la prudence était de mise, mais aujourd'hui, en repensant à tout cela, je me demande si elle n'exagérait pas un peu, avec cette obstination qui la caractérisait. Pourquoi me souviens-je d'avoir vu si peu de visiteurs pendant ma petite enfance, et pourquoi, plus tard, avais-je le sentiment que les gens du district évitaient notre maison ? Pourquoi avait-il été si difficile de les faire venir chez nous pour le bal que nous avions organisé à l'occasion du mariage de Jakob et, plus tard, pour fêter la majorité de Maans ? Le Roggeveld était faiblement peuplé et les routes y étaient mauvaises, aussi les gens ne se rendaient-ils visite que rarement, mais les voyageurs qui traversaient la petite ville de Vloksberg en allant du Karoo au Roggeveld, ou du Karoo au Hantam, passaient tout près de chez nous : pourquoi s'arrêtaient-ils si rarement, à moins d'y être contraints pour remplir leurs tonneaux d'eau ? Était-ce parce qu'ils se rendaient compte que nous ne les accueillions que du bout des lèvres, sans enthousiasme, que nous leur faisions sentir le prix de la moindre miette qu'ils mangeaient, de la moindre bougie que nous allumions pour eux, et que lorsque nous leur faisions l'aumône d'un tonneau d'eau, c'était avec une mauvaise grâce à peine dissimulée ? Je m'empresse d'ajouter que cette attitude était uniquement le fait de Maman, non de Papa ; jamais de Papa. De même, lorsque des voisins venaient demander un conseil ou un service, nous ne les retenions jamais plus longtemps que nécessaire et je n'ai pas le souvenir que les femmes accompagnaient leur mari pour rendre visite à Maman : elles avaient dû se rendre compte, elles aussi, qu'elles étaient reçues comme des chiens dans un jeu de quilles et que personne ne cherchait à les retenir ;

elles avaient dû percevoir, elles aussi, la réserve et l'humeur revêche dont Maman faisait généralement preuve envers les étrangers, elles avaient dû comprendre, dans le silence de plus en plus pesant qui planait au-dessus de la grande table du salon, qu'on leur mesurait à contrecœur chaque cuillerée de thé et qu'on leur reprochait chaque morceau de sucre. Dans notre district, même si les gens n'allaient que rarement les uns chez les autres, nous étions un cas à part et l'on ne nous voyait que très exceptionnellement aux rassemblements organisés dans les fermes voisines. Ce n'est que plus tard que les choses commencèrent à changer, lorsque Maans, devenu adulte, se maria, que nous fîmes construire la maison au village et que Maman, au temple, rejoignit au premier rang les épouses des membres du conseil presbytéral, place qu'elle conserva jusqu'à sa mort. Tout cela, cependant, n'eut lieu que bien plus tard.

C'est Maman, et Maman seule, qui était responsable de cet état de choses ; Papa, lui, n'y était pour rien. Ni cupide ni avare, il était toujours prêt à rendre service et aimait la compagnie, bien qu'il n'eût jamais été très loquace ; après un verre d'eau-de-vie, il pouvait même être jovial, à sa manière, mais sa route était tracée d'avance, comme elle l'est pour nous tous, et la plupart du temps il la suivait d'un air résigné. Une fois, deux fois tout au plus, je le vis devenir livide, plein d'une rage contenue, et Maman lui céda sans qu'il eût besoin d'élever la voix ni même d'insister. C'était elle qui surveillait et mesurait tout avec application, qui économisait sur tout avec parcimonie – serait-ce exagéré de dire avec angoisse, comme si elle avait peur et tentait de se prémunir contre je ne sais quel malheur dont elle aurait eu seule conscience, comme si aucun effort n'eût suffi à éloigner la menace du danger ? Peut-être serait-ce un peu excessif, mais pas totalement. Peut-être le souvenir d'une jeunesse difficile où elle avait eu à souffrir de la faim lui commandait-il de rechercher la sécurité et les certitudes, peut-être ce souvenir était-il réellement mêlé de crainte, je ne sais ; je ne peux qu'essayer de deviner, sans savoir si cela a un sens – la remarque fortuite du vieux Koos lors de l'enterrement, la visite impromptue de l'oncle Ruben et cette manie de tout mesurer, de tout compter, sont les seuls éléments dont je dispose pour tenter de comprendre. À la ferme, lorsque j'étais enfant, je jouais souvent seule près du vieux cimetière derrière la colline, là où les anciens jetaient ce dont ils ne voulaient plus ; je ramassais parmi les pierres des fragments de poterie, de porcelaine, ou encore des morceaux de verre bleu ou mauve. Parfois, certains de ces fragments étaient assez gros et assez grands pour permettre, en examinant l'arrondi et les décorations, de retrouver la forme et le motif de la tasse ou du bol d'origine ; c'est ainsi que se présentent les fragments de souvenirs à partir desquels je dois maintenant tenter de reconstituer la forme et les motifs du passé.

Ma jeunesse fut solitaire, bien que je n'en eusse guère conscience à l'époque ; j'étais la benjamine, et la seule fille. Entre Jakob et Pieter, puis à nouveau entre Pieter et moi, d'autres enfants étaient morts, dont seules les inscriptions dans la Bible familiale et les petits tas de pierre anonymes au cimetière rappelaient encore le souvenir, et nous n'étions que trois à avoir survécu. Jakob, qui était l'aîné, dut assumer de bonne heure sa part de responsabilités et fut toujours un peu le chouchou de Maman, pour autant qu'elle avait jamais témoigné la moindre faveur ou la moindre marque d'affection à qui que ce fût, et il y eut toujours entre lui et moi une distance que notre différence d'âge ne suffisait pas à expliquer ; c'était en outre un être renfermé et peu communicatif. Je n'étais qu'une enfant lorsqu'il est mort, et je garde de lui l'image d'une silhouette sombre et taciturne à la lisière de mon monde d'enfant. On le surnommait Jakob le Brillant, je m'en souviens maintenant ; longtemps après sa mort, les gens qui l'avaient connu l'appelaient encore comme cela. Était-ce par dérision, par admiration ? Était-ce un mélange des deux ? Je ne saurais le dire, et je ne connais pas non plus l'origine de ce surnom, mais on disait qu'il était bel homme et Maman elle-même, sur ses vieux jours, en parlant de lui devant des étrangers, avait dit à plusieurs reprises non sans une certaine satisfaction, qu'en effet il était bel homme. Est-ce vraiment là quelque chose dont je me souviens, ou ce surnom fait-il surgir d'autres images? Ai-je réellement gardé en mémoire l'image d'un cheval à la robe luisante, un magnifique étalon noir au pelage brillant dont j'avais peur lorsque j'étais enfant? C'était peut-être avec ce cheval-là que le soir, dans le Karoo, il traversait le ravin pour se rendre chez le vieux Wessel – à moins que tout cela ne soit le fruit de mon imagination. Je n'étais encore qu'une enfant lorsqu'il est mort, je devais avoir dix ans, douze peut-être.

Ah oui, et je me souviens aussi qu'il avait hérité de la nature irascible de Maman et de son sale caractère. Peut-être est-ce pour cela que les gens ne pouvaient s'empêcher de sourire en pensant à Jakob «le Brillant» ? Il piquait des colères sans raison apparente et traitait durement les ouvriers agricoles, lesquels ne l'aimaient guère. Peut-être tenait-il de la famille de Maman? Cela expliquerait qu'elle prît parfois son parti et le comprît mieux que quiconque.

Pieter, lui – ah, Pieter, c'était un tout autre genre. En fait, je ne l'ai pas connu beaucoup mieux que Jakob – j'ai perdu mes deux frères lorsque j'étais très jeune – mais entre Pieter et moi la différence d'âge était minime et il me consacrait davantage de temps que la plupart des grands frères n'en accordent généralement à leur petite sœur; parfois même il me fabriquait des jouets et s'amusait avec moi quand il ne travaillait pas à la ferme. Pieter était plus proche de Papa; plus fin et plus mince que Jakob, il avait les cheveux blonds et les yeux bleus, était d'un caractère plus enjoué et plus prompt à la repartie, avait l'esprit plus vif et était volontiers taquin et provocateur : Pieter fredonnant une chanson tout en travaillant, Pieter jouant sur un vieux violon ou riant sur la piste de danse au milieu d'un halo de lumière et de poussière aussi fine que du talc. Pourquoi tout cela me revient-il en mémoire après toutes ces années, d'où vient cette image qui surgit tout à coup devant mes yeux? « Celui-là, on peut dire qu'il savait danser ! » avait dit un jour Hesther Vlok dans un soupir – elle avait largement dépassé la quarantaine à l'époque, et cette pensée la faisait sourire : elle était plus âgée que moi et avait dû être l'une de ses cavalières. Pieter, si rapide et si souple sur la piste de danse – cela devait être lors du bal du réveillon de Nouvel An, lorsque Sofie est arrivée chez nous juste après son mariage et que nous avons dansé à la maison. Pieter juché sur le chariot, Pieter dont le corps maigre et blanc s'agrippait aux gerbes, le visage de Pieter devant la fenêtre au clair de lune, le visage de Pieter à la lueur chancelante d'une bougie, Pieter courant en riant dans le veld, traversant en courant les champs de fleurs en automne et s'arrêtant brusquement, cheveux au vent. Plus tard, il cessa de rire et de sourire, irrémédiablement muré dans son silence, et personne n'a jamais su ni ce qu'il pensait, ni ce dont il se souvenait.

Jakob, Pieter et moi – mais de moi, que dire? Lorsque j'étais petite, nous ne possédions pas de miroir, aussi n'ai-je jamais su de quoi j'avais l'air : je devais être une enfant maigre, timide et taiseuse, à l'image de la jeune fille maigre, timide et taiseuse que je suis devenue par la suite. Nous avions tous hérité de la nature passionnée et du tempérament de Maman, mais tandis que les garçons n'avaient jamais appris à brider leur caractère ni à dissimuler leurs sentiments, l'on m'enseigna de bonne heure à rester tranquille, à obéir et à accepter, tant et si bien que les sentiments que je n'avais pas le droit d'exprimer se sont recroquevillés tout au fond de moi et ont proliféré sous la surface. J'étais une enfant maigre et timide toujours occupée à ourler un torchon ou à tricoter un bas sur un banc dans un coin de la pièce, à laquelle personne ne faisait attention et dont tout le monde oubliait très vite la présence, de sorte que les gens disaient devant moi des choses qu'ils eussent peut-être tues en d'autres circonstances, et qu'ils extériorisaient des sentiments qu'ils eussent sans doute dissimulés s'ils s'étaient rendu compte que je les observais. Le visage de Maman pâlissant tout à coup, les mains tremblantes de Papa, l'éclair de haine dans les yeux noirs de Sofie – toutes ces choses, je les ai vues, et bien d'autres encore que personne ne devinera jamais, je les ai retenues et maintenant, parvenue au terme de mon existence, je fouille parmi les débris et les fragments épars et tente de leur donner un sens. La tête penchée sur mon ouvrage, je m'appliquais à ne faire aucun bruit, aucun geste qui pût attirer l'attention sur ma présence ; l'on pourrait dire que j'ai appris à feindre et à jouer la comédie pendant toutes ces années où je suis restée assise là dans mon coin, petite fille discrète, jeune fille sans prétendant puis vieille tante célibataire, toujours quelque part dans un coin, habitant toujours chez les autres, en marge d'un groupe auquel je n'appartenais pas vraiment, en marge de la vie des autres à laquelle je n'avais aucune part, toujours à regarder, à écouter, à épier les faits et les gestes, à emmagasiner les souvenirs.

Telle était notre famille ; il y avait aussi la vieille Dulsie, que j'allais presque oublier – on oublie facilement les domestiques – bien qu'elle eût été à notre service aussi loin que remontent mes souvenirs. Elle était venue du Bokkeveld comme esclave avec Grand-Mère lorsque cette dernière s'était mariée : les parents de Grand-Mère lui avaient fait don de l'enfant comme cadeau de mariage et, des années plus tard, lorsque les esclaves avaient été libérés, elle était restée chez nous et s'était occupée de moi. Dulsie avait toujours regardé de haut les autres domestiques car elle était, comme elle disait, l'esclave attitrée de « la patronne » et dormait dans la maison – au pied du lit de Grand-Mère puis, plus tard, dans la cuisine, devant l'âtre – alors qu'eux, valets et bergers, Hottentots ou Bâtards[1], devaient soit se trouver

1. Nom donné à certains métis de langue afrikaans, d'origine khoï (hottentote) et européenne, en Afrique du Sud et en Namibie. Le nom de la famille Baster a le même sens.

un endroit pour la nuit dans l'une des dépendances, soit se construire un abri de fortune dans le veld. Elle devait déjà avoir un certain âge lorsque je l'ai connue ; elle était sans doute déjà âgée puisqu'elle s'était occupée de Papa quand il était petit, mais c'était elle, avec Maman, qui faisait le plus gros du travail à la maison. Papa l'avait toujours traitée avec un certain respect, sans doute à cause de Grand-Mère, mais Maman n'avait pour elle aucune estime et si Papa n'avait pas été là, Dulsie aurait eu à subir ses sautes d'humeur comme tout le monde.

Grand-Mère avec ses tasses et ses bols en porcelaine bordés d'un fil d'or, Grand-Mère qui avait amené du Bokkeveld son esclave attitrée – tout ce dont je me souviens, c'est que Dulsie me parlait souvent de « la patronne » et que sa voix se faisait plaintive lorsqu'elle faisait allusion au passé. Pourquoi n'ai-je jamais prêté attention à ce qu'elle me racontait ? Elle me décrivait en détail comment elle devait repasser les plis des bonnets de « la patronne » avec un fer à gaufrer, à quel point « la patronne » était maniaque avec ses bonnets. Un soir que nous étions assises toutes les deux devant l'âtre, dans la cuisine, elle extirpa d'un trou où elle rangeait ses affaires un paquet qu'elle défit à la lueur des braises, un petit tablier en soie usé ourlé de fleurs que « la patronne » portait dans les grandes occasions et qu'elle lui avait donné bien des années plus tard, lorsqu'il ne fut plus mettable. Pourquoi ai-je attendu tout ce temps avant de réfléchir à ces choses ? Pourquoi ne lui ai-je jamais posé de questions sur Grand-Mère ? Elle se souvenait sûrement du mariage de Papa et de Maman, elle devait savoir d'où venait Grand-Mère, devait avoir entendu tout ce que Grand-Père et Grand-Mère se disaient sans prêter attention à la présence de leur esclave, devait être au courant des tensions entre Maman et Grand-Mère sans qu'aucune d'elles s'en rende compte ; tout comme l'enfant taciturne dans son coin, elle devait avoir eu l'occasion d'observer et, n'étant liée à Maman par aucune loyauté particulière, rien n'eût pu l'empêcher de parler. Quand je pense à tout ce que j'aurais pu apprendre auprès des domestiques... Mais il est trop tard désormais, Dulsie est morte et enterrée et repose sous l'un de ces petits tas de pierres anonymes de l'autre côté du mur du cimetière, Gert et Jacomyn s'en sont allés et sont sans doute morts eux aussi depuis longtemps, comme elle, loin, hors d'atteinte, emportant avec eux ce qu'ils savaient. La seule chose que je puisse faire, c'est tenter de me souvenir de leurs voix, remonter le temps et écouter ce que peuvent encore me dire les discussions qu'ils avaient au pied du mur de l'enclos, dans la cour de la ferme ou devant l'âtre dans la cuisine sans se soucier de la petite fille blanche qui buvait leurs paroles. En les oubliant, j'ai aussi oublié ce qu'ils savaient.

Il y avait donc les domestiques, à l'intérieur comme à l'extérieur de la maison, dans la cour, présence constante à laquelle j'arrive pourtant à peine, aujourd'hui, à associer des noms ou des visages si ce n'est, de temps à autre, une voix ou des bribes d'une conversation à demi oubliée, un quolibet, un juron, une chanson ou quelques vers. Bien sûr, je me souviens encore du nom de Gert et de son visage car, comme Dulsie, il était là depuis toujours : c'était un Bâtard – enfin, c'est comme cela qu'il se définissait lui-même – qui était arrivé chez nous tout petit, si petit qu'une fois adulte il ne savait plus ni d'où il venait, ni qui étaient ses parents. Papa disait en souriant qu'il l'avait tout simplement trouvé là, un beau jour; il avait grandi aux alentours de la maison, en marge de notre famille, dormant dans les granges, mangeant ce que nous lui donnions quand nous étions à table et portant de vieux vêtements de Papa ou des garçons. Pour les garçons, c'était un camarade de jeux, car ils étaient à peu près du même âge, mais il y avait toujours eu entre Jakob et lui une hostilité sourde; «Jakob n'a jamais pardonné à Gert la raclée que ce dernier lui avait flanquée près de la source», avait dit un jour Pieter pour se moquer de Jakob – cela, je ne l'ai pas oublié; je me rappelle aussi la fois où Gert, le corps raide de colère, un couteau à la main, était devenu tout pâle : « Si jamais tu me touches, espèce de sale Blanc, tu vas voir ce qui va t'arriver », avait-il dit. Était-ce le même jour? À qui s'adressait-il? Ma mémoire me dit que c'était à Jakob, mais je ne sais d'où me vient cette certitude; spectatrice effrayée dans un coin de l'enclos, je me rappelle encore l'odeur du fumier, les pierres dures dans mon dos, et ma peur.

Dulsie dans la maison et Gert quelque part dans la cour avec les garçons en train de travailler, de plaisanter, de jouer – voilà les souvenirs que je garde de mes années d'enfance. Jacomyn n'est arrivée que plus tard, avec Sofie, puis elles sont parties toutes les deux et tout a changé, mais c'était bien plus tard. Des gardiens de troupeaux, en revanche, je ne me souviens pas du tout. Ils étaient dans le veld avec les moutons et se construisaient des cabanes, leurs femmes venaient faire la lessive et cirer les planchers et je jouais parfois avec les enfants, ce qui explique que ce soit d'eux que j'aie conservé le souvenir le plus précis, bien que je ne me souvienne d'aucun en particulier : ils allaient pieds nus, les jambes couvertes de plaies, vêtus d'une robe, d'un pantalon de peau en lambeaux ou d'une vieille couverture. Plus tard, Maman n'a plus voulu qu'ils approchent de la maison, mais je n'avais plus besoin de leur compagnie, plus tard, lorsque tout a changé; je sais simplement qu'ils étaient toujours dans les parages, derrière les poiriers ou bien de l'autre côté du mur de l'enclos, et que nous tolérions leur présence sans leur prêter attention. Les hommes étaient parfois battus parce qu'ils avaient bu ou qu'ils avaient laissé échapper un mouton, on les renvoyait, ou bien ils annonçaient un beau matin qu'ils voulaient s'en aller, disparaissaient parfois simplement dans la nuit avec leurs hardes, et seule la tache noire laissée par leur feu de camp témoignait encore de l'endroit où se trouvait leur cabane.

Dans mon enfance, nous ne possédions que deux fermes, celle du Roggeveld et celle où nous passions l'hiver dans le Karoo, mais il y avait déjà eu des tentatives pour en repousser les limites et je sais que nous avions en permanence des conflits avec les voisins à propos de terres dont la propriété nous était contestée ou de clôtures prétendument déplacées, et l'une des premières choses dont j'aie gardé le souvenir est la manière dont Jan Baster avait été chassé de sa maison, à la lisière de notre ferme. Cette histoire, je n'en ai jamais su le fin mot mais je me rappelle encore ce métis d'un certain âge debout devant la porte, son chapeau à la main, tremblant et bégayant d'indignation à cause de l'injustice au sujet de laquelle il était venu se plaindre à Papa : je devais être encore petite, car je me souviens que j'étais moi aussi indignée, même si je ne savais pas pourquoi. Papa se tenait sur le seuil de la porte, en silence, et je revois encore Maman, juste derrière lui, lui donner une tape dans le dos et lui murmurer à l'oreille : «Dis à cette espèce de Hottentot de décamper!» Je m'en souviens comme si c'était hier : Maman vêtue de sa robe noire, ses paroles, et ce petit geste d'impatience. Un beau jour, quelqu'un avait découvert, ou décidé, que le lopin de terre sur lequel vivait Jan Baster était situé sur notre ferme et lui avait ordonné de déguerpir; Jan, de son côté, affirmait que ce terrain lui avait toujours appartenu, à lui et à sa famille, et qu'avant lui son père avait vécu là, près de la source; un soir, Jakob et Gert avaient sellé leurs chevaux – peut-être agissaient-ils sur ordre – et avaient incendié les petites maisons près de la source. Jakob et Gert se détestaient, mais dans l'isolement où nous vivions il n'y avait place ni pour la haine, ni pour l'affection. Je les revois, Jakob et Gert, peinant côte à côte pour atteler le bœuf ou desceller des pierres du mur de l'enclos avec un pied-de-biche, épaule contre épaule; Jakob et Gert se rendant à Bastersfontein, «la source du Bâtard», pour mettre le feu aux herbes sèches qui recouvraient les petites huttes en clayonnage.

Comment l'ai-je su ? J'ai probablement entendu quelqu'un y faire allusion à table, ou surpris une discussion animée à la cuisine. Un jour, bien plus tard, la vieille Dulsie avait apostrophé Gert : « Que la malédiction de Jan Baster retombe sur toi et sur Jakob ! » Le visage de Gert, éclairé par la lumière des braises, s'était assombri sous l'effet de la colère : « Toi, vieille bonniche, si tu as le malheur de l'ouvrir encore une fois, rien qu'une fois... » Sa voix se perd dans mon oreille, son visage s'estompe dans l'ombre tremblotante des flammes et je ne me souviens plus de rien. Jan Baster plia bagage – qu'aurait-il pu faire d'autre, à qui aurait-il pu demander de l'aide ? Par la suite, les domestiques racontèrent qu'il était parti avec sa famille vers le pays griqua en passant par la Grande Rivière.

Est-il possible que je me souvienne encore de ce petit cortège, de ce chariot bringuebalant qui cahotait au loin sur la route en zigzaguant entre les arbustes et que nous suivions du regard depuis la ferme, et de cette voix qui me disait « Voilà Jan Baster et les siens qui s'en vont » ? Par la suite, nous fîmes souvent paître nos moutons du côté de Bastersfontein, nos bergers s'y construisirent des cabanes et personne ne songea plus à Jan Baster tremblant d'indignation sur le seuil de la porte, dans son pauvre costume de peaux cousues. Qui, aujourd'hui, connaît encore l'origine du nom de cette source à part moi, qui dans un moment d'insomnie me souviens de lui tout à coup ? Je n'ai jamais eu d'avis ni émis de jugement sur quoi que ce soit – inutile de dire que le mot « injustice » ne m'est même jamais venu à l'esprit. Je me souviens simplement d'un vieil homme vêtu d'un costume de peau et d'une source près de laquelle nos moutons broutaient pendant les années qui suivirent.

C'est sans doute comme cela que notre domaine s'est étendu et que nos prétentions se sont affirmées : par des disputes avec les voisins et des menaces ou des violences envers ceux qui étaient plus faibles que nous. Bastersfontein fut le premier ajout, puis ce fut le tour de la ferme de

Kliprug, ensuite il y eut des achats de terres et plus tard, lorsque Maans était déjà un jeune homme, les héritages, mais les débuts furent modestes et difficiles; aujourd'hui, en y réfléchissant, je me rends compte que ma petite enfance fut baignée de disputes aussi floues qu'interminables à propos des clôtures et des poteaux de Kliprug et des bergers de Barend Swanepoel qui avaient, paraît-il, empiété sur nos terres et que Jakob et Gert avaient dû repousser manu militari. Soudain surgit dans ma mémoire une scène effrayante : le vieux Swanepoel avec sa barbe rousse tapant du poing sur la grande table du salon, Maman, assise en face de lui dans sa robe noire, les deux mains posées à plat sur la table, se penchant en avant et l'insultant en hurlant comme elle hurlait sur les domestiques dans la cuisine, et Papa assis entre eux deux, impuissant et désemparé, tentant de rester à l'écart de l'altercation tandis que Maman chassait le vieil homme de la maison à grands coups de mots comme si elle maniait une cravache. «Je ne me laisserai pas chasser d'ici comme Jan Baster!» avait crié le vieil homme avant de s'en aller; comme il était blanc, ils ne pouvaient ni le chasser, ni incendier sa maison, ni expulser sa famille, mais ils finirent par le forcer à partir – comment, je ne sais pas. «Ton grand-père est allé jusqu'à Worcester pour avoir ce terrain, confia plus tard le vieux Kasper Vlok à Maans le jour du mariage, à Gunsfontein; aujourd'hui, tu es bien content, pas vrai?» Il faisait allusion aux moutons que Maans faisait paître sur les terres qui, autrefois, avaient fait partie de la ferme de Kliprug – aujourd'hui, plus personne ne se souvient de ce nom, ni même que ces terres étaient d'excellents pâturages; j'étais assise à table, face à eux, et en entendant les paroles du vieil homme je me suis souvenue du nom de Kliprug, puis soudain le vieux Swanepoel a surgi devant mes yeux. Je sais que Papa, Maman et Jakob avaient discuté longtemps à la lueur de la bougie, avec des documents étalés sur la table devant eux, et aussi qu'ils avaient fait venir le Maître pour les leur lire à haute voix, donc ce devait être avant le mariage de Jakob, à l'époque où le Maître habitait encore chez nous. Peut-être même avaient-ils consulté un avocat, ou le magistrat du district, à moins que Papa n'eût fait seller son cheval et ne fût allé jusqu'à Worcester comme l'avait dit le vieux Kasper – à l'époque, les Vlok habitaient de l'autre côté de Kliprug, il devait être au courant. Quoi qu'il en soit, les Swanepoel disparurent eux aussi sans un bruit, sans un écho, et Kliprug tomba dans notre escarcelle comme si la clôture contestée n'avait jamais existé.

Maman dans sa robe noire – à l'époque, je ne réfléchissais ni à ce que je voyais, ni à ce que j'entendais, mais au fur et à mesure que les années passaient et que je la voyais devenir de plus en plus fière, de plus en plus entêtée, je compris mieux à quel point la terre et la propriété avaient de l'importance pour elle, et qu'elle était prête à mettre le prix pour obtenir ce qu'elle désirait, arpent après arpent, hectare après hectare et ferme après ferme. Quel était le moteur de cette avidité que rien ni personne ne semblait pouvoir arrêter, et qui lui faisait considérer que tous les coups étaient permis – étaient-ce l'insécurité et la pauvreté qu'elle avait connues autrefois, sa jeunesse difficile, le chariot déglingué, les couvertures de peau usées, les couteaux et les cuillers en fer-blanc ? Peut-être la terre signifiait-elle pour elle davantage que de simples collines, des arbustes, des sources ou des pâturages pour les moutons, peut-être y voyait-elle un moyen d'atteindre tout ce qui, autrefois, était hors de sa portée : le pouvoir et la considération qu'elle avait fini par conquérir, la maison au village où elle accueillait les pasteurs de passage, et sa place au premier rang au temple. Je ne puis que tenter de retracer et reconnaître le fil des choses ; quant à comprendre, je dois y renoncer.

Il avait dû y avoir dès le début un but, peut-être un peu vague, et aussi un projet, même s'il avait été mené un peu à l'aveuglette dans les premiers temps. C'est à cette époque – l'époque de mon enfance, lorsque j'ai commencé à observer ce qui se passait autour de moi et à m'en souvenir – que tout cela a pris forme, tout d'abord avec Jakob, mon frère aîné, puis avec Maans, son héritier ; le but était là depuis toujours et nous autres, les enfants, n'étions que des instruments pour y parvenir.

Papa savait signer son nom et arrivait péniblement à nous lire des passages de la Bible, mais cela n'allait pas beaucoup plus loin : à l'époque où remontent mes premiers souvenirs, c'était généralement le Maître qui, le dimanche, nous lisait une prédication tirée d'un ouvrage en néerlandais ; plus tard, l'un des garçons prit la relève, car Papa prétendait que les lettres lui faisaient mal aux yeux. Quant à Maman, je ne l'ai jamais vue un crayon à la main, et je ne pense pas avoir jamais vu sa signature ni l'avoir jamais vue écrire ou lire ne serait-ce qu'un petit mot. En ce temps-là, dans nos contrées, il n'y avait pas d'école, et rares étaient parmi nous les personnes qui avaient de l'instruction ; les gens de la génération de Papa et de Maman n'en savaient certainement pas plus qu'eux, et leurs enfants non plus. Nous, en revanche, il fallait que nous recevions un minimum d'éducation ; aussi, lorsque Jakob et Pieter étaient petits, nos parents remuèrent-ils ciel et terre pour leur trouver des précepteurs. Où Papa les dénichait-il, et comment faisait-il pour les conserver à son service ? Nous vîmes défiler toute une série de ces maîtres d'école, et bien qu'aucun ne restât jamais longtemps, les garçons, peu à peu, parvinrent à acquérir tant bien que mal une certaine instruction, c'est-à-dire qu'ils apprirent tous les deux à lire, à écrire et à compter ; Jakob n'était guère porté sur l'étude mais Pieter, lui, possédait quelques vieux livres dans lesquels je le voyais lire quelquefois. Autant que je me souvienne, c'était toujours Jakob que Papa et Maman appelaient pour discuter des choses importantes, mais lorsqu'ils avaient une lettre à rédiger, c'est à Pieter qu'ils s'adressaient ; ils le regardaient écrire sous la dictée, assis sur leurs chaises.

Je ne me rappelle aucun de ces précepteurs, si ce n'est le dernier, que j'avais connu et que nous appelions « Maître ».

À l'époque, Jakob avait déjà fait sa confirmation et avait quitté l'école, mais il donnait des cours à Pieter et, comme il avait beaucoup de temps libre et pas grand-chose à faire, il m'apprenait au passage quelques bricoles à moi aussi, bien que rien ne l'y obligeât. Je ne crois pas que Maman ait beaucoup apprécié la chose, mais après tout il fallait bien qu'à un moment ou à un autre j'acquière, moi aussi, un peu d'instruction pour faire ma confirmation, et autant que je me souvienne, elle ne trouva jamais rien à redire à ce sujet. Le «Maître» était hollandais – je pense que c'est la seule chose que nous ayons jamais sue de lui. D'après Dulsie, Papa l'avait trouvé errant pieds nus dans le Karoo avec sa petite malle en fer-blanc sur l'épaule et, pris de pitié, l'avait fait monter dans sa carriole et l'avait amené à la maison pour enseigner aux garçons à lire et à écrire, mais comme Dulsie n'avait pas une très haute opinion du Maître, il n'est pas certain que cette histoire soit vraie, bien qu'il eût bel et bien possédé une malle en fer-blanc. Il s'asseyait à table avec nous et le soir, avant le dîner, on lui lavait les pieds comme à nous; comme je l'ai déjà dit, le dimanche il nous lisait des sermons et je me souviens que j'en admirais la ferveur, bien que je ne comprisse pas toujours ce qu'il disait, surtout lorsqu'il utilisait des expressions purement néerlandaises qui n'existent pas en afrikaans. Sa participation à la vie familiale s'arrêtait là; il couchait dans l'une des chambres réservées aux domestiques et Dulsie et Gert le regardaient de haut, comme s'ils estimaient que sa place n'était pas parmi les Blancs.

Le passé est un autre pays : où est la route qui y mène? L'on ne peut que suivre à l'aveuglette la trace sous nos pas, sans pouvoir choisir la direction dans laquelle l'on voudrait aller. Pourquoi faut-il que je me souvienne, justement maintenant, de cette chambre de bonne chichement meublée où vivait le Maître et où j'allais parfois lui rendre visite lorsque j'étais petite, et de la manière cérémonieuse dont il m'accueillait, comme si j'étais une adulte? Bien sûr ce n'était qu'un jeu, mais pour moi cela signifiait beaucoup et, autant que je sache, pour lui aussi, car il devait se sentir bien seul parmi ces étrangers dans cette ferme isolée, si loin de son pays. De quoi parlions-nous? Je ne m'en souviens plus, mais il me semble que c'était surtout lui qui parlait tandis que moi, émerveillée, je l'écoutais sans comprendre, comme le dimanche lorsqu'il nous lisait les sermons. Parfois, il me montrait ses livres et dans certains, il y avait des images que je trouvais belles – il faut dire que chez nous, des livres, il n'y en avait guère, et que les images ne m'étaient pas familières. Un jour, il ouvrit sa petite malle en fer-blanc et en tira un mouchoir en soie dont il me montra le contenu : c'était un objet que je n'avais jamais vu auparavant, une petite croix noire et argentée, si petite qu'elle tenait dans la paume de ma main. « C'est la croix sur laquelle Notre-Seigneur a été crucifié », me dit le Maître, puis il la remballa en me recommandant de ne rien dire à Papa ni à Maman. Je ne comprenais pas bien ce que tout cela signifiait, et encore moins toutes ces cachotteries, mais ce secret partagé était comme un lien entre nous et par la suite, lorsque j'allais le voir dans sa chambre, je demandais parfois à jeter un coup d'œil à la petite croix et à la tenir dans le creux de ma main. Il n'y avait chez nous ni image ni ornement d'aucune sorte, et tout ce que j'ai vu dans ma jeunesse, c'était la porcelaine multicolore de Grand-Mère dans les placards muraux, les illustrations dans les livres du Maître et cette petite croix dont je n'avais pas le droit de parler, à laquelle je ne comprenais rien et sur laquelle je n'osais pas poser de questions. Le Maître l'avait sans doute rapportée de l'étranger et elle devait avoir de la valeur, ou du moins un sens pour lui dans sa solitude chez nous, à la ferme.

Le Maître resta suffisamment longtemps chez nous pour m'apprendre à lire et à écrire, et je me souviens que plus tard, nous nous écrivions de petits mots que nous cachions dans un creux entre deux pierres, dans le mur du cimetière ; il déchirait dans ses livres des pages vierges, les découpait en bandelettes étroites dont nous faisions ensuite de petits rouleaux, et nous écrivions la réponse soit au dos du message, soit entre les lignes. C'était un jeu, rien de plus, une marque d'affection ou de confiance, et ce que nous nous écrivions était sans importance. Les gens qui me témoignaient ne serait-ce qu'un peu d'affection, sans parler d'amour, étaient rares, tout aussi rares que ceux que j'ai moi-même aimés : Papa, le Maître, Pieter, Sofie et plus tard Maans – est-ce tout ? Oui, je ne vois personne d'autre, et à part Maans, ils sont tous morts depuis longtemps.

Le Maître nous quitta après que Pieter eut fait sa confirmation : il descendit avec nous à Worcester pour la Sainte Cène comme d'habitude, puis disparut sans crier gare. Il avait sûrement été remercié, à moins qu'il n'eût compris de lui-même que ses services n'étaient plus nécessaires, et je suppose que pour tout le monde sa disparition allait de soi car personne ne jugea bon de l'expliquer, ni même d'y faire allusion ; quant à moi, j'attendais de sa part au moins un mot d'adieu, et pendant des jours et des jours, au village, je le cherchai parmi la foule des fidèles qui se rendaient au culte, scrutant chaque visage dans la rue et au temple, mais en vain. Lorsque nous fûmes rentrés à la maison, je me rendis aussitôt au cimetière dans l'espoir d'y trouver un message dans la fente du mur et, en fouillant l'étroit espace entre les pierres, mes doigts touchèrent un morceau de page déchirée avec, à l'intérieur, la petite croix enveloppée qu'il m'offrait comme cadeau d'adieu, sachant qu'il ne reviendrait plus à la ferme. Je la remis à sa place entre les pierres, car je savais que ce cadeau était un secret dont personne ne devait avoir connaissance ; plus tard, je suis allée chercher un bout de tissu pour l'y ranger et un morceau de peau de mouton pour le protéger des intempéries, et je l'ai conservé pendant des années, sans jamais en comprendre la nature.

# 2

C'est à cette époque que Jakob s'est marié et que Sofie est venue vivre chez nous. Le Maître était parti et Pieter, depuis sa confirmation, devait participer aux travaux de la ferme et n'avait plus beaucoup de temps pour moi ; je grandissais moi aussi, et j'avais de plus en plus de tâches à accomplir, de sorte que je passais le plus clair de mon temps à la maison en compagnie des deux femmes, Maman et Dulsie. Puis vint Sofie ; je la revois s'avancer vers nous, ce fameux jour où nous l'attendions devant la maison pour lui souhaiter la bienvenue. Tout à coup, elle se mit à genoux devant moi et me prit dans ses bras en s'exclamant : « Tu es ma petite sœur, maintenant ! » Elle ne devait pas être beaucoup plus âgée que moi, bien qu'elle fût déjà mariée : sa date de naissance est inscrite dans la Bible, juste à côté de la date de son décès, c'est facile à vérifier, mais si l'une est fausse, l'autre l'est peut-être aussi, donc il est inutile de se donner tout ce mal. Elle devait avoir dans les dix-sept ou dix-huit ans, peut-être un peu moins, les filles se mariaient jeunes en ce temps-là et elle devait être contente de découvrir dans ce trou perdu, ce petit monde replié sur lui-même, ce cercle silencieux, une enfant avec laquelle elle pourrait, elle aussi, être encore un peu une enfant.

Comment pourrais-je décrire de quoi Sofie avait l'air à cette époque? Comment pourrais-je décrire l'impression qu'elle a produite sur moi, à quel point elle était belle à mes yeux d'enfant, comment savoir par où commencer? Le visage de Sofie à la lueur de la bougie, oui, commençons par là, parce que chaque fois que je prononce son nom ou que je pense à elle, c'est cette image-là qui surgit : Sofie penchée sur la bougie avec ses longs cheveux noirs retombant comme un voile sur son visage, comme un écran devant la lumière, puis soudain l'obscurité qui efface tout comme si rien n'avait jamais existé. Non, pas ça, pas ça, ce n'était pas ce dont je voulais me souvenir, c'était autre chose. Sofie, la bougie à la main, Sofie élevant légèrement le bougeoir au-dessus de sa tête, flottant dans la pénombre, Sofie telle que je l'ai vue la toute première fois; commençons par là.

Chaque année, comme tout le monde dans Roggeveld, nous passions l'hiver dans notre ferme du Karoo avec nos moutons, nos meubles et tous nos ustensiles. En général, ici, sur les hauteurs, la saison avait déjà commencé et nous voyions parfois tourbillonner les premiers flocons de neige au-dessus des collines tandis que nous franchissions péniblement le col du Vloksberg avec notre chariot lourdement chargé, poussant devant nous les moutons, descendant prudemment les pentes escarpées, laissant derrière nous cet univers gris et morne peuplé d'élytropappus et d'euryops, passant d'une corniche à l'autre et progressant vers les cieux plus cléments et les buissons parfumés du Karoo, vers le veld où les protées étincelaient au soleil et où les acacias et les sumacs nous protégeaient de la chaleur pendant la journée. Ce jour-là, comme souvent, quelque chose s'était cassé pendant le trajet, il avait fallu réparer et, lorsque au coucher du soleil nous parvînmes à la sortie du ravin, nous étions encore loin d'être arrivés à destination; Papa, toutefois, avec cet entêtement dont il était parfois capable, décida que nous poursuivrions notre route, quitte à n'arriver que vers minuit, et comme toujours dans ces cas-là Maman n'opposa aucune résistance. C'est ainsi qu'au crépuscule, nous marchions toujours ; je me hissai à bord du chariot et, posant ma tête sur l'épaule de Dulsie, je m'endormis aussitôt, vaguement consciente des soubresauts du chariot sur les inégalités du terrain et de l'odeur des arbustes que nous écrasions sous nos roues. La voix de Papa qui criait aux bœufs de rester tranquilles et les aboiements des chiens me réveillèrent ; à moitié endormie, je me redressai et, soulevant la bâche du chariot, distinguai vaguement des silhouettes, des voix, et le piétinement des chevaux ; j'aperçus quelque part une lumière, une flamme tremblotante qui vacillait dans le noir, et entrevis un instant le visage d'une femme qui élevait sa bougie un peu plus loin avant de se fondre à nouveau dans la nuit, dans le brouhaha des conversations et des sabots des chevaux ; je promenai autour de moi un regard hébété, étonné, et toujours à genoux, je me rendormis. Je n'avais entrevu l'ovale de son visage et la régularité de ses sourcils et de ses yeux sombres que pendant quelques fractions de seconde, mais ils sont restés gravés à jamais dans ma mémoire.

Aprés avoir erré quelque temps dans la pénombre, nous atteignîmes la ferme où la famille de Sofie passait l'hiver cette année-là, non loin de notre propre campement ; nous y passâmes la nuit et repartîmes le lendemain matin en contournant la montagne pour arriver sur nos terres. Il ne s'est rien passé d'autre. Pourtant, si je l'avais vue, moi, ce soir-là, avec sa bougie à la main, Jakob et Pieter aussi avaient dû la voir, car ils étaient tous deux à cheval, guidant le troupeau, et c'étaient sûrement eux qui tournaient autour du chariot, invisibles dans le noir. Ils avaient sans doute vu son visage, tout comme je l'avais vu : en ont-ils gardé comme moi le souvenir jusqu'à la fin de leurs jours ? Jakob a-t-il vu ce visage le jour où il a glissé et où il est tombé la tête la première contre les rochers ? Pieter, dans son silence, en a-t-il emporté l'image avec lui ?

C'est là ce qui, dans ma mémoire, distingue cet hiver de

tous les autres que nous avons passés dans le Karoo du temps de ma jeunesse. Pour autant que je sache, nous n'avions jamais encore rencontré la famille de Sofie; son père était un homme riche, qui possédait plusieurs fermes dans le Karoo et le Bokkeveld, et c'était la première fois qu'ils passaient l'hiver ici, mais comme ils habitaient juste de l'autre côté de la montagne, nous étions pour ainsi dire voisins. Jakob avait-il poussé jusqu'à la ferme voisine? C'est probable, car en coupant par le ravin elle n'était qu'à une heure de cheval et l'hiver, dans le Karoo, les gens se rendaient souvent visite et se recevaient volontiers : pourquoi n'y serait-il pas allé? Le vieux Wessel n'était pas n'importe qui, mais notre famille était l'une des plus aisées du Roggeveld et Jakob, l'aîné, en était l'héritier; en outre, il était plutôt beau garçon, un peu bourru peut-être, un peu soupe au lait, mais attachant, avec de beaux yeux noirs. Jakob enfourchant son cheval noir et luisant pour aller rendre visite à Sofie de l'autre côté de la montagne au clair de lune, dans la chaleur parfumée des arbustes – est-ce le fruit de mon imagination, ou bien un souvenir surgi du fond de ma mémoire? Ce doit être cet hiver-là qu'il décida de l'épouser – à moins que quelqu'un d'autre n'eût décidé à sa place que cette fille de famille riche ferait une excellente épouse, car cette question, comme tout chez nous, avait sans doute été mûrement réfléchie et longuement débattue, oh, pas ouvertement bien sûr, mais Jakob n'aurait jamais agi sans le consentement de sa mère, de cela je suis sûre. Est-ce vraiment comme cela que les choses se sont passées? Ce ne sont que des suppositions; une bonne moitié de tout ce que je sais est le fruit de cogitations et de devinettes – c'est ma manière à moi de remonter le passé, sautant de rocher en rocher, craignant de trébucher à chaque pas. De toute façon, les choses avaient dû se passer à peu près comme cela : « C'est toi qui l'as voulu », avait dit un jour Papa à Maman; il avait prononcé ces mots d'une voix blanche sans lever les yeux, mais ses mains tremblaient lorsqu'il souleva la Bible et ce fut la seule fois que je l'entendis lui faire un reproche. Maman blêmit et se retourna sans répondre. Oui, c'est sûrement comme cela que les choses se sont passées.

À la fin de l'hiver, nous regagnâmes le Roggeveld ; je suppose que Jakob avait fait le voyage avec nous, mais qu'il était retourné chercher Sofie. Ils avaient dû se marier à Worcester, mais – je ne sais pourquoi – aucun de nous n'a assisté à la cérémonie ; toujours est-il qu'ils étaient déjà mariés lorsqu'ils sont arrivés chez nous, et qu'il nous l'a présentée comme son épouse. Quoi qu'il en soit, c'était encore le printemps, un printemps triste et traître avec des vents inégaux, la menace permanente du froid et du gel, le veld qui se couvrait soudain d'une parure multicolore et les lacs et les marais qui étincelaient au soleil. Nous les attendions plus tôt, et je me souviens que cette attente semblait interminable à l'enfant que j'étais ; lorsque les chiens se mirent à aboyer et que nous entendîmes les chevaux dans la cour, il faisait déjà nuit, Dulsie se pencha pour ramasser un tison et nous sortîmes les accueillir. C'était la deuxième fois que je la voyais et elle m'apparut exactement comme lors de la première, dans le miroitement furtif d'une flamme qui éclairait l'ovale de son visage avant que Jakob ne l'aide à descendre du chariot : voilà comment Sofie est arrivée chez nous.

« Fille de riches » – ces mots, qui les avait prononcés ? C'était sans doute à l'occasion d'un mariage ou d'un enterrement quelconque, comme toujours, au milieu du brouhaha des conversations, tandis que je louvoyais entre les invités sans que personne fît attention à moi ou même se rendît compte que j'entendais tout et que j'étais en train de rassembler les informations et les fragments épars dont je me servirais par la suite pour reconstituer un ensemble cohérent. L'enterrement de Papa, les hommes qui parlaient de Maans – mais quelle était cette voix ? Je n'arrive plus ni à la reconnaître, ni à l'associer à un visage, et je ne me souviens que de ces mots : « Mais après tout, elle aussi, c'était une fille de riches ! » ; il faut dire qu'à l'époque les deux grands-pères de Maans étaient déjà morts, et qu'il avait hérité des deux côtés. Il y avait sans doute du vrai dans ces paroles : dans la maison où Sofie avait grandi, on n'économisait pas les bouts de chandelles comme chez nous, il y avait de tout en abondance et l'on sentait chez elle une délicatesse, un raffinement rares dans notre milieu. Ce sont là des choses que l'on ne perçoit peut-être pas au tout premier abord mais qu'il était impossible, pour nous qui vivions avec elle, de ne pas remarquer ; je me souviens que Maman, lorsqu'elle était énervée, faisait des réflexions à Papa sur les manières et les caprices de leur nouvelle belle-fille. L'argent, les domestiques, le confort, le séjour de plusieurs mois dans un pensionnat de Worcester, sans compter la robe de satin et le collier de rubis qu'elle avait dans sa valise en arrivant chez nous, tout marquait nettement la différence entre le monde de Sofie et le nôtre.

Est-ce pour cela que Maman, même lorsqu'elle s'énervait, hésitait à affronter Sofie et se retirait invariablement dans un silence boudeur, sans même tenter d'engager le combat ? Pourtant, s'il y avait eu conflit entre elles, Maman, qui ne laissait jamais passer une occasion d'imposer sa volonté ou de se faire obéir lorsqu'elle donnait un ordre, l'eût emporté haut la main. Pourquoi, passionnée, têtue et dominatrice comme elle l'était, hésitait-elle devant cette jeune fille et laissait-elle à Sofie une liberté qu'elle n'avait jamais accordée à ses propres enfants ? Ce n'était ni par affection, ni par respect – Maman n'a jamais éprouvé la moindre affection pour quiconque, à l'exception de Jakob ; ce n'était pas non plus par amour, car à part Maans, Maman n'a jamais aimé personne. Sofie, chez nous, était tout au plus tolérée – elle n'a jamais été acceptée, ni même approuvée –, non, je n'affabule pas, bien que je n'aie aucune preuve de ce que j'avance ; je sais bien que je n'étais encore qu'une enfant, mais comment ne me serais-je pas rendu compte de ces choses alors que nous vivions tous ensemble dans cinq pièces et que nous autres, les femmes, travaillions côte à côte jour après jour, tandis que les hommes étaient à l'extérieur? Je n'ai jamais su pourquoi Sofie jouissait parmi nous de cette situation de quasi-privilège, et c'est avec bien des hésitations que je tente une explication. Lorsque je remonte le passé à tâtons, pas à pas, le long de cette route invisible, je me souviens de la maison dans le Karoo où nous étions arrivés ce soir-là et de Sofie sur le seuil de la porte, une bougie à la main, Sofie dans sa robe de satin sur la piste de danse, Sofie qui était allée à l'école à Worcester et savait lire et écrire, et aussi de l'oncle Ruben, de l'air accablé de sa femme, de ses enfants à demi sauvages, de leur étrange soumission et de leur animosité, y compris à l'égard de membres de leur propre famille. J'ai du mal à mettre de l'ordre dans mes pensées, j'ai peine à prononcer les mots – comment oserais-je associer au nom de Maman un mot comme «crainte» alors qu'elle a toujours fait preuve d'une intrépidité sans pareille, jusque dans l'amertume et le silence de son lit de mort? Je ne puis m'empêcher cependant de me demander si ce n'est pas là, malgré tout, le secret de son énergie et de son ambition, et aussi la raison de son inexplicable indulgence envers Sofie : la peur et l'insécurité soudaines de la petite va-nu-pieds issue d'une famille de vagabonds nomades qui, toute leur vie, avaient dépendu du bon vouloir et de la pitié de paysans aisés. Personne ne le saura jamais.

Mais que dis-je? Les mots se bousculent dans ma tête, et voici que seule, dans le noir, j'enfile les mots les uns derrière les autres, des mots que je ne pensais même pas connaître, et que j'aligne des phrases que jamais, jusqu'ici, ma langue pâteuse n'a réussi à articuler. Pourquoi? Mais pourquoi donc?

Les mots ne servent plus à rien désormais, et l'on ne refait pas le passé; à supposer que la jeune fille qui dort sur le lit de camp au pied de mon lit se réveille et qu'elle se lève pour rallumer la veilleuse, elle ne remarquerait aucun bruit, n'entendrait pas le moindre mouvement; elle ne verrait, dans la pénombre, que la chambre familière et la vieille femme immobile couchée dans son lit, bien calée contre les oreillers, avec les yeux grands ouverts. Pourtant elle dort, impassible, j'entends sa respiration régulière dans l'obscurité qui soudain s'embrase tandis que Sofie, vacillant telle une flamme, resplendissante dans sa robe de satin, noir sur noir, dans un halo de lumière dorée entouré d'une fine poussière, danse devant moi au rythme du violon, de l'accordéon et des pieds qui trépignent sur le sol d'argile comme un pouls impérieux et constant. Sofie, mince et droite dans sa robe noire et Pieter, mon frère, face à elle de l'autre côté de la bougie : eux deux ensemble, ombres qui vacillent noir sur noir dans l'obscurité. La jeune fille est toujours immobile.

Nous ne recevions jamais personne et n'allions que rarement dans les fermes voisines lorsque j'étais enfant, mais à l'occasion du Nouvel An, après le mariage de Jakob, mes parents organisèrent un bal à la maison – ce mariage fut le signal de bien des changements, même s'ils n'ont pas duré très longtemps ; ce n'est que des années plus tard, pour fêter la majorité de Maans, que l'on dansa de nouveau dans cette maison. Donc, ce bal de Nouvel An avait pour but non seulement de fêter le mariage de Jakob et de souhaiter la bienvenue à la nouvelle belle-fille, mais aussi de dire aux voisins : « Regardez bien, tout cela est à nous, voilà où nous en sommes arrivés à force de gratter, d'économiser et de planifier en silence, avec obstination, maintenant nous pouvons nous permettre de souffler un peu et de redresser la tête sans rien devoir à personne, sans dépendre de qui que ce soit, sans être l'obligé de quiconque, venez voir. » Est-ce que je te fais du tort, Maman ? Pourtant, tu n'as jamais rien dit, jamais ressenti le besoin d'expliquer ou de justifier quoi que ce fût. Maintenant il est trop tard, je suis la seule à pouvoir rassembler ces morceaux, ces fragments de vie, et voir à quoi ressemble le puzzle une fois terminé.

L'on dansa donc à l'occasion du Nouvel An ; pendant des jours et des semaines notre maison bouillonna d'activité, et même, oserai-je dire, de quelque chose qui ressemblait à de l'euphorie, bien que ce terme s'applique surtout à Sofie, excitée comme une enfant à l'idée de toute cette vie, de tout ce monde et de toute cette musique après les mois d'isolement et de silence qu'elle avait endurés depuis son arrivée chez nous, elle qui était tellement pleine de joie de vivre et qui riait là où tout le monde se frôlait en silence, qui dansait telle une flamme à travers les ténèbres. Moi-même, malgré ma timidité et ma pudeur, j'étais touchée par sa gaieté. Les musiciens étaient déjà là, plaisantant dans la cuisine avec les domestiques, et de temps à autre l'un d'eux se mettait soudain à jouer au violon ou à l'accordéon un air de valse ou de scottish qui résonnait comme une provocation, comme un défi, dans la maison plongée dans la pénombre ; dehors, Pieter cria que les premiers invités venaient d'arriver. Le soleil n'était pas encore couché, mais dans la chambre il fallait allumer une bougie et Sofie, penchée devant le miroir où elle était en train d'attacher ses cheveux, se retourna vers moi ; dans le demi-jour, dans l'ombre, dans l'obscurité, elle surgit devant moi telle une nageuse émergeant de l'eau noire d'un lac, empêtrée dans les plis étincelants de sa lourde robe de satin noir, sa robe de mariée, qu'elle portait pour la première fois chez nous ce soir-là, et tendit les deux mains vers moi : « Petite sœur, viens m'aider » murmura-t-elle, les yeux brillant d'excitation comme si elle désirait partager un secret avec moi, mais tout ce qu'elle voulait, c'était que je lui attache son collier de perles autour du cou, des perles aussi noires que sa robe qui miroitaient faiblement à la lueur de la bougie. « Ce sont des rubis », me dit-elle, chuchotant toujours, comme si nous partagions un secret ; mes mains tremblaient tellement que j'eus du mal à attacher le fermoir. Sans un mot, je caressai les petites pierres noires et brillantes, le tissu sombre et lisse de sa robe : je n'avais encore jamais rien vu d'aussi beau ; je regardai aussi ses autres bijoux, le bracelet délicat et la petite bague en or ornée d'un petit cœur. La tête brune de Sofie penchée sur la flamme de la bougie, le rythme agité de la musique qui retentissait dans toute la maison, Gert dehors qui criait, Pieter qui traversait la cour en hâte en riant, et l'immense paysage qui s'étendait à l'infini dans la chaleur du soleil couchant bien qu'ici, à l'intérieur, il fît déjà noir depuis longtemps, les ondulations du veld, les arbustes et les crêtes des montagnes qui s'embrasaient dans la lumière du crépuscule et au loin, dans la poussière, les voitures qui roulaient dans notre direction.

Nous n'avions pas beaucoup de voisins à inviter en bordure du plateau, dans cette région du Roggeveld où la population est plutôt clairsemée et où les fermes sont rares, mais les voisins restent les voisins et tous ceux qui le pouvaient firent le déplacement, à la fois étonnés, incrédules et curieux de cette soudaine hospitalité de notre part; certains étaient venus de Kanolfontein, de Driefontein, d'autres encore de Jakkalsfontein et de Gunsfontein, et leurs voitures, une fois dételées, étaient alignées le long du mur de l'enclos. La maison était pleine à craquer de gens, de bruit et de mouvement, et la lueur dorée de la bougie la remplissait totalement; les femmes avaient pris place sur les chaises disposées le long des murs du salon avec leur verre de vin doux et dehors, dans la nuit, l'on entendait les rires des hommes assemblés autour du baril d'eau-de-vie.

Je me souviens de Maman ce soir-là, de ses yeux brillants, de ses pommettes inhabituellement rouges, raide comme la justice, tendue à l'extrême et tous les sens en alerte comme si la venue de tous ces étrangers constituait pour elle une menace, comme si toutes ces démonstrations d'amabilité l'exposaient à un danger quelconque, mais fière cependant de sa maison qu'elle ouvrait généreusement à tous, si fière que, à force de faire des efforts surhumains pour paraître aimable et de bonne humeur, elle en était presque provocante. Je me souviens de Maman, et aussi de Sofie dans sa robe noire et luisante qui attirait tous les regards et retombait un instant dans l'obscurité lorsque les flammes vacillaient dans les courants d'air ou que quelqu'un passait devant la lumière, pour resplendir ensuite de plus belle dans la lumière diffuse. Je vis l'air méfiant des voisines alignées en rang d'oignons contre le mur, les regards méprisants de leurs filles engoncées dans leurs robes du dimanche ; je vis les regards scrutateurs des hommes qui s'attardaient sur Sofie, bien que je n'en connusse ni n'en comprisse le sens, et bien que tout cela demeure encore pour moi énigmatique, même après tant d'années, j'ai eu suffisamment l'occasion de les revoir depuis pour deviner les mots qui servent à les décrire : étonnement, admiration, convoitise et désir.

Jakob ne savait pas – ou ne voulait pas – danser, Jakob, dit le Brillant, trapu, tout en muscles et maladroit – je me souviens de son cou épais et de sa veste de drap qui pendait toute raide sur ses épaules. Jakob, donc, rejoignit rapidement les hommes près du baril d'eau-de-vie, laissant aux autres le champ libre pour se disputer les faveurs de Sofie : ces jeunes paysans timides et taciturnes, mal à l'aise dans leurs habits du dimanche, ces garçons hâbleurs engoncés dans leurs cols durs et leurs gilets brodés, ceux qui étaient modestes et ceux qui l'étaient moins, ceux qui étaient sûrs d'eux et ceux qui hésitaient, tous se pressaient autour d'elle dans le salon. Quant à moi, j'étais assise par terre dans un coin, en dehors du cercle de lumière de la bougie, avec les enfants des invités dont je n'avais que faire et qui, après quelques tentatives d'approche infructueuses, m'oublièrent aussitôt. Peu à peu, le sommeil les gagna et ils s'écroulèrent les uns après les autres à l'endroit même où ils étaient assis, ou allongés ; incapable de fermer l'œil, j'observais et, dès que Maman s'éloignait, j'écoutais les réflexions des femmes mariées assises le long du mur et les chuchotements des filles qui se bousculaient autour du miroir dans la chambre, à la lueur des bougies.

Sans se préoccuper le moins du monde de l'absence de Jakob, sans même paraître l'avoir remarquée, Sofie dansa toute la nuit ; au fur et à mesure que les autres danseurs, épuisés, quittaient la piste ou se dirigeaient vers le baril d'eau-de-vie, mon frère Pieter, tout aussi infatigable qu'elle, lui servait de cavalier. Je crois que les jeunes paysans de chez nous ne se sont jamais sentis très à l'aise avec Pieter, mais il avait du succès auprès des filles grâce à son sens de la repartie, l'agilité de sa démarche, son côté taquin, sa souplesse et sa grâce naturelle. Je me suis toujours demandé comment il avait réussi à apprendre à danser chez nous, mais le fait est qu'il savait danser, qu'il dansait même bien, et que toute la soirée les invités admirèrent la souplesse de son corps tandis qu'il évoluait au milieu des autres danseurs sans pouvoir s'arrêter ; à un moment, il ôta sa veste et se mit à danser en bras de chemise, choisissant de plus en plus souvent Sofie comme partenaire. Quel mal y avait-il à cela ? N'étaient-ils pas les meilleurs danseurs de la soirée ? Pieter en bras de chemise et Sofie dans sa robe étincelante de satin noir, réunis dans le nuage de poussière que les pieds des danseurs soulevaient au-dessus du sol de bouse séchée, réunis dans la lueur dorée des bougies finissantes qui n'éclairaient plus que faiblement la pièce, réunis comme dans un rêve tandis que dans un coin une enfant observait et se souvenait, écoutait et se souvenait : tout autour d'eux l'envie, la réprobation, le ressentiment, le dépit et le désir, et ces deux jeunes gens réunis comme dans un rêve.

Je finis par m'endormir à même le sol, au milieu des autres enfants ; quelqu'un avait dû me porter jusque dans ma chambre, car lorsque je me suis réveillée, j'étais couchée sur un lit de camp devant la fenêtre et couverte d'un édredon, tandis que dans mon lit dormaient des enfants que je ne connaissais pas. Ce sont les coups de fusil qui m'ont réveillée, car l'aube s'était levée et dans la cour, les jeunes hommes fêtaient l'arrivée de la nouvelle année : je m'agenouillai sur ma couche, les coudes appuyés au rebord de la fenêtre, et contemplai le matin gris argent, frais et lisse comme un plan d'eau. Des cris et des détonations retentirent au loin, mais à l'intérieur tout était calme ; seul un violon solitaire résonnait encore obstinément, lancinant et mélancolique dans l'aube naissante, comme si le musicien ne savait plus comment terminer sa ritournelle et continuait à jouer indéfiniment. Il devait être assis dans la cuisine avec les domestiques, cherchant la chaleur du foyer pour se protéger de la fraîcheur matinale, et dans la cour déserte, dans la lumière argentée de l'aube, Gert et Jacomyn dansaient au rythme d'une valse légère qui faisait rêver.

Jacomyn – c'est vrai, je n'ai encore rien dit de Jacomyn. Venue du Karoo avec Sofie, elle était descendue du chariot juste derrière elle, le jour où Jakob nous avait présenté sa femme, et Maman avait dit à Dulsie de la conduire à la cuisine. Ce n'était encore qu'une jeune fille qui n'avait que quelques années de plus que Sofie et dont la mère, dans le temps, avait été esclave dans la famille de Sofie ; le vieux Wessel, je l'ai déjà dit, venait d'une famille aisée qui possédait des esclaves, comme la famille de Grand-Mère dans le Bokkeveld ; Jacomyn, née à l'époque de l'esclavage, était devenue la domestique attitrée de Sofie lorsque les esclaves furent libérés et elle l'accompagna de son propre gré dans le Roggeveld après son mariage. Elle dormait tantôt dans la cuisine avec la vieille Dulsie, tantôt sur un petit tapis au pied du lit de Sofie ; Maman se montrait distante avec elle, comme d'ailleurs à l'égard de Sofie, et elle, de son côté, demeurait à l'écart et faisait généralement preuve à notre endroit d'une certaine réserve et d'une humeur maussade. Gert était la seule personne vis-à-vis de laquelle elle témoignât d'une certaine ambivalence, et depuis son arrivée, ce dernier traînait souvent à la cuisine, ce qui conduisait Maman à le chasser et Papa – à l'occasion – à le réprimander. L'arrivée de Jacomyn ajouta un nouvel élément de discorde dans notre petit monde déjà bien divisé, une situation dont je me rendis très vite compte car Dulsie prit immédiatement l'intruse en grippe : elle se plaignait sans cesse de sa conduite, parlait avec le plus grand mépris de « cette bonniche malaise » et allait jusqu'à prétendre qu'elle se livrait à des tours de magie ; Jacomyn, de son côté, la traitait de bâtarde hottentote et faisait preuve à son endroit d'une insolente indifférence.

Quelle était la cause de cette zizanie qui régnait dans notre famille, notre maison, notre ferme – frère contre frère, parent contre enfant, maître contre domestique et domestiques entre eux ? D'où venaient cette animosité, cette discorde, cette jalousie ? Nous vivions dans la même maison, partagions la même cour, travaillions la même terre, connaissions la même misère et faisions face aux mêmes dangers et aux mêmes menaces, condamnés à nous entraider sur ces hauteurs hostiles, inextricablement liés les uns aux autres dans notre isolement et pourtant irrémédiablement divisés, sans espoir de trouver un jour un remède à nos dissensions. Nous étions neuf personnes à vivre dans cette maison, dans cette ferme, courbées sur les mêmes tâches, travaillant côte à côte, et pourtant nous n'avions jamais vraiment appris à nous connaître ni fait la moindre tentative pour nous rapprocher les uns des autres, nous contentant de nous frôler au passage et laissant peu à peu les points de frottement se transformer en plaies suppurantes. Ce n'est que le soir, au moment du culte familial, que nous nous rassemblions pour nous retrouver dans l'apparente unité d'une activité commune ; nous nous rassemblions dans la même pièce, la famille autour de la grande table du salon et les domestiques dans un coin, près de la porte de la cuisine, tandis que Papa lisait à voix haute un passage de la Bible et conduisait la prière. Ensemble – oui, mais seulement en apparence ; même entre ces quatre murs, étions-nous véritablement unis ? Que comprenait Papa de ce texte dont il suivait chaque mot avec son doigt, la tête inclinée vers la flamme de la bougie, et dont il réduisait les mises en garde, les condamnations, les paroles d'amour ou de pardon à une mélopée monotone ? Nous-mêmes, qu'entendions-nous, que comprenions-nous, qu'en retirions-nous ?

Pendant qu'il priait, j'observais à travers mes doigts ces gens – Papa, Maman, Jakob, Pieter et Sofie – qui m'entouraient, ma famille réunie autour de la table dans la lumière incertaine de la bougie et, ombres flottantes et fluides le long du mur, les silhouettes imprécises des domestiques : Dulsie, Jacomyn et Gert.

Qui suivait la prière, et qui y adhérait, si ce n'est Papa, tout à sa dévotion? Les yeux grands ouverts, je les observais en cet instant privilégié où ils se croyaient à l'abri des regards, chacun préoccupé par ses soucis, ses rêves ou ses ambitions, paupières closes, tête penchée et mains levées, figés dans les gestes routiniers de l'imploration et de l'adoration mais déjà loin par la pensée. À l'abri de mes mains jointes, je voyais errer le regard distrait, les yeux emplis de convoitise, de tendresse ou de jalousie qui, pendant un bref moment d'inattention, se posaient sur l'un ou sur l'autre, les yeux qui cherchaient et trouvaient d'autres yeux par-dessus les têtes inclinées. Ce que j'ai vu, j'eusse été bien incapable de le reconnaître ou même de le nommer, à l'époque, mais je n'en étais pas moins consciente que quelque chose bougeait, changeait, comme dans le veld lorsque les nuages défilent à toute allure et que le paysage de pierres et d'arbustes, perdant un instant de sa rigidité, se coule dans les formes changeantes de l'ombre et de la lumière. Cela durait à peine quelques secondes, dans le halo de lumière floue, puis la prière s'achevait, les chaises grinçaient, l'on éteignait les bougies et l'on se retirait pour la nuit : nous dans nos chambres, Dulsie et Jacomyn sur leurs couchages à même le sol de la cuisine, Pieter dans la chambre de bonne où il dormait depuis le mariage de Jakob et Gert dans la grange ou derrière l'enclos. Le cercle de prière une fois de plus rompu, chacun se levait et se détournait des autres, et si jamais l'un d'entre nous se réveillait pendant la nuit, il n'entendait rien d'autre, dans le profond silence qui régnait dans la maison, que la lourde respiration des dormeurs. Parfois, quelqu'un dans son sommeil appelait, gémissait ou soupirait, émettait dans la nuit un son incompréhensible que celui ou celle qui l'entendait était libre d'interpréter à sa guise, puis le silence retombait, chaque dormeur séparé des autres dans le silence et l'obscurité.

L'hiver, cette année-là, était-il en avance, ou bien notre départ habituel pour le Karoo avait-il été reporté pour une raison quelconque ? Nous quittâmes la maison dans un brouillard froid et venteux qui enveloppait le plateau, descendîmes par le col du Vloksberg vers des profondeurs insondables, puis notre petit cortège de chariots, de cavaliers et de moutons se laissa glisser, presque à l'aveuglette, sur le chemin pierreux au bord de la falaise comme dans l'eau blanche et bouillonnante d'un torrent dans laquelle nous disparaîtrions pour toujours. Comment puis-je être certaine que c'était bien cet hiver-là, l'hiver qui suivit le mariage de Jakob ? Qu'est-ce qui me donne le droit d'être aussi sûre de moi ? Cette image aurait pu être tirée de n'importe quel autre hiver de ma jeunesse : le convoi interminable qui s'ébranlait vers le Karoo tandis que je restais un instant en arrière, enroulée dans mon châle pour me protéger du froid et du vent, à scruter l'horizon pour tenter d'apercevoir quelque part au loin une ouverture ou de vérifier si, dans notre descente, nous avions suffisamment progressé pour distinguer, au travers d'une trouée, le paysage du Karoo dans la lumière dorée du soleil. Le dernier mouton retardataire avait déjà rejoint le troupeau, le dernier berger avait disparu devant moi sur la route, le dernier bruit, qui d'ordinaire résonnait si différemment ici contre les parois rocheuses, avait été étouffé par les nuages chassés par le vent : un instant, je me retrouvai seule et fus soudain remplie d'effroi, consciente de la présence des babouins sur les falaises et des chats sauvages dans les crevasses, consciente de toutes les autres menaces qui pouvaient se cacher, invisibles dans le brouillard, et je me retournai. Mon pied heurta une pierre que j'entendis rouler et déloger d'autres pierres jusqu'à ce que le bruit de leur chute s'assourdît à son tour ; je m'enfuis en trébuchant sur les pierres et les corniches et descendis la pente à tâtons, longeant le bord de l'abîme invisible dans la direction où les chariots avaient disparu, jusqu'au moment où je distinguai vaguement l'arrière-garde de notre convoi qui se frayait lentement un chemin à travers la brume. Je ne me souviens pas, durant toute mon enfance, d'avoir eu aussi peur que ce jour où nous descendîmes dans le Karoo, le premier hiver qui suivit l'arrivée de Sofie chez nous après son mariage avec Jakob.

Sofie, dans la petite école qu'elle avait fréquentée à Worcester, avait appris toutes sortes de travaux de couture et de broderie ; je crois que Maman eût aimé qu'elle me les enseignât, mais cette idée ne semblait guère l'enthousiasmer et elle n'avait pas non plus la patience nécessaire – Maman elle-même dut convenir que je n'étais pas très douée pour les travaux d'aiguille –, de sorte que les choses en restèrent là. Elle savait aussi un peu jouer du piano, mais comme personne chez nous n'en possédait, ce ne fut pas non plus d'une grande utilité, même si parfois, lorsqu'elle était seule, il lui arrivait de fredonner des chansons qu'elle avait apprises à l'école.

La seule chose qui lui restait de son éducation se résumait donc aux quelques ouvrages qu'elle avait apportés dans sa valise et qu'elle sortait parfois pour lire, appuyée contre le mur près de la fenêtre à cause du manque de lumière. Lorsqu'elle vit que je m'intéressais à ses livres et que je savais même un peu lire, elle éclata de rire et me demanda qui m'avait appris : « Pieter » répondis-je timidement, car je ne voulais pas parler du Maître, même avec Sofie ; de plus ce n'était pas vraiment un mensonge, car Pieter, lui aussi, m'avait aidée. Sofie prit alors l'habitude de lire en ma compagnie ; Maman, qui considérait les livres avec une certaine méfiance et ne voyait pas ces lectures d'un bon œil, avait toujours une corvée en réserve afin d'interrompre nos séances, mais elle en percevait néanmoins l'utilité ; c'est ainsi que commencèrent mes leçons sporadiques avec Sofie. Quant à moi, ce n'est pas l'utilité de la chose en tant que telle qui m'intéressait, mais me plonger avec elle dans cette activité, nos épaules et nos têtes se touchant presque, penchées toutes deux sur la page dans la faible lumière, me faisait du bien ; les livres qu'elle avait apportés étaient des livres d'histoire, plus faciles à comprendre et qui me plaisaient davantage que ceux que je lisais avec le Maître. Plus tard, elle me donna aussi des leçons d'écriture : ses connaissances n'allaient pas bien loin – bien qu'elle eût tout de même quelques notions de néerlandais[1] et d'anglais –, mais elle en savait plus que moi et faisait de son mieux pour m'aider. J'imagine que pour elle, dans la monotonie et l'isolement de sa vie avec nous, ces séances représentaient une pause bienvenue, presque un jeu, avec une fille qui n'avait que quelques années de moins qu'elle : je me souviens que nous éclations parfois de rire, nos deux têtes penchées sur la page. Souvent Pieter, attiré par notre bonne humeur, se débrouillait pour se trouver dans les parages à l'heure de mes leçons malgré les travaux de la ferme, et il nous tenait compagnie jusqu'au moment où Maman découvrait sa présence.

Le début de ces leçons, dans le salon plongé dans une semi-obscurité, coïncida avec notre retour du Karoo, le premier printemps que Sofie passa chez nous : le paysage gris ardoise reprenait des couleurs, les marécages brillaient au soleil et les parois rocheuses se couvraient d'un tapis de fleurs multicolores. Toute la journée, les grands espaces, le lointain horizon, la lumière du soleil et le scintillement de l'eau nous attiraient au-dehors tandis que nous vaquions aux tâches ménagères à l'intérieur de la maison, et nous

1. Ce n'est qu'en 1925 que l'afrikaans a remplacé le néerlandais comme langue officielle en Afrique du Sud, avec l'anglais. Jusqu'au début du XX^e^ siècle, c'est le néerlandais qui était la langue écrite utilisée dans l'enseignement, la presse, la correspondance officielle, etc.

en contemplions des fragments par les petites fenêtres enfoncées dans les murs ; parfois, lorsque Maman n'était pas dans les parages pour nous l'interdire, Sofie appelait Jacomyn, m'attrapait par la main et, laissant là nos livres et nos ouvrages de couture, nous nous faufilions dehors pour profiter du soleil. Je nous revois encore dans cet immense paysage printanier : les deux femmes et, derrière elles, l'eau qui scintillait, Sofie déboutonnant son corsage à cause de la chaleur en riant, hors d'haleine, et Jacomyn nouant dans son foulard les fleurs des champs que nous ramassions, sa chevelure noire resplendissant au soleil. Sofie et moi assises à un bout de la table du salon où je faisais mes exercices d'écriture, la porte d'entrée ouverte pour laisser entrer la lumière, la luminosité du paysage et, face à nous, Pieter, paresseusement affalé, les coudes sur la table, qui nous taquinait et tentait d'attirer notre attention, ou bien taillant une plume qu'il tendait ensuite à Sofie par-dessus la table. L'eau brillait au soleil et mes yeux, habitués à l'obscurité de la maison, étaient un moment éblouis. Je peux bien avouer, maintenant que je suis arrivée au terme de mes jours, que je n'ai jamais vécu un aussi beau printemps que celui qui précéda la naissance de Maans.

Au début, je ne comprenais pas grand-chose aux livres que nous lisions avec Sofie, mais Pieter lui en empruntait quelques fois ; c'était un secret entre nous trois dont Maman ne devait rien savoir : elle n'avait jamais pris Pieter sur le fait – elle lui eût confisqué le livre et peut-être même flanqué une raclée, tout grand qu'il était – mais elle *savait* qu'il lisait, comme elle savait tout : « Il doit encore être dehors à lire quelque part ! » hurlait-elle à l'adresse de Papa lorsqu'une corvée quelconque avait été négligée ou oubliée ; ces paroles étaient aussi un reproche destiné à Sofie, qu'elle n'accusait jamais directement : « Dis quelque chose, mais dis quelque chose ! » s'écriait-elle avec sa véhémence coutumière ; Papa, pour toute réponse, se contentait de sourire et de lisser sa barbe, à son habitude. Lorsque les deux garçons se disputaient, Jakob tournait en ridicule l'érudition de Pieter et se moquait de sa préférence pour la compagnie des femmes ; ce dernier se murait alors dans un silence inhabituel, et ne répondait rien.

Sofie, Pieter et moi devant la table du salon ; la tête blonde de Pieter penchée sur la plume d'oie qu'il était en train de tailler ; Pieter passant la plume à Sofie par-dessus la table et Sofie tendant la main pour l'attraper tandis que moi, assise à côté d'elle, je regardais la scène, un geste parmi tant d'autres entre personnes qui habitent la même maison, partagent la même vie et se passent machinalement, sans réfléchir, un couteau, un plat, une lanière de cuir ou une bougie. Pourquoi ai-je gardé le souvenir de la plume d'oie plutôt que celui du bougeoir ou de la lanière de cuir ? Dehors, les lacs étincelaient au soleil, les sources débordaient après la fonte des neiges et les étangs étaient gorgés d'eau ; entre les joncs et les roseaux, l'eau capturait la lumière et la terre était détrempée. Parfois, Sofie et Jacomyn disparaissaient ensemble, me laissant seule dans la maison avec Maman et sa réprobation muette, mais tellement visible, et elles ne revenaient qu'à la nuit tombée. Ou bien n'est-ce arrivé qu'une seule fois, ce fameux soir où elles sont rentrées tout excitées et apeurées alors que la bougie brûlait déjà dans le salon ? Elles étaient allées cueillir des fleurs, et des enfants leur avaient jeté des pierres – enfin, je crois. Il était tard et je dormais à moitié, aussi ne me souviens-je que de leurs voix surexcitées ; elles avaient dû tomber sur une cabane de bergers dans un endroit isolé, et les enfants, qui n'avaient sans doute pas l'habitude de voir des étrangers – à moins qu'ils n'eussent pris peur à la vue d'une femme blanche –, leur avaient jeté des pierres. Je me souviens que Maman était furieuse et bouleversée, et aussi que Jakob s'était mis en colère, tandis que Papa faisait de son mieux pour la calmer et la réconforter. Étaient-ils en colère après les enfants, ou bien était-ce Sofie qui les avait exaspérés par son comportement irresponsable ? Je revois encore le visage sombre de Jakob, martelant la table de son poing et menaçant de chasser une bonne fois pour toutes les gens de Bastersfontein, pour qu'ils ne reviennent plus jamais ; mais est-ce vraiment ainsi que les choses se sont déroulées ? Avait-il vraiment prononcé le nom de Bastersfontein ce soir-là, ou bien d'autres souvenirs sont-ils venus se mêler à ceux que j'ai gardés de cette soirée ? Est-ce ce soir-là que la chaise s'est renversée et que la porte a claqué ? À partir de quelques toiles d'araignées, de quelques ombres, mon imagination tisse des illusions et tente de créer quelque chose que je puisse comprendre. Vaguement, confusément, en remontant le cours des ans, le cours des rêves, à travers la somnolence de l'enfant qui a entendu toutes ces choses dans les brumes de son sommeil, je me remémore le brouhaha, les éclats de voix à la lumière des bougies, la chaise et la porte ; je me souviens du toit de chaume qui s'affaissait sur les murs de la maison, de la source tarie et de la boue où plus aucune trace n'était visible.

Qu'il était riche, notre Roggeveld, pendant les quelques semaines qui suivaient la fin de l'hiver, lorsque les fleurs sauvages, seul luxe qu'ait jamais connu ce pays de misère, surgissaient soudain dans la lumière crue et le vent froid du printemps encore hésitant ! Je me souviens de l'éclat des zygophyllums blancs, pareil à celui de la neige le long des crêtes, des grosses taches jaunes des bulbinellas flamboyant comme des cierges, des tulipes du Cap qui embrasaient le veld, des soucis, des gazanias et autres babianas ; tandis que les nuages glissaient majestueusement devant le soleil, un à un, le veld multicolore se plissait et se ridait tout entier tel un plan d'eau et les êtres humains que l'on voyait s'y déplacer, bercés par les vagues d'ombre et de lumière, ressemblaient à des nageurs à la surface d'un lac. Les femmes approchent en riant, les bras chargés de fleurs et les pieds prisonniers de l'ombre ; Pieter s'élance vers nous, trébuche et disparaît, emporté un instant par la houle, sa chevelure dorée étincelant au soleil. Comment avait-il fait pour se libérer de son travail et venir nous rejoindre ? En riant, il tend la main pour amortir sa chute, riant toujours, il lutte contre la houle, flotte encore un moment à la surface avant d'être rattrapé par la lumière du soleil, puis les eaux sombres l'engloutissent et le dérobent aux regards. Le vent balaie les voix des femmes et je n'entends ni les appels de Sofie, ni ceux de Jacomyn ; je sursaute en voyant Sofie devant moi, sa robe claquant au vent, le petit bouquet confectionné à la hâte qu'elle me tend se défait et s'envole, emporté par le vent. D'un geste impatient, elle me fourre les fleurs dans la main puis se retourne, s'éloigne et disparaît dans un flot d'ombre et de lumière qui glisse et tourbillonne ; elle poursuit Pieter en riant tandis que Jacomyn, près de moi, les suit du regard.

Bien sûr, il n'y avait ni eau ni lac, bien sûr personne ne s'est noyé, du moins pas au sens où on l'entend généralement ; mais il existe d'autres manières de se perdre ou de disparaître. Il n'y avait que le veld, les corniches rocheuses et l'éphémère éclat du printemps. Je raconte ce que j'ai vécu. Je raconte ce dont je me souviens.

C'était en partie au printemps qui avait suivi l'arrivée de Sofie, en partie pendant l'été, enfin je suppose : la succession des beaux jours me rend perplexe et je n'arrive plus bien à distinguer les saisons ; toujours est-il que cet été-là, Sofie était déjà enceinte de Maans et plus rien n'était comme avant, pas uniquement parce que la naissance de l'enfant déterminerait la date de notre départ pour le Karoo, pas uniquement parce que plus le terme de sa grossesse approchait, plus elle était malade, mais aussi à cause des espoirs que la naissance du fils de Jakob suscitait chez Maman – laquelle eut soudain pour Sofie des égards et une sollicitude sans précédent ; l'influence de la grossesse et de l'accouchement se fit sentir jusque dans les règles et les usages les plus essentiels de notre vie quotidienne. C'était l'enfant du fils aîné, le premier petit-enfant, le futur héritier, et à en juger par les préparatifs que Maman faisait pour sa naissance, j'en déduis, maintenant que j'y repense, qu'elle avait déjà entrepris de lui constituer sa part d'héritage depuis longtemps, même si le processus n'était véritablement perceptible que par intermittence, comme lors de l'annexion de Bastersfontein ou de Kliprug.

Sofie, donc, était enceinte; lorsque je repense à cet été-là, me revient aussitôt en mémoire l'image de Jakob, Pieter et Gert moissonnant le blé dans notre champ, et du corps blanc de Pieter, debout sur le chariot et riant au soleil. Sofie marchait avec difficulté et s'appuyait sur moi à cause des inégalités du terrain; ça y est, maintenant je me souviens, je commence à y voir un peu plus clair dans la manière dont ces souvenirs s'emboîtent les uns dans les autres. Gert était revenu à la maison chercher le chariot, et tandis que je m'affairais au salon, Sofie, soudain, se précipita vers moi : «Viens, petite sœur, viens avec moi jusqu'au champ de blé!» murmura-t-elle comme s'il s'agissait d'un secret que personne d'autre ne devait entendre; nous traversâmes la cuisine, nous faufilâmes à l'extérieur, tournâmes rapidement au coin de la maison avant que quiconque ait pu nous voir, courûmes derrière le chariot pour le rattraper, et je sentis sur mon épaule, tandis que nous marchions à travers le veld, la main de Sofie qui s'appuyait lourdement sur moi à cause des aspérités du terrain et des pierres; toutefois, bien qu'elle se déplaçât difficilement et fût déjà hors d'haleine, elle riait comme une enfant, mue par une excitation que je partageais sans la comprendre. Toujours riant, hors d'haleine, nous rattrapâmes le chariot et nous hissâmes à bord; c'est ainsi que nous atteignîmes le champ de blé où Jakob et Pieter faisaient les moissons. Pour moi, tout cela n'était qu'une simple aventure, et ce n'est qu'à notre arrivée que je compris, en voyant Jakob entrer dans une colère noire, qu'il y avait encore bien des choses qui m'échappaient. D'où lui venait cette rage? Soixante ans plus tard, je n'ai toujours pas de réponse. Jakob n'était pas quelqu'un de particulièrement attentionné et, autant que je me souvienne, il n'avait jamais fait montre d'une grande sollicitude envers Sofie ; peut-être redoutait-il simplement de s'attirer la réprobation et les remontrances de Maman, ou bien, pour une raison qui lui échappait sans doute, se sentait-il d'une manière ou d'une autre menacé dans son autorité conjugale sur Sofie ; peut-être même commençait-il à entrevoir qu'il était en train de la perdre, qu'elle lui filait entre les doigts à la lumière dorée de la bougie, dans la poussière, dans les profondeurs sombres de l'eau trouble. Jakob a toujours été bizarre ; c'était un original, et nul ne savait ce que cachaient ses silences et ses coups de sang. Si même aujourd'hui je n'ai ni explication, ni réponse, comment l'enfant que j'étais il y a soixante ans, dans ce champ de blé, aurait-elle pu se faire une opinion ? Je m'agenouillai et les regardai tous trois – Jakob, Sofie et Pieter – au milieu des gerbes, sous le soleil brûlant. Je me rendis compte qu'ils étaient des adultes, à la vie desquels je ne comprenais rien ; je me souviens de la chaleur, du silence, de la colère de Jakob, du robinet du tonneau d'eau qui fuyait juste à côté de moi et de l'eau qui creusait dans la terre un petit trou noir et humide. Je fis couler un peu d'eau dans un bol, en bus quelques gorgées et versai le reste sur mon visage brûlant ; Sofie vint s'asseoir par terre près de moi et je lui tendis un peu d'eau tandis que les hommes commençaient à charger le blé sur la charrette, Jakob et Gert passant les gerbes à Pieter, debout sur le chariot. Le tas grossissait à vue d'œil, et ils durent bientôt lui lancer les gerbes avec des fourches.

Agenouillée près du tonneau, je regardai leurs chemises noires de sueur ; Jakob, muscles bandés, travaillait en cadence avec obstination pour en finir et rentrer à la maison avant la tombée du jour, comme s'il voulait transformer en travail toute son énergie, toute sa colère rentrée, tandis que les deux autres s'efforçaient de tenir le rythme et de ne pas montrer que la fatigue les gagnait. Après qu'ils eurent lancé la dernière gerbe, Pieter, juché sur le chariot, ôta sa chemise et s'en servit pour s'éponger le visage ; je me souviens de son corps mince, souple et blanc, et de son rire, alors que, perché sur le tas de gerbes, il se moquait des deux autres. Pieter avec sa langue de vipère et ses railleries, Jakob avec ses silences butés : je revois comme si c'était hier mes deux frères dans ce champ de blé. Et Sofie, où était-elle ? Je ne la vois pas, je ne me la rappelle pas, je suppose qu'elle était toujours assise à mon côté et que, comme moi, elle observait la scène : Pieter sur la charrette, Jakob en bas. Je me souviens du son de sa voix, mais je serais incapable de dire d'où elle venait : «Viens, petite sœur, disait-elle, allons-y» ; lorsque je levai les yeux, elle était déjà partie et je dus courir à travers le veld pour la rattraper. Nous étions déjà loin lorsque nous entendîmes Jakob nous appeler et, quelques instants plus tard, Pieter nous cria lui aussi que nous ferions mieux de revenir et de profiter de la charrette pour rentrer avec eux, mais Sofie fit mine de ne pas entendre et Jakob, de son côté, ne chercha pas à nous rattraper. Nous coupâmes à travers le veld en direction de la maison ; les hommes, obligés de rester sur la piste à cause de la charrette, arrivèrent bien après nous, mais nous dûmes marcher longtemps et, pendant la dernière partie du trajet, la démarche de Sofie, appuyée sur mon épaule, se fit de plus en plus lourde.

Maman m'avait-elle battue pour m'être éloignée de la maison sans autorisation ? Je ne sais plus ; à l'époque, j'avais déjà appris à me mettre à l'abri de ses colères et de ses punitions. Ce qui s'est dit par la suite, je ne le sais plus non plus – les visages autour de la table et les voix furibondes peuvent tout aussi bien se rapporter à cette soirée-là qu'à une autre : la chaise renversée, la porte qui claque –, ce fut notre dernière excursion, et la dernière sortie de Sofie ; son état la handicapait de plus en plus et la contraignait à demeurer cloîtrée. Je me souviens qu'elle essayait de faire des travaux de couture au salon, assise près de la fenêtre, mais elle manquait de patience et se piquait souvent les doigts avec l'aiguille, si bien que le morceau de tissu qu'elle travaillait se maculait de sang et que, tôt ou tard, elle le laissait tomber sur ses genoux ou bien par terre, et regardait par la fenêtre. Nos leçons, elles aussi, s'espacèrent, et je pris l'habitude de m'asseoir par terre à côté d'elle avec un livre, le dos appuyé contre sa chaise, tentant de lire tant bien que mal malgré le manque de lumière : souvent je la voyais pleurer toute seule, immobile, le corps et les pieds gonflés, les larmes dégoulinant sur ses joues. Pourquoi pleurait-elle ? Sofie, près de la fenêtre, les pieds sur la chaufferette de Maman, en face d'elle Jakob penché en avant, les deux mains posées à plat sur la table. Le ton acerbe de leurs accusations, de leurs reproches, conduisait parfois Maman à sortir de la cuisine pour s'interposer – sont-ce des choses dont je me souviens véritablement, qui sont réellement arrivées ? Les toiles d'araignées, les ombres et les illusions d'optique sur les murs... Je ne le saurai jamais ; ce que je sais en revanche, c'est que la distance et l'abîme qui les séparaient étaient bien réels, quels que soient les mots que l'on emploie pour les décrire, cela je le savais à l'époque et je m'en souviens encore aujourd'hui.

La naissance du bébé étant prévue pour le début de l'hiver, il était hors de question que Sofie vienne avec nous dans le Karoo : l'on décida donc que dans un premier temps les hommes partiraient seuls avec les moutons, que Pieter remonterait avec le chariot et un chargement de bois pour l'hiver et que nous descendrions à notre tour avec les meubles et tous les ustensiles dès que Sofie se sentirait en mesure d'entreprendre ce voyage éprouvant. C'était le premier hiver que je passais dans le Roggeveld, et, ne serait-ce que pour cette raison, il est resté gravé dans ma mémoire. Les hommes étaient partis avec les bergers et leurs familles et il ne restait plus dans la maison que nous, les femmes : Sofie, enveloppée dans son châle dans le salon où la chaufferette brûlait désormais toute la journée, Dulsie et Jacomyn devant l'âtre dans la cuisine, Maman et moi. Dulsie n'était pas enchantée de devoir passer une partie de l'hiver ici, mais pour le reste, nous cohabitions tant bien que mal, nous frôlant en silence et nous réunissant brièvement le soir pour le culte familial ; Sofie nous lisait à voix haute un passage de la Bible et Maman bricolait une prière à partir de quelques formules toutes faites. Quelque temps après, Pieter revint du Karoo avec le chariot ; il s'occupait de la maison, coupait du bois pour la cuisine et prenait soin des bœufs, mais il n'avait pas grand-chose à faire – de fait, nous attendions tous la naissance de l'enfant pour aller rejoindre Papa. Je crois me souvenir que Pieter passait le plus clair de son temps à l'intérieur de la maison et qu'il venait souvent s'asseoir avec nous au salon pour m'écouter lire ou bavarder avec Sofie.

Combien de temps cette attente a-t-elle duré ? Je ne sais plus. Je me la rappelle comme un temps long, vide et transparent, froid et transparent comme le verre, avec le vent qui fouettait violemment les portes et les volets clos, l'horizon sombre et les collines couleur de plomb, le ciel bas, la neige qui menaçait, le froid de plus en plus vif et le silence. Dans le salon, la nuit tombe peu à peu, seuls le plateau de la table et les portes vitrées des placards captent encore un peu de lumière dans la pièce plongée dans le demi-jour, puis ces reflets eux-mêmes s'estompent et il ne reste plus que les charbons dans la chaufferette qui luisent encore dans la lumière du crépuscule.

Au cours de l'une de ces journées amères et grises, alors que j'aidais Sofie à regagner sa chambre, je découvris qu'elle tenait, dissimulées dans la paume de sa main, des fleurs de cactus rouges en forme de clochettes légèrement fanées, bien que la saison des fleurs sauvages fût passée depuis longtemps déjà : « C'est ton frérot qui me les a apportées », répondit-elle d'un air distrait lorsque je lui posai la question ; il avait dû les trouver quelque part dans le veld à l'époque où il disparaissait de la maison sans dire où il allait – personne, d'ailleurs, n'avait jamais pris la peine de le lui demander. Est-ce qu'elle l'appelait toujours ainsi, *frérot* – c'est comme cela que je surnommais mon cadet –, ou bien le faisait-elle uniquement parce qu'elle s'adressait à moi?

Sofie n'eut pas un accouchement facile : je me souviens que la nuit ses cris perçants me réveillaient en sursaut et que je ne parvenais pas à me rendormir. Allongée bien au chaud dans l'obscurité de la chambre entre le matelas de plume et les peaux de mouton, j'écoutais ces cris lancinants jusqu'au moment où, vaincue par le sommeil, je m'assoupissais à nouveau au lever du jour. Les hurlements se poursuivirent toute la journée du lendemain dans la pièce de devant; je ne pouvais ni les ignorer, ni m'y soustraire, car je devais rester à la maison, bien qu'aucune des femmes présentes n'eût le temps de s'occuper de moi. Paralysée par la peur et ne comprenant pas ce qui se passait, je me réfugiai dans un coin de la cuisine près de l'âtre, moins pour profiter de la chaleur que parce que c'était, dans toute la maison, l'endroit le plus éloigné de la chambre de Sofie et de ses cris perçants. Qu'avait été ma vie jusqu'alors? Austère, simple, voire misérable, dépourvue de tendresse – pour ne rien dire de l'amour –, et pourtant, je ne m'émouvais que très rarement, et assez superficiellement, des choses que je ne comprenais pas; je n'avais ressenti la peur et l'épouvante qu'une seule fois, le jour où j'avais franchi le col en plein brouillard – je serais bien incapable de dire pourquoi. Privée du manteau rassurant du brouillard qui enveloppait l'abîme tout autour de moi, je baissai tout de même les yeux dans l'obscurité et me rendis vaguement compte qu'il me fallait choisir avant qu'il ne fût trop tard, que je devais faire demi-tour, partir et chercher ma propre voie le long du précipice. Était-ce vraiment un choix – ai-je jamais eu le choix? À examiner ma vie de près, on pourrait en douter; pourtant, bien que je ne puisse pas expliquer le fond de ma pensée, je voudrais dire que si j'ai jamais eu un jour le privilège de pouvoir choisir, c'est sans doute lorsque j'étais assise toute seule, dans un coin de cette cuisine sombre, et où j'ai décidé, à l'aveuglette et sans le savoir, de mon avenir.

Et Pieter ? Les hommes en général ne sont pas très doués pour affronter la réalité, et Pieter moins que tout autre : à la ferme, c'était toujours Jakob et Gert qui tuaient les moutons, et Jakob qui ouvrait la marche lorsque les hommes partaient chasser le chacal ou le chat sauvage ; ce jour-là, Pieter avait pris ses jambes à son cou et, bien qu'il fît un froid glacial, nul ne l'avait revu : enveloppé dans une peau de chacal, il faisait les cent pas à une distance respectable de la maison, assez loin pour ne pas entendre les cris stridents de Sofie. Finalement, vers la tombée du jour, les hurlements perdirent de leur intensité et se mêlèrent à des cris rauques plus faibles et aux voix des femmes qui avaient assisté Sofie pendant l'accouchement. Maman vint chercher une bougie à la cuisine et me dit que Sofie venait de donner naissance à un garçon. Dans la lumière grise du crépuscule, je sortis en courant annoncer la nouvelle à Pieter et lui dire qu'il pouvait rentrer ; je me souviens de la morsure du froid sur mon visage et des tourbillons argentés de la neige dans le ciel, de la fine couche de neige blanche qui brillait sur les cheveux de Pieter et sur la peau de chacal posée sur ses épaules tandis que sa silhouette se dessinait dans la lumière des bougies et de l'âtre.

Ainsi Jakob eut-il un fils, cette petite créature qui poussait des cris stridents dans son berceau à côté du lit de Sofie. Dans le Karoo, cet hiver-là, on lui donna pour nom de baptême le prénom de son grand-père, Hermanus, mais tout le monde l'appelait Maans, qui est le diminutif de Hermanus ; il n'eut jamais ni frère ni sœur et devint le seul héritier.

L'accouchement terminé, Sofie était impatiente de rejoindre le Karoo ; Maman, elle aussi, souhaitait quitter le Roggeveld le plus vite possible avant l'arrivée de l'hiver et de la neige, qui risquait de compromettre l'entreprise. Dès que Sofie fut en état de voyager, Pieter attela le chariot, nous emmitouflâmes la maman et le bébé dans des édredons et des coussins et nous mîmes en route tant bien que mal, cahotant d'une corniche à l'autre en longeant le précipice.

Pendant toute ma jeunesse, et au cours de la plupart des années qui suivirent, je me suis rendue ainsi presque chaque année dans le Karoo avec ma famille, tout d'abord en cheminant laborieusement le long des pentes escarpées du col du Vloksberg puis, lorsque la route fut construite, en passant par Verlatekloof. Au début, tant qu'il était encore bébé, Maans restait dans les bras de Jacomyn ; plus tard, petit garçon puis adolescent, il courait derrière le chariot, jeune homme il aidait à rassembler les moutons et, devenu adulte, ce fut lui qui prit la tête de l'expédition. Pourquoi donc est-ce surtout de ce voyage-là que je me souviens, comme si c'était le dernier, alors que c'était, au contraire, le tout premier d'une longue série ? Je me revois descendant avec Pieter, Sofie et le bébé, enjambant les rochers mouillés par la pluie tandis qu'une grêle fine et venteuse nous fouettait le visage, arrivant dans le Karoo où les oiseaux gazouillaient dans le soleil hivernal et où les cours d'eau serpentaient le long des ravins et des crevasses, signe qu'il pleuvait sur les hauteurs, le Karoo où de petites cascades ricochaient de corniche en corniche et où le jour tout entier bruissait du murmure de l'eau et du chant des galets qu'elle entraînait et polissait au passage.

L'après-midi touchait à sa fin lorsque notre petit groupe arriva à notre campement d'hiver ; dès que le chariot se fut immobilisé, je sautai à terre et aperçus Jakob qui traversait le veld d'un pas lent pour venir à notre rencontre, rythmant sa marche en tapotant sa cravache contre sa jambe. Pieter prit Sofie dans ses bras pour l'aider à descendre, puis Jacomyn et le bébé ; Jakob ne s'approcha ni pour saluer sa femme, ni pour voir son enfant, et nous attendîmes à côté du chariot, comme des étrangers en visite qui se demandent quel accueil leur sera réservé. Où donc était Maman, qui avait fait le voyage avec nous, et pourquoi Papa n'était-il pas là ? Je me souviens de l'odeur du Karoo, de ce mélange de plantes aromatiques, d'arbustes et d'herbe, du gazouillis des oiseaux et du roulement des pierres ballottées par le courant. Quel était donc ce changement qui faisait que rien n'était plus comme autrefois ? Selon quels critères, selon quelles règles la mémoire décide-t-elle de retenir tel souvenir et de rejeter tel autre ? Je ne sais : je me souviens simplement que Jacomyn, à notre arrivée dans le Karoo, était descendue du chariot avec le bébé dans les bras, qu'elle avait passé la tête en dehors de la bâche, que son foulard, en glissant, avait dévoilé ses cheveux noirs et brillants et qu'elle avait relevé d'une main le bord de sa robe avant de poser pied à terre ; après toutes ces années, je me souviens encore de ce geste insignifiant et je revois, comme si c'était hier, cette femme morte depuis longtemps. En revanche, ce que j'aimerais savoir aujourd'hui demeure pour moi une énigme et je ne puis que tourner en rond à tâtons dans un passé mystérieux, à la recherche de fragments susceptibles de m'aider à reconstituer mon puzzle.

J'ai dit que cette expédition dans le Karoo était la dernière, bien qu'il y en ait eu encore une bonne quarantaine, voire une cinquantaine d'autres au cours des années qui suivirent, et dans un sens c'était vrai, car quelque chose avait pris fin cet hiver-là et à notre retour dans le Roggeveld, au printemps, tout avait changé. Sofie ne passa chez nous que deux printemps – le premier, l'année qui suivit son mariage, et le second, alors que Maans était encore bébé –, mais ils sont très différents dans ma mémoire, même s'il me serait difficile d'expliquer en quoi. Le fait que Sofie ait eu des responsabilités et des obligations nouvelles ne change rien à l'affaire, car je ne crois pas qu'elle se soit jamais beaucoup occupée de l'enfant, et les tentatives de Maman pour l'accaparer ne semblaient guère l'incommoder : elle n'opposa jamais la moindre résistance aux penchants possessifs de Maman, et pour le reste, elle s'en remettait à Jacomyn, laquelle n'avait pour ainsi dire pas d'autre tâche dans la maison que de veiller sur le bébé. Maman, Jacomyn et la vieille Dulsie se disputèrent en silence, sans mot dire, la possession de ce petit paquet hurlant qui faisait désormais partie de notre famille, et tandis que chacune faisait valoir ses droits et ses privilèges, Sofie se tenait à l'écart de la bagarre. Ce fut d'abord Jacomyn qui s'occupa de Maans lorsqu'il était bébé, puis moi; pendant quelques années, ce fut comme si c'était mon enfant, puis Maman se l'appropria entièrement, et plus tard il épousa la femme qu'elle lui avait choisie. Ce combat-là aussi, en définitive, ce fut Maman qui le gagna.

Ce printemps-là, l'on eût dit que Sofie n'était déjà plus des nôtres. Que s'était-il passé au cours de l'hiver dans le Karoo? Rien dont je me souvienne, rien qui m'ait marquée, peut-être rien de plus que les allées et venues habituelles des voisins et des connaissances et les moments passés à faire de la musique et à danser. La famille et les amis de Sofie étaient là aussi, bien entendu, et elle retrouva pendant ces quelques mois le monde qu'elle avait connu : je me rappelle la douce chaleur, le murmure des sources et des ruisseaux gorgés d'eau, les cris de joie et d'excitation et aussi la musique, de l'autre côté des églantiers – cela aurait pu être aussi bien cette année-là que n'importe quelle autre, car les hivers dans le Karoo se déroulaient généralement toujours de la même façon. Pour nous cependant, cette saison n'était qu'un simple contretemps, une interruption; chaque année, retourner dans le Roggeveld signifiait rentrer à la maison et c'était tellement vrai que, lorsque nous retardions la date, les moutons se dirigeaient d'eux-mêmes vers les hauteurs familières, sans nous attendre : ils remontaient l'étroite bande d'ombre, longeaient le ravin et se lançaient à l'assaut de la végétation incolore, qui ondulait doucement sur le plateau où planait en permanence la menace d'une gelée ou d'une chute de neige imprévue, où l'eau scintillait à la surface des lacs et où se dressaient les murs épais de la sombre bâtisse. Pour nous, c'était un retour à la maison après une absence, mais pour Sofie, était-ce autre chose qu'un exil?

Cette année-là, le printemps s'était fait attendre, et il gela encore longtemps après notre retour. Sofie restait généralement à la maison, comme durant les derniers mois de sa grossesse, et nous reprîmes nos leçons, à cette différence près que je fus soudain saisie d'un ardent désir de percer tous les secrets de l'alphabet, de maîtriser le contenu des livres et d'apprendre à lire et à écrire aussi couramment – à mes yeux d'enfant – que Sofie et Pieter. Peut-être avais-je, à ma manière, hérité de l'ambition dévorante de Maman, à moins que je n'eusse caressé le vain espoir de conquérir par mes progrès son approbation, ou encore que, plus prosaïquement, je n'eusse espéré accéder ainsi au monde de Sofie et de Pieter, à cette intimité qu'ils partageaient et dont j'étais exclue, chose que, faute d'une meilleure explication, j'associais au fait de savoir lire et écrire et à nos leçons dans le salon. Pieter nous tenait souvent compagnie ; il me taquinait, tentait de distraire notre attention ou se disputait en riant avec Sofie à propos de la prononciation, de la signification ou de l'orthographe d'un mot jusqu'à ce qu'elle se mît à rire elle aussi. Fronçant les sourcils, les doigts couverts de taches d'encre, je me penchais avec application sur le papier maculé et, lorsque je levais les yeux, je les voyais assis côte à côte, échangeant des plaisanteries de part et d'autre de la table ou discutant d'un livre. Leurs deux têtes se frôlant, ils déchiffraient à haute voix le texte en langue étrangère et suivaient les mots de leurs doigts, qui s'effleuraient comme par inadvertance dans cette pièce qu'éclairait faiblement la lumière du crépuscule et où personne ne les observait sinon moi, une enfant penchée sur ses devoirs, trop occupée pour faire attention à eux et trop jeune pour comprendre.

La chaise se renverse avec violence, ou tombe à terre au moment précis où quelqu'un se lève de table brusquement, et je m'éveille de mon rêve en sursaut ; la porte claque avec fracas et vibre sur ses gonds. Que s'est-il passé, quelles sont ces voix qui se disputent si âprement dans la pièce voisine ? N'est-ce arrivé qu'une seule fois, ou bien davantage ? Je ne sais, mais il est fort probable que la scène se soit produite à plusieurs reprises dans cette maison divisée où les disputes et les colères ont rythmé mon enfance. Le dédain de Jakob pour ma soudaine soif de savoir, l'animosité croissante de Jakob envers Pieter, d'un frère contre son frère, le harcèlement insidieux et incessant de Pieter, l'état de surexcitation permanente de Sofie et ses accès d'impatience envers son mari et, dans la cuisine, les vieilles haines entre Dulsie et Jacomyn et les querelles entre Dulsie et Gert. Le printemps, cette année-là, était tardif, hésitant, et le regain de l'hiver qui avait suivi notre retour du Karoo nous forçait trop souvent à rester enfermés tous ensemble au salon ou à la cuisine, avec nos frustrations et nos nerfs à vif. Je me souviens encore de la neige qui brillait sur les cheveux de Pieter et sur la peau de chacal qu'il portait sur les épaules ; ou plutôt non, c'était avant. Quel est donc ce scintillement dont je me souviens et qui m'aveuglait dans le soleil, où donc avais-je vu Pieter au milieu de la neige qui tombait en rafales, et quel était ce champ couvert de neige qu'il traversait à pas lents dans le lointain ?

Il neigeait – ce printemps-là, après notre retour, il neigeait encore, je m'en souviens maintenant, nous étions tous assis au salon autour du poêle à charbon. Que dire d'autre ? Parler de Pieter venant à ma rencontre à travers cette étendue immense et étincelante, après toutes ces années ? Nous attendions, et au petit jour, Pieter, traversant le champ couvert d'une neige immaculée, s'avança vers nous, sa peau de chacal jetée sur les épaules ; non, ce n'est pas ça. Qu'attendions-nous donc, assis en silence, et d'où revenait-il, cette fois-là ? Je vais essayer de me souvenir.

Le printemps avait du retard, après notre retour du Karoo le froid avait duré encore longtemps et il avait neigé fortement au moins une fois, voilà, ça me revient maintenant. Je me revois avec les autres femmes, assises autour du poêle à charbon dans le salon ; je progresse prudemment, à tâtons, je crains d'aller trop vite ou, par un geste irréfléchi, de déchirer les mailles ténues du souvenir – je sens qu'il y a ici quelque chose d'important. Nous formons un petit cercle silencieux, mais ce n'est pas l'intimité habituelle des soirées de grand froid, seules les femmes sont présentes et j'ai conscience des tensions et de l'agitation, des allées et venues des hommes dans la cuisine, j'entends quelqu'un qui martèle du pied le sol d'argile de la cuisine pour secouer la neige de ses chaussures. Jacomyn est assise avec nous sur un petit banc, le bébé sur les genoux, l'enfant pleure d'un ton plaintif et elle le berce doucement pour le calmer mais Sofie ne prête aucune attention à ses cris. Sofie droite sur sa chaise et moi, assise près d'elle, appuyée contre elle ainsi que j'en avais pris l'habitude, la blancheur des phalanges de la main avec laquelle elle maintient son châle sur ses épaules. Oui, c'est bien cela. Et ensuite ? J'hésite un instant, et tout à coup je sais.

Profitant d'une éclaircie, Papa avait envoyé Pieter en renfort pour aider à rentrer dans l'enclos un troupeau de moutons qui broutait au pied de la montagne, mais avant que le berger et lui n'aient eu le temps de rentrer, il se mit à neiger si fort qu'il devint impossible de leur venir en aide. Dans la nuit, après que la neige eut cessé de tomber, nous allumâmes un grand feu sur la colline derrière la maison pour leur servir de repère dans le noir, et le lendemain Papa, Jakob et Gert partirent à leur recherche ; bien que personne n'ait rien dit, je ne crois pas que quiconque ait cru qu'ils survivraient à une tempête de neige sur cette montagne battue par les vents. Nous attendîmes toute la matinée, puis j'allai me poster devant la porte de la maison pour contempler le monde blanc et brillant qui s'étendait devant nous jusqu'à l'horizon, et je fus la première à voir l'homme qui marchait au loin dans la neige en direction de la maison ; malgré la distance, aveuglée par la réverbération, je reconnus Pieter, criai son nom, et les femmes accoururent et sortirent en courant. Ils avaient été surpris par la tempête de neige au bord du plateau alors qu'ils commençaient tout juste à rassembler les moutons et avaient dû chercher refuge dans une anfractuosité, sous une saillie où ils avaient passé la nuit : dès le lever du jour, Pieter, se frayant un chemin dans la neige épaisse, avait gravi la pente pour nous faire savoir qu'ils étaient encore en vie tandis que le berger était resté sur place pour rassembler les moutons égarés. Il leur fallut du temps pour retrouver les survivants et les déloger des crevasses et des grottes où ils s'étaient réfugiés pour se mettre à l'abri de la tempête; certains restèrent bloqués plusieurs jours, le temps que la neige fonde.

Ainsi Pieter avait survécu et nous était revenu, et je me souviens d'une fête à laquelle nous avions tous participé malgré nos divisions, car comme je l'ai déjà dit, bien que l'envie, la jalousie et la rancœur nous aient éloignés les uns des autres, la nécessité où nous nous trouvions, compte tenu de notre isolement, de lutter pour notre survie, dans ce monde hostile où chacun dépendait de l'aide d'autrui pour affronter les dangers et les privations de la vie quotidienne, nous obligeait à nous unir, de la même manière que c'était ensemble que l'homme blanc et le Bochiman, le fils du patron et le domestique, avaient survécu à l'obscurité dans leur refuge lors de cette nuit d'hiver interminable avant de revoir enfin la lumière du jour. Je me souviens que ce soir-là, à table, après le retour de Pieter, Papa nous avait servi du vin doux et qu'il m'avait autorisée à en goûter une gorgée; et aussi que, même en ce moment de fête où toute la famille était réunie autour de la table, la discorde et l'unité étaient entremêlées. Quelle était cette remarque malveillante que Jakob avait formulée à propos du vin que l'on avait servi en l'honneur de Pieter? Je ne m'en souviens pas, mais Papa lui avait répondu en citant un passage de la Bible en néerlandais[1] : « ...parce que ton frère que voici était

1. La première traduction complète de la Bible en afrikaans date de 1933. Jusqu'à cette date, en Afrique du Sud, on lisait la Bible en néerlandais. La citation est extraite de Luc XV, 32.

mort et qu'il est revenu à la vie, parce qu'il était perdu et qu'il est retrouvé.» Jakob était sur le point de dire quelque chose – je revois son visage sombre à la lueur de la bougie –, mais au même moment un léger bruit se fit entendre et Sofie, émergeant de sa chambre plongée dans l'obscurité, s'avança vers nous dans un froissement d'étoffe, vêtue de sa robe noire de mariée, comme si nous célébrions véritablement une fête. Je m'en souviens encore, même s'il s'est produit depuis lors bien des choses que j'ai oubliées, ou que j'ai tenté d'oublier : le silence qui se fit autour de la table tandis qu'elle prenait place parmi nous, Papa poussant un verre de vin dans sa direction et Maman, après un moment de silence, déclarant d'une voix étouffée, sur un ton de reproche : «Chez nous, on ne s'habille pas de manière aussi chic.» Je me souviens de Sofie dans sa robe noire et de ses yeux brillants, du visage sombre de Jakob qui sirotait son vin à contrecœur et de l'unique bougie, placée près du siège de Papa et qui laissait dans l'ombre la plus grande partie de la pièce. La chaise renversée, jetée à terre, la lumière de la bougie qui vacille comme si les volets, tout à coup, s'étaient ouverts en grand sous la poussée du vent, la petite bougie au bord de la table qui bascule et qui tombe, la flamme qui s'éteint. À genoux dans l'obscurité, nous tâtonnons par terre, trébuchons contre la table et les chaises qui nous sont devenues étrangères, cherchons dans le noir la boîte d'amadou et demandons à Dulsie, dans la cuisine, de prélever dans l'âtre un tison brûlant afin d'éclairer l'obscurité soudaine et totale – ce soir-là, un autre soir ou peut-être jamais. Après tout, je ne peux raconter que ce dont je me souviens.

Le printemps, cette année-là, ne fut pas aussi fleuri que l'année précédente, bien que la blancheur des zygophyllums couronnât les collines. L'air se radoucit, le ciel se fit plus lumineux et, pendant une courte période, un vert resplendissant recouvrit même le paysage, mais la neige demeura longtemps encore dans les recoins cachés tout le long de l'escarpement, dans les ravins et sous les affleurements rocheux.

L'arrivée des beaux jours incita Sofie à reprendre ses promenades dans le veld, souvent en compagnie de Jacomyn et du bébé ; Maman et Dulsie trouvaient toujours quelque chose à redire à ces sorties et au fait que Sofie emmenât l'enfant aussi loin de la maison, mais pour autant que je sache, personne ne songea jamais à le lui interdire. Parfois elle me demandait de les accompagner, et si j'avais fini mon travail Maman m'y autorisait, sans rien dire, mais en me gratifiant au passage d'un regard désapprobateur. Je revois notre petit groupe dans cette immensité grise, Jacomyn portant le bébé dans les bras, et sur le plateau, le vent qui fouettait les robes des femmes et les cheveux de Sofie ; je revois Sofie, sa chevelure flottant au vent, riant et battant des mains, de nouveau aussi jeune et insouciante qu'une enfant.

Le vent, sur les collines, berce le paysage qui tangue dans les remous d'ombre et de lumière ; Sofie et Pieter rient et s'interpellent, le vent emporte leurs paroles – oui, Pieter était là aussi, je m'en souviens parfaitement. Assise par terre à côté de Jacomyn, je regarde le bébé qui dort sur le châle qu'elle a étalé pour lui sur le sol, et je lui demande où est Sofie : « Ne t'inquiète pas, me répond-elle d'un air distrait sans même lever les yeux, ne t'inquiète pas, ils vont arriver, ils vont arriver. » Je sens autour de nous l'air doucereux, le parfum de l'anis sauvage, et contemple les arbustes qui ont pris racine dans les crevasses parmi les pierres, les fleurs blanches des zygophyllums qui se balancent au pied des collines, le printemps fade, gris, argenté et blanchâtre sous le ciel bleu pâle, l'eau qui scintille un instant au loin à la surface d'un marécage et qui redevient terne tandis que le paysage s'assombrit à mesure que l'ombre obscurcit le soleil. Ce printemps-là – oui, je m'étais trompée, c'était bien ce printemps-là, le deuxième printemps après la naissance de Maans. Ils vont arriver, ils vont arriver. Le vent fait vibrer les branches des élytropappus et des euryops et les fleurs blanches des zygophyllums; assise à côté de Jacomyn, je m'ennuie à force d'attendre. Attendre qui, attendre quoi? J'ai oublié, pendant des années j'ai oublié, mais maintenant, lentement, je commence à me ressouvenir. Ils vont arriver. Pieter, mon frère, en manches de chemise dans le veld, riant au milieu des buissons et des arbustes, Sofie riant elle aussi, ses cheveux volant en désordre autour de sa tête – c'est bien ce printemps-là que je les ai vus courir dans le paysage mouvant et ondoyant, trébucher sur les ombres trompeuses, trébucher, tomber puis disparaître au-dessous de la surface des ombres. Était-il venu avec nous? C'est peu probable. Nous avait-il rencontrés quelque part par hasard, nous attendait-il? Tout cela avait-il été prémédité – et dans ce cas, comment, où, et quand? «Ils vont arriver, ils vont arriver», dit Jacomyn, tranquillement assise, puis elle détourne le regard et attend, jouant tranquillement avec des pierres et du gravier tandis que flotte dans l'air un parfum d'anis sauvage. Il y a tant de choses que j'ai oubliées, dont je me ressouviens pour la première fois et que j'essaie de comprendre, tant de choses dont je ne pourrai jamais plus me souvenir et que je ne comprendrai jamais.

Je me lève d'un bond, trébuche sur des buissons et des troncs durs et noueux, m'érafle les genoux contre les rochers, crie dans le vent, cherche mon chemin et m'égare dans les fourrés et les ravines laissées par les cours d'eau asséchés. Peut-être vaudrait-il mieux ne pas se souvenir de tout, peut-être ne sommes-nous pas capables de supporter l'écrasant fardeau de tous nos souvenirs. Ils glissent, se faufilent et m'échappent, je ne les vois plus. Ils disparaissent sous les vagues d'ombre et de lumière, et soudain un mur d'eau claire me sépare d'eux; je baisse les yeux sans comprendre, je vois Sofie qui s'enfonce, visage levé vers moi, chevelure défaite, et la blancheur étincelante de la chemise de Pieter qui, bras tendus, plonge dans une obscurité de plus en plus épaisse, si loin que mes yeux n'arrivent plus à le suivre. Leurs corps, comme en état d'apesanteur, sont portés par l'eau jusque dans les profondeurs et entraînés par le courant invisible. Ils se tournent un bref instant l'un vers l'autre dans l'onde – visages blancs aux yeux écarquillés, cheveux épars au vent, bras tendus ; la poussée de l'eau les projette avec force l'un vers l'autre comme dans une étreinte, comme s'ils cherchaient une planche de salut, puis ils disparaissent ensemble et je me redresse en hurlant dans mon lit, je reconnais ma chambre à la faible lueur de la lampe à huile, les volets clos, Dulsie qui dort sur le tapis.

Tout est calme, l'on n'entend plus aucun bruit dans le creux de la nuit. Silence, obscurité ; attendre que les coqs commencent à chanter, attendre que les premières taches de gris percent à travers les volets, attendre que la jeune fille se réveille, remue et cherche à tâtons la bougie pour l'allumer. Rien.

De l'été je ne me souviens de rien, si ce n'est le silence et l'obscurité. La plume de l'aigle dans le ciel, la plume du vautour, la plume, immobile dans le ciel. Les chacals sur les crêtes, les chats sauvages émergeant des crevasses dans la nuit pour attaquer les troupeaux de moutons. Les ossements d'animaux blanchis entre les rochers tout au fond du ravin étroit, l'éclat soudain du sang sur une pierre. Quelqu'un a-t-il entendu crier ?

Quoi d'autre ? Je ne me rappelle plus rien de l'été, tout est sombre devant mes yeux, autour de moi plus rien que le silence après le flot de souvenirs qui m'a submergée. La détonation, dont l'écho retentit dans le ravin et fait sursauter les babouins avant de rebondir d'une paroi à l'autre, est sur le point de s'évanouir lorsque parvient à nouveau, du ravin voisin, l'écho du grondement d'une deuxième arme. Dans la maison, les femmes assises au salon sursautent, se précipitent au dehors, et je vois la blancheur des articulations de la main de Sofie. Mais non, ce n'était pas cette fois-là, de toute façon nous n'aurions pas pu entendre les coups de feu des chasseurs dans le ravin, à plusieurs kilomètres de là. D'ailleurs ce n'était pas un coup de feu, c'est juste son pied qui a glissé, son pied sur la pierre, sa tête contre le rocher. Je ne me souviens plus ; je ne sais plus. Je ne veux plus me souvenir.

Attendre ; attendre sans penser à rien, sans forcer, entendre le silence sans écouter, écarquiller les yeux dans l'obscurité. La nuit passera ; peut-être passera-t-elle sans qu'il soit besoin de se souvenir. Attendre.

La main de Sofie, la blancheur de ses articulations ; Sofie levant la main pour toucher le sang sur son visage ; Sofie dont les cheveux épars forment un écran qui protège son visage de la lumière de la bougie. L'avait-il frappée ? Comment l'ai-je su ? N'y avait-il personne pour s'interposer ?

N'essaie pas de te souvenir. Que sais-je donc ? De simples faits que l'on peut exposer simplement, sans tenter d'y trouver un modèle, un sens ou une cohérence, sans aller chercher plus loin – même cela, c'est encore trop.

Elle n'était pas heureuse chez nous, pas heureuse avec Jakob, bien sûr, mais dans quelle mesure l'ai-je jamais vraiment su, à part la chaise renversée, la porte claquée ou les éclats de voix dans l'autre pièce, et ces choses, qui peut dire qu'elles aient eu un rapport avec Sofie, ou avec Jakob ? Je revois très nettement Sofie devant moi, et le sang sur son visage, mais est-ce un souvenir ou bien mon imagination ? Les champs de fleurs au printemps, oui, je me les rappelle, mais il y a eu tant de printemps, suis-je encore capable de faire la différence entre une année et une autre ? Qu'ils soient tombés, qu'ils aient trébuché et se soient enfoncés dans l'eau sombre – tout cela, je ne l'ai jamais vu, mais comment faire la différence entre le souvenir et l'imagination lorsque les deux images sont aussi nettes l'une que l'autre ? Les faits les plus simples ne le sont plus, chaque mot, chaque image sont chargés du poids d'autres réminiscences ou d'intuitions plus profondes dont il est impossible de les séparer.

Dès lors, s'il faut vraiment que je me souvienne, s'il faut vraiment que je fasse ce récit, par où dois-je commencer, que dois-je mentionner, que dois-je taire ? Commençons.

Vint l'été. Le paysage retrouva sa grisaille habituelle et la lumière du soleil se fit plus vive ; de cet été-là, je me rappelle la chaleur et la poussière – dans les marécages, parmi les roseaux et les joncs, l'eau claire commençait à baisser, faisant place à une bordure boueuse que les moutons piétinaient lorsqu'ils venaient boire et qui finissait par sécher avant de se fendiller et d'éclater peu à peu. Cela aurait tout aussi bien pu être n'importe quel autre été, mais je me souviens de celui-là parce que le bébé de Sofie était encore tout petit et que ses vagissements font partie de mes souvenirs : les gémissements plaintifs de l'enfant malade dans la chambre, la voix de Jacomyn qui le consolait et le bruit de ses pieds nus sur le sol recouvert de bouse séchée tandis qu'elle faisait les cent pas avec lui. Dans les ravins, cette année-là, les caracals ne nous laissaient pas de répit et l'un des bergers avait rapporté à la maison, pour le montrer à Papa, un agneau mort qu'ils avaient attaqué ; Papa avait alors dit à Jakob, à Pieter et à Gert d'aller chercher leurs fusils et de tuer ces sales bêtes – sa santé commençant à montrer les premiers signes de déclin, il participait de moins en moins aux travaux de la ferme et se déchargeait de plus en plus sur Jakob. Ils partirent donc un beau matin avant le lever du jour, alors que je dormais encore, et Papa resta à la maison. L'ouvrage de couture et l'aiguille brillante que je tenais à la main, les vagissements du bébé, le pas traînant de Jacomyn et la blancheur des articulations de la main de Sofie – mais non, cela c'était l'hiver où Pieter était rentré seul à la maison, à pied, en traversant les champs enneigés, lorsqu'il était revenu du pays des morts. Je m'embrouille, et si ma mémoire me trompe à ce point, quand donc puis-je lui faire confiance ? Mieux vaut me taire et attendre, attendre le chant du coq, attendre l'aube. Mais il faut que je me souvienne.

Les trois hommes partirent donc avec leurs fusils, les femmes restèrent à la maison comme d'habitude et le soir venu, au coucher du soleil, alors que je jouais seule dehors non loin de la maison, je levai les yeux et aperçus au loin, dans la brume du soleil couchant, des silhouettes d'hommes à cheval qui approchaient à travers la lumière voilée et dorée, deux cavaliers et trois chevaux ; lorsqu'ils furent suffisamment près, je vis que c'étaient Pieter et Gert avec le cheval de Jakob, et j'allai prévenir Papa.

Laissez-moi juste vous raconter ce qui s'est passé ; laissez-moi, à tout le moins, répéter le récit qu'ils en firent, sans chercher à expliquer, à clarifier ni à comprendre, car parfois même le plus petit détail est de trop. Ils racontèrent donc que ce matin-là, après qu'ils eurent entravé les chevaux tout en haut de Kalantskloof, Jakob avait dit qu'il descendrait dans le ravin et que les deux autres fouilleraient les gorges avoisinantes, et que plus tard ils étaient descendus dans le ravin de Baviaankloof où ils avaient tué une antilope. Ils dirent aussi qu'ils étaient restés ensemble, qu'ils n'avaient entendu aucune détonation en provenance des ravins voisins ni vu Jakob de toute la matinée, et que lorsqu'ils étaient retournés à l'endroit où ils avaient laissé les chevaux, Jakob n'était pas là et qu'ils ne l'avaient pas vu revenir bien qu'ils eussent attendu jusque tard dans l'après-midi. Ils dirent qu'ils l'avaient appelé, qu'ils avaient tiré des coups de feu mais que, n'obtenant pas de réponse, ils avaient décidé de regagner la maison pour chercher des secours avant qu'il ne fît complètement nuit. À côté des chevaux, bégayant légèrement comme toujours lorsqu'il était ému, Pieter raconta toute l'histoire à Papa tandis que Maman et Sofie l'écoutaient sur le seuil de la porte. L'antilope qu'ils avaient tuée était couchée en travers de la monture de Jakob, l'œil terne, les mâchoires crispées et couvertes de sang séché.

Tous se mirent alors à la recherche de Jakob, l'on envoya des messages aux plus proches voisins et, bien que les contacts fussent rares, bien qu'il serait excessif de parler de rapports de bon voisinage, et encore plus d'amitié, tous vinrent nous prêter main-forte. Les allées et venues, les voix des hommes, le bruit des chevaux et le ballet des lanternes et des torches dans la cour durèrent plusieurs jours et plusieurs nuits ; ils fouillèrent des journées entières le ravin de Kalantskloof, explorèrent toutes les gorges avoisinantes dans lesquelles un homme à pied aurait pu se perdre en l'espace d'une matinée, passèrent au peigne fin toutes les parois et toutes les corniches d'où Jakob aurait pu tomber, les crevasses où il aurait pu disparaître, les anfractuosités où il aurait pu s'abriter de la chaleur du soleil ; chaque soir, cependant, ils rentraient bredouilles, sans avoir trouvé ne fût-ce qu'un chapeau ou un fusil. Les femmes avaient accompagné leur mari et nous tenaient compagnie au salon : les voix étouffées, les histoires de maladies et de morts subites, les bols de café que l'on servait à longueur de journée et le gémissement de l'enfant malade, la blancheur des articulations de la main de Sofie – mais pourquoi cette image revient-elle sans cesse ? Bien qu'elle n'ait rien à faire ici, elle se faufile dans ma mémoire comme une intruse. Les voisins nous aidèrent mais, ne trouvant rien, ils durent abandonner les recherches et retourner à leurs obligations, et nous restâmes dans la maison silencieuse sans savoir, sans même pouvoir imaginer ce qu'il s'était passé.

Les tout premiers jours, Papa participa aux recherches, puis il envoya Pieter et Gert à Kalantskloof pour appeler, tirer des coups de fusil et explorer le ravin, comme s'il croyait encore qu'il fût possible de trouver quelque chose, et ordonna aux bergers de faire paître les moutons aux environs de Kalantskloof ainsi que dans les ravins avoisinants, de façon à pouvoir chercher des traces ou des indices. C'est ainsi qu'un beau matin un jeune berger bochiman se présenta à la maison et dit que alors qu'il tentait de sauver un mouton qui avait glissé dans une crevasse, il avait aperçu, au milieu de la végétation et des branches jetées çà et là par le vent, une veste d'homme en tissu sombre roulée en boule. Papa fit aussitôt atteler le chariot et partit avec Pieter et Gert en direction du ravin; il attendit sur le chariot, car il ne pouvait plus gravir de pentes aussi raides, tandis que Pieter et Gert fouillaient la crevasse et ramenaient Jakob. Ce devait être assez longtemps après sa disparition, car le corps commençait à se décomposer, mais c'était bien lui, sans aucun doute : il avait probablement perdu l'équilibre en descendant, glissé le long de la surface lisse des rochers sans rien à quoi se raccrocher, et s'était retrouvé pris au piège au fond de l'étroite crevasse où les secours, dans l'obscurité, parmi les arbustes et les herbes entremêlés, ne l'avaient pas vu. Dans sa chute, sa tête avait heurté une pierre, son crâne s'était fracassé et son visage était méconnaissable; son fusil, que le berger retrouva aussi plus tard dans la crevasse, s'était brisé net, comme si Jakob s'y était cramponné en tombant et qu'il se fût cassé en dévalant la pente. Ils roulèrent le cadavre dans une peau de bœuf, le déposèrent derrière la grange car il était impossible de le faire entrer dans la maison, et rentrèrent à la nuit tombée; Maman et Dulsie apportèrent des bassines d'eau, des serviettes propres et des chandelles de suif, lavèrent le corps et l'allongèrent dans la grange, mais Sofie resta dans la maison. Comment ai-je su tout cela? Comment ai-je su qu'on l'avait enveloppé dans une peau de bœuf? Pourtant, c'est exactement de cette façon que cela s'est passé.

Le magistrat du district vint examiner le corps, puis Jakob fut inhumé au cimetière, de l'autre côté de la colline, de l'autre côté des poiriers. Les voisins revinrent pour les obsèques – cela devait bien faire vingt ou trente personnes en tout, en comptant les enfants – et je me souviens qu'ils parlaient à voix basse et se taisaient dès qu'ils apercevaient quelqu'un de la famille. Après le culte, qui fut célébré près de la tombe, je servis des bols de café au salon et comme je n'étais encore qu'une enfant, personne ne fit attention à moi. «Ce n'est tout de même pas normal, une femme qui ne verse pas une larme sur la tombe de son mari» fit remarquer quelqu'un sur un ton de reproche ; un autre, commentant la chute de Jakob, se demanda ce qu'il pouvait bien faire dans la crevasse où l'on avait retrouvé son corps, aussi loin de l'endroit où il avait été vu pour la dernière fois. C'est alors que je pris conscience, pour la première fois, de tout ce que l'on peut voir et entendre à condition de rester bien tranquille et de se tenir en retrait, de se contenter de regarder et d'écouter sans laisser échapper le moindre son ni faire le moindre geste ; c'est là, en me faufilant sans me faire remarquer avec mes bols de café parmi ces gens venus assister à l'enterrement, que sans m'en rendre compte j'ai appris à vivre pour le restant de mes jours. Puis l'on attela de nouveau les voitures et les chariots et tout ce monde s'en retourna, l'on empila quelques cailloux sur la tombe de Jakob et l'on roula de grosses pierres à la verticale à la tête et au pied de la sépulture. Quand au magistrat, nous n'en entendîmes plus jamais parler. Je me souviens encore de Sofie parmi les invités le jour de l'enterrement, Sofie vêtue de la robe de satin noir qu'elle portait le jour de son mariage ; pas plus que les autres, pendant tout ce temps, je ne l'ai vue verser la moindre larme.

Après la mort de Jakob, Sofie aurait certainement pu retourner dans sa famille, dans le Karoo, mais elle resta chez nous et nous la traitâmes avec encore plus d'égards et d'attentions qu'auparavant, de crainte qu'elle ne parte en emmenant l'enfant. C'était là, je suppose, le raisonnement de Papa et Maman, mais je savais des choses qu'ils ignoraient ; maintenant que j'y repense, je suis persuadée qu'elle se moquait pas mal de l'enfant de Jakob et que sa décision de rester n'avait rien à voir avec lui.

Je nous revois dans cette maison silencieuse, vêtues de nos robes noires, Maman, Sofie, Jacomyn avec le bébé, Dulsie dans la cuisine et moi. Jakob n'étant plus là pour aider Papa, Pieter dut, par la force des choses, endosser de plus en plus de responsabilités, et je me souviens de son air maussade et buté ; Papa lui-même, face à tant de mauvaise volonté et de négligence, perdait parfois patience, et une fois, dans la cuisine, où seuls les domestiques pouvaient l'entendre, Pieter avait même dit qu'il voulait quitter la ferme. « Il serait temps qu'il se marie », dit un jour Maman d'un petit ton sec. Elle faisait de la couture et cassa le fil d'un coup de dents, sans cesser de parler ; nous étions tous les quatre au salon – Papa, Maman, Sofie et moi –, j'ai encore en mémoire ce geste décidé et je revois Sofie assise à côté de moi, vêtue de sa robe noire de deuil. Pieter n'était pas fait pour être paysan, c'était évident, mais que savait-il faire d'autre ? Il avait la langue bien pendue, était loin d'être bête, savait à peu près lire et écrire, dansait plutôt bien et jouait un peu du violon – c'était tout. Peut-être qu'ailleurs, là-bas, de l'autre côté des montagnes, dans ce monde où nous n'étions jamais allés et où nous n'avions rien à faire, dans le Boland, voire dans la région du Cap, il aurait eu davantage de possibilités, mais pas ici, pas chez nous.

À vrai dire, j'avais même oublié qu'il savait jouer du violon ; maintenant, toutefois, j'entends comme autrefois cette musique plaintive et chantante qui venait de la cuisine où les domestiques, le soir, s'asseyaient devant l'âtre. Je me souviens que Maman, lorsqu'elle l'entendait jouer, levait les yeux au ciel d'un air agacé – elle trouvait sans doute la chose déplacée, si peu de temps après la mort de Jakob, mais elle ne dit jamais rien, pas plus que Papa d'ailleurs ; je me souviens aussi que nous, les femmes, étions assises au salon avec nos robes noires autour de l'unique bougie qui brûlait sur la table, que Papa, dans le fauteuil où il s'était endormi, laissait de temps à autre échapper un grognement à cause de la goutte, et de cette musique geignarde dans la cuisine. Il était rare que Pieter vînt s'asseoir avec nous le soir ; sans doute préférait-il la compagnie des domestiques, à moins qu'il ne disparût dans sa chambre, qui donnait sur la cour ; moi-même, dès que j'en avais l'occasion, je m'éclipsais en direction de la cuisine et du feu qui couvait sous la cendre, vers les conversations oisives, les bavardages entre Pieter et les domestiques, les allusions auxquelles je ne comprenais rien, et les brusques explosions d'émotions refoulées que je trouvais tout aussi incompréhensibles – entre Pieter et Gert, ou plutôt non, c'est entre Jakob et Gert qu'il y avait en permanence de l'animosité et de la jalousie, mais c'est de Pieter et de Gert que je me souviens maintenant, de leurs mains se serrant mutuellement le cou, chacun essayant d'étrangler son rival tandis que la vieille Dulsie, assise près du feu, se délectait du spectacle. Que s'était-il passé ? Qui les avait séparés ? Jakob ou Pieter ? Spontanément, je dirais que c'était Jakob, et pourtant c'est l'image de Pieter qui s'impose à ma mémoire : « Espèce de sale Hottentot, tu vas retirer ce que tu viens de dire ! – Toi, sale Blanc, bas les pattes ! » Ils se disputaient pour une histoire de fusil. Gert avait utilisé le fusil de Pieter sans son autorisation, Pieter affirmait qu'il avait cassé le chien de l'arme, et ils passèrent toute la soirée devant le feu de cheminée à se disputer et à se provoquer, à grand renfort d'accusations et de reproches : « Et le fusil de Jakob, hein, qui est-ce qui l'a cassé ? » lança soudain l'un d'eux à l'autre d'un ton hargneux. Le fusil de Jakob, celui que Papa lui avait acheté à Worcester pour sa confirmation, ce même fusil qui s'était brisé net en tombant sur les rochers et qui avait dégringolé au fond de la crevasse : oui, c'étaient bien Pieter et Gert qui bavardaient ce soir-là dans la cuisine, mais lequel avait prononcé ces paroles qui les avaient mis tous deux dans une telle rage ? À quoi, à qui ces mots faisaient-ils allusion ? À l'époque, Jakob était déjà mort.

Parfois Sofie allait se promener dans le veld, et parfois Jacomyn l'accompagnait avec le bébé ; Sofie déboutonnait le haut de sa robe de deuil, dégageant la blancheur de son cou. Non, je me trompe, je me trompe encore, j'essaie de reconstituer le puzzle mais je n'ai pas les bonnes pièces : c'était forcément après la mort de Jakob, car autrement, comment pourrais-je me souvenir que la blancheur de la peau de Sofie contrastait avec le noir de ses vêtements, et de Jacomyn détournant le regard? «Où est Sofie? – Ne t'inquiète pas, ils vont arriver, ils vont arriver.» Ce n'est pas du printemps que je me souviens mais de l'été, cet été qui avait suivi la mort de Jakob, et de Sofie dans sa robe noire qui se perd dans les ombres mouvantes à travers le veld, dont la chevelure ondoyante s'enfonce dans les profondeurs et disparaît dans l'obscurité où seule brille encore, pour un instant, la chemise blanche de Pieter. Mais pourtant, ces fleurs, si nettes dans ma mémoire? L'été et l'automne se confondent, les années se mélangent, les certitudes s'envolent.

Le visage de Sofie dissimulé derrière sa chevelure, le visage de Pieter tourné un bref instant vers la surface de l'eau pour capter la lumière; l'expression est sérieuse, ils ne rient plus, leurs traits se figent. Je me souviens d'images éparses, flottantes, qui filent entre les doigts, impossibles à relier les unes aux autres. Les lacs qui miroitent dans le soleil printanier, la luminosité du veld qui scintille comme un plan d'eau argenté et le vaste paysage immobile sous l'éclat de la lune. Tout se mélange, tout se confond, je ne suis plus sûre de rien. Quelles sont ces images qui cherchent à s'extraire de ma mémoire? Le visage de Sofie dissimulé derrière ses cheveux défaits à la lueur de la bougie, un silence plus profond, plus immobile, et la flamme immobile de la chandelle qui brûle dans sa petite soucoupe avant de s'éteindre brusquement, avant que la lumière argentée de la lune n'inonde le sol. Des voix dans une pièce voisine, des paroles inaudibles, peut-être étouffées à dessein afin que nul ne les entende.

Je ne veux plus me souvenir.

Silence. Si seulement je pouvais dormir, si seulement je pouvais mourir – mais les deux sont impossibles. J'agonise mais ne meurs pas encore, j'attends, éveillée dans la maison endormie, sans défense contre les pensées et les images et contre cette implacable exigence : raconter et me souvenir. Qui aurait cru que je serais capable de faire revivre tant de choses, qu'il me serait possible, à contrecœur et à mon corps défendant, de me rappeler tant de choses en une seule nuit?

C'est ici, dans cette chambre où je gis désormais, que je dormais lorsque j'étais enfant; cette chambre a été la mienne toute ma vie, sauf pendant les quelques années où j'ai habité au village, d'abord avec Maman, puis seule; jusqu'à ce que Maans fasse construire la nouvelle maison avec ses planchers en bois, ses poêles et son papier peint aux murs, jusqu'à ce que nous nous installions tous chez Stienie, dans cette maison où je ne me suis jamais sentie chez moi, pas même dans ma propre chambre. Ma chambre, c'est celle-ci, et par un étrange concours de circonstances, c'est ici que l'on m'a transportée depuis la nouvelle maison et que l'on m'a ramenée pour y mourir. Je me souviens du silence pesant à l'abri du toit de chaume et des murs épais, et de la surface inégale du sol recouvert de bouse séchée : juste en face de moi se trouve la fenêtre avec son volet fermé pour la nuit, là la porte qui donne sur le salon; de l'autre côté de ce mur, Papa et Maman dorment dans leur grand lit ancien à baldaquin et, dans la cuisine, Dulsie a étalé sa paillasse à même le sol, devant l'âtre. Rien, dans cette douce obscurité, n'est inquiétant, j'en ai conscience la nuit lorsque je m'éveille; encore à moitié endormie, je profite un moment de ce sentiment de sécurité avant de me rendormir aussitôt sans la moindre difficulté. C'est à peine si j'entends les petits bruits secrets de la nuit, le bruissement d'une souris derrière un coffre, une chauve-souris dans le grenier, l'appel des animaux nocturnes au loin dans les collines, le bêlement apeuré et soudain d'un agneau surpris par un chacal ou le cri d'une antilope attaquée par un caracal. Du haut de la colline, le caracal fond sur sa proie tandis que dans la nuit, au loin, un cri strident meurt dans le silence avant même que j'aie le temps de me retourner et de me rendormir d'un sommeil d'enfant, insouciant et profond. «Tu dors, petite sœur?» Je ne sais plus, c'est à peine si j'ai entendu la question murmurée, le froufrou d'une robe. Une porte qui grince, quelqu'un qui bute sur les aspérités du sol, puis de nouveau le silence – est-ce cela qui m'a réveillée, ou bien la lumière vacillante de la flamme d'une bougie sur mes paupières ?

C'était bien la voix de Sofie dans ma chambre, mais que cherchait-elle ici ? C'était ici, j'en suis sûre, voilà la porte qui ouvre sur le salon, et là, la fenêtre qui donne sur la cour et les dépendances. Sofie a dénoué ses cheveux comme si elle s'apprêtait à se mettre au lit, sa longue chevelure brune est retombée sur son visage comme un voile tandis qu'elle se penchait pour souffler la bougie. «Tu dors, petite sœur ?» La maison est calme : derrière les coffres, entre les chevrons, dans le toit de chaume, plus rien ne bouge ; aucun animal nocturne n'appelle plus dans les collines. Je me tourne à nouveau et retombe aussitôt dans un profond sommeil.

Pourquoi serais-je allée imaginer une chose pareille, et avec quoi aurais-je bien pu confondre ? Elle souffle la bougie et je me retourne dans l'obscurité, m'enfonce dans le sommeil et sens contre mes paupières la lumière qui me rappelle ; hébétée, consciente – mais en partie seulement – de ce qui se passe autour de moi, je découvre la clarté de la lune qui s'engouffre dans la chambre par la fenêtre ouverte et se répand sur le sol. Pourquoi serais-je allée imaginer une chose pareille ? Elle éteint la bougie et l'obscurité enveloppe la chambre, la maison endormie ; le volet, pivotant sur ses gonds, s'ouvre presque sans bruit et la lune, glissant sur le rebord de la fenêtre, illumine le sol de ma chambre recouvert de bouse séchée. La lune est pleine, et une clarté aussi vive que la lumière du jour m'oblige à me tourner et me retourner dans mon sommeil, sans toutefois me réveiller complètement. Je vois le rectangle baigné de lumière de la fenêtre et, au-dehors, une silhouette sombre se profiler à contre-jour, je la vois se hisser jusqu'à l'appui de la fenêtre et s'introduire prestement dans la chambre avant que le volet ne se referme, replongeant la pièce dans l'obscurité ; j'entends le visiteur se laisser tomber avec légèreté sur le sol et le bruissement du tissu de la robe de Sofie, mais je sais que je n'ai aucune raison de m'inquiéter ni d'avoir peur, même si je ne comprends rien à ce qui se passe, car pendant le bref instant où le volet était ouvert, encore hébétée de sommeil et les yeux mi-clos, j'ai reconnu Pieter.

Je rêve ; j'ai rêvé, c'est un rêve, un délire sorti tout droit de ces longues semaines de maladie au cours desquelles les images fiévreuses revenaient inlassablement, sans un bruit, aussi inexpliquées qu'inexplicables, Pieter qui se hisse sur l'appui de la fenêtre et saute à l'intérieur de la chambre, aussi leste et silencieux qu'un chat sauvage, silencieux comme un rêve, et la vieille Dulsie assoupie près de mon lit. Elle a oublié de moucher la chandelle dont la flamme vacille par à-coups, libérant des images qui dansent sans relâche sur les irrégularités du sol et des murs, dans cette même chambre où je repose aujourd'hui. Que venait donc chercher Sofie ici alors qu'elle avait sa chambre à elle, avec le berceau du bébé et Jacomyn qui dormait sur le petit tapis au pied de son lit ? Et pourquoi Pieter serait-il passé par la fenêtre de ma chambre pour entrer dans la maison ? J'ai sûrement rêvé.

Allongée dans l'obscurité, j'essaie de me souvenir ; immobile, la tête contre les oreillers, dans cette chambre où, enfant, je dormais avec insouciance, je n'arrive plus à trouver refuge dans le sommeil et ne parviens même pas à me tourner contre le mur pour ne plus voir ces images que je préférerais éviter. Un léger bruissement d'étoffe, ou encore le murmure de conversations en tête-à-tête, des lèvres chuchotant à l'oreille, des sons à peine audibles, sortis du rêve d'une enfant endormie.

Comme c'est étrange de repenser à tout cela et de me souvenir qu'à une époque j'ai été une enfant totalement insouciante, n'imaginant pas qu'un malheur pût s'abattre sur elle : la maison, la cour, le veld s'étendaient devant moi à perte de vue et, dans ma candeur, je trouvais cette liberté normale, je traversais en courant ces flots de lumière et d'ombre dans le veld et, au printemps, je tendais la main vers les fleurs pour les saisir. De quelles profondeurs émerge tout à coup ce souvenir? Un jour – je devais être encore toute petite – la vieille Dulsie m'avait emmenée tout au fond du verger cueillir des pommes sur des arbres depuis longtemps retournés à l'état sauvage. Je courais devant elle lorsque soudain un cobra se dressa devant moi dans les buissons ; je me souviens encore de son corps luisant baigné de soleil, et aussi, pendant un dixième de seconde, de la vivacité et de la souplesse de ses mouvements lorsque je l'avais délogé de son nid, jusqu'à ce que Dulsie, voyant ce qui se passait, se penche pour ramasser une pierre qu'elle lança dans sa direction. Elle ne fut pas assez rapide, cependant, et au moment même où elle se penchait en avant, le serpent, indemne, recula et se coula en zigzaguant à travers les élytropappus dans un chatoiement doré ; depuis lors, je n'ai plus jamais traversé le veld en courant avec autant d'insouciance, sans regarder où je mettais les pieds.

Comme c'est étrange aujourd'hui de songer qu'à une époque je pouvais me réveiller en pleine nuit sans me poser de questions, sans réfléchir ni me souvenir, et me rendormir sans problème, blottie dans l'immense obscurité, protégée par la maison et rassurée par la présence des gens qui m'entouraient et dormaient dans les pièces voisines. Il me semble qu'il y a une éternité déjà que j'ai appris à me méfier du silence, à me réveiller en sursaut à cause d'un bruissement le long d'un mur ou dans le toit de chaume, arrachée à mes rêves par un cri lointain dans les collines, et à rester éveillée, comme aujourd'hui, dans cette nuit peuplée d'inquiétude et de souvenirs : le frôlement d'une robe, le murmure de deux personnes dont les lèvres sont si proches qu'elles semblent se toucher ; mon frère Pieter enjambant le rebord de la fenêtre et sautant dans ma chambre, fugitive apparition au clair de lune, et la chevelure de Sofie qui retombe sur son visage tandis qu'elle se penche pour souffler la bougie. La nuit, lorsque j'étais enfant, elle dormait parfois dans ma chambre lorsque j'étais malade, m'appliquait des linges humides sur le front et me faisait prendre mes médicaments et les infusions que me préparait Dulsie pour m'aider à m'endormir. Tout cela, ce sont des choses dont je me souviens, ce n'est pas mon imagination.

Le matin, après m'être habillée, je me rendais dans la chambre de Sofie pour lui dire bonjour et demeurais près d'elle jusqu'à ce que Maman m'appelle pour l'aider dans la maison. Comme j'avais été malade, on m'avait autorisée à rester un peu plus longtemps au lit le matin, et ce matin-là j'avais dû me réveiller particulièrement tard, car lorsque je me suis levée son lit était déjà fait, sa chambre était rangée, et seule Jacomyn était encore là, avec le bébé : « Où est Sofie ? » avais-je demandé, mais ce jour-là – comme souvent – Jacomyn était d'humeur maussade et, absorbée dans ses pensées, elle n'avait pas répondu ; la porte de la chambre de Papa et Maman était fermée et, dans la cuisine, Dulsie, qui s'affairait avec les casseroles près de l'âtre, ne fit pas non plus attention à moi. Sofie n'était nulle part. « Où est Sofie ? » demandai-je à Dulsie ; elle ne répondit pas. « Va donc jouer dehors, me dit-elle avec impatience. Pourquoi es-tu tout le temps à traîner à la maison ? » Tout était différent, mais je n'aurais pas su dire ce qui avait changé de manière aussi soudaine ; finalement, je sortis me promener dans la froidure matinale de l'automne jusqu'à ce que Maman m'appelle pour le culte familial. « C'est toi qui l'as voulu », disait Papa à Maman comme je pénétrai dans le salon, mais ils n'ajoutèrent rien de plus. Papa était assis à table, tenant la Bible à deux mains, prêt à nous faire la lecture, et parlait tout doucement, comme à son habitude. Maman devint toute pâle, se détourna, je vis ses mains trembler.

Nous dîmes nos prières, puis je mangeai en silence avec Papa et Maman, rien que nous trois, sans demander où étaient Pieter et Sofie ; quand nous eûmes terminé, Gert sella le cheval de Papa, l'amena devant la porte, et lorsque je vis Maman fourrer des provisions et quelques vêtements dans les sacoches, je compris qu'il allait partir. Papa n'était plus monté à cheval depuis longtemps et il se hissa péniblement sur sa selle, avec l'aide de Gert; il s'apprêtait à poser son pied dans l'étrier en s'appuyant d'une main sur l'épaule de Gert lorsque, se souvenant de ma présence, il se retourna, m'appela et me dit d'approcher. Là, devant la maison, il me prit dans ses bras et me dit au revoir, me dit au revoir pour de bon, puis il grimpa en selle avec l'aide de Gert, imprima un demi-tour au cheval et s'éloigna au trot vers le col du Vloksberg, en direction du Karoo. Maman le suivit des yeux quelques instants, puis rentra dans la maison et me dit de me remettre au travail. Le bébé avait besoin d'être sevré et accaparait l'attention de toutes les femmes, aussi plus personne ne s'occupa de moi.

Pourquoi dis-je que Papa m'avait dit au revoir «pour de bon» ? Il revint, mais resta absent très longtemps, plusieurs semaines. Est-il possible que Maman et moi ayons vécu tout ce temps ensemble sans jamais ouvrir la bouche? J'exagère sans doute, mais elle n'était guère loquace et je n'eus jamais la moindre explication sur ces événements mystérieux, ni d'elle, ni de qui que ce fût d'autre. Je me souviens de ces semaines d'attente comme d'un temps de silence absolu, sauf le soir où je devais lire à haute voix à la lueur de la bougie, du mieux que je pouvais, des passages de la Bible, butant sur les syllabes à cause du manque d'éclairage, et bricoler une prière à partir des formules toutes faites de Papa sur la miséricorde et la grâce. J'avais envie de lui demander : Où est Sofie? Où est Pieter? Où est allé Papa? Mais les questions mouraient sur mes lèvres et je rongeais mon frein en silence, sans rien comprendre à ce qui se passait. Une fois, une seule, j'ai poussé timidement la porte de la chambre de Pieter et jeté un coup d'œil à l'intérieur, comme si j'espérais y trouver une réponse, tout en redoutant d'avance la forme qu'elle pourrait prendre. Il n'y avait cependant là rien d'effrayant, juste le lit de camp sur lequel il dormait, le vieux bout de chandelle sur l'étagère et, contre le mur, les cornes auxquelles il accrochait ses affaires. Ses vêtements, sa selle et sa bride avaient disparu avec lui, et en voyant la petite chambre vide et sombre je compris qu'il était parti, que je ne pourrais plus jamais l'atteindre.

J'étais encore là lorsque Gert tourna le coin du hangar et rit en m'apercevant : « Alors, petite, on cherche son frérot ? » demanda-t-il d'un air moqueur en arrivant à ma hauteur, mais à voix basse pour qu'on ne l'entendît pas depuis la maison. « Ce n'est pas ici qu'il faut chercher. Pour le retrouver, ton frérot, c'est un cheval qu'il te faudrait. »

Il s'éloigna en direction de l'écurie et oublia ma présence, mais je le suivis et restai un long moment à le regarder tandis qu'il fabriquait une longe en sifflotant, sans faire attention à moi. « Où est Sofie ? » demandai-je au bout d'un moment – je me souviens que j'avais parlé très doucement, et qu'il m'était encore plus difficile que d'habitude de prononcer ces mots ; il m'entendit pourtant, car il sursauta et cessa de siffler. « À une heure de cheval d'ici », dit-il enfin en souriant, sans me regarder, puis il se mit à fredonner une chanson :

*Le cheval noir et le gris,*
*Où se sont-ils enfuis ?*
*Je les cherche dans les ravins,*
*Mais ils galopent dans les marais…*

« Il se moque de moi », me dis-je, bien qu'il ne m'eût pas chassé avec impatience comme l'avaient fait Jacomyn et Dulsie, et que le ton de sa voix fût loin d'être inamical. Pourtant il n'ajouta rien, bien que je fusse demeurée longtemps à attendre, et ce n'est que lorsque je me retournai en direction de la maison que je l'entendis chanter de nouveau à voix basse :

*La tristesse et la douleur,*
*Oh, la tristesse et la douleur,*
*La plante qui m'en guérira,*
*Elle pousse près de la source.*

Je restai là à écouter, attendant qu'il ajoute quelque chose, mais ce n'était que l'une de ces nombreuses chansons et comptines que Gert fredonnait en permanence tout en travaillant et, tandis que je traversais la cour pour regagner la maison, je l'entendis qui continuait à chantonner. Depuis le décès de Jakob, le départ de Pieter et l'absence de Papa, c'était à lui qu'incombait désormais tout naturellement le plus gros des travaux de la ferme, aussi le voyait-on souvent dans la cour ou dans la cuisine, ne craignant plus d'être chassé par Maman. Ce nouveau statut lui était-il monté à la tête ? Je me souviens surtout qu'il était plus gai qu'à l'ordinaire et que chaque fois qu'il était dans les parages on l'entendait chanter ou fredonner. Un jour, je le surpris en compagnie de Jacomyn, derrière le mur de l'enclos ; ils étaient tout près l'un de l'autre et semblaient en grande conversation. Jacomyn avait relevé ses cheveux noirs et luisants en chignon et jeté sur ses épaules son châle à fleurs de couleur vive et à longues franges, comme pour un jour de fête. Ma présence les fit sursauter, puis ils me reconnurent – je n'étais qu'une enfant, et ne représentais pas pour eux une menace ; d'ailleurs, je n'ai jamais dit à quiconque que je les avais vus.

Durant cette période de silence et de solitude, je recherchai de plus en plus la compagnie des domestiques. À qui d'autre aurais-je pu m'adresser ? Sofie était partie, Pieter était parti, et même Papa, auprès de qui je trouvais parfois refuge, avait disparu sans un mot et m'avait abandonnée. C'est pourquoi, dès que j'en avais l'occasion, je me faufilais dans un coin de la cuisine où Dulsie tolérait ma présence. Comme je l'ai dit, Gert, à l'époque, était souvent dans la maison, et lorsque l'enfant dormait, Jacomyn rejoignait les autres devant l'âtre où, réunis par la solitude, ils oubliaient un moment leurs griefs et leurs rancunes et, tout à leurs bavardages, leurs moqueries et leurs récriminations, ne se préoccupaient plus de ma présence. « Quand le maître reviendra... » marmonnait parfois Dulsie pour elle-même lorsqu'elle était contrariée à la suite d'un incident quelconque qui était survenu à la ferme, ou bien par le report de notre départ dans le Karoo pour l'hiver ; un jour, elle murmura même : « Quand *Pieter* reviendra » – ce nom, que je n'avais plus entendu prononcer depuis que mon frère avait disparu de manière inexplicable, me fit lever les yeux. Gert, qui buvait son café debout devant l'âtre, éclata de rire : « Ça, c'est pas pour demain, ma vieille. La corde qui permettrait d'attraper ces deux-là n'est pas encore tissée. – Je ne sais pas, répondit Dulsie d'un air maussade en tirant sur sa pipe : Parfois, je me dis qu'il ne me faudrait pas plus d'un après-midi pour les retrouver, si seulement mes genoux ne me faisaient pas si mal. » J'étais assise dans l'ombre, dans le coin de la pièce où se trouvait le foyer, et Jacomyn, qui était agenouillée devant moi pour faire chauffer le lait du bébé, leva soudain les yeux comme si quelque chose l'avait effrayée. Dans la cuisine, le silence se fit : « Il va falloir que tu coures vite si tu veux les rattraper, ma vieille », dit Gert d'une voix étouffée. « Et surtout, fais bien attention de ne pas te tordre la cheville dans un terrier de porc-épic, et de ne pas te rompre le cou. – Oh, je ne serais pas la première à me rompre le cou ! » rétorqua-t-elle. Gert jura, attrapa son chapeau et se dirigea vers sa paillasse ; le cessez-le-feu, chez nous, était toujours susceptible d'être remis en cause et pouvait dégénérer à tout instant en attaque et contre-attaque. Qu'avait-il voulu dire par « *ces deux-là* » lorsque Dulsie avait mentionné le nom de Pieter ? Plus tard, chaque fois que je pensais à Pieter et Sofie, je les voyais toujours s'éloigner ensemble, tels deux chevaux s'enfuyant au galop à travers les marais parsemés de taches de lumière qui se reflétaient dans l'eau au milieu des roseaux, deux chevaux galopant à travers le veld.

Et un beau jour – sans doute quelques semaines plus tard – Papa rentra, seul ; Gert se précipita vers lui pour immobiliser le cheval et l'aider à descendre, et Maman sortit de la maison en courant pour lui offrir son bras. Il nous salua sans rien dire, se dirigea vers la chambre en compagnie de Maman, ferma la porte, et ce n'est qu'un long moment après que Maman appela Dulsie pour lui demander d'apporter du café et de lui laver les pieds. D'habitude, lorsque Papa s'absentait, il avait toujours quelque chose pour moi à son retour, un morceau de sucre, une poignée de raisins secs ou de noix, mais cette fois-là il ne m'avait rien rapporté du tout, comme s'il m'avait oubliée. Nous continuâmes à vivre ainsi – Papa, Maman et moi ; jamais il ne parla de cette longue absence, jamais il n'y fît la moindre allusion. Ce que j'en sais – par opposition à ce que je peux supposer, déduire ou deviner –, ce que j'en sais vraiment donc, vrai ou faux, fiable ou pas, je ne l'ai appris que bien plus tard, par hasard, de la bouche de Dulsie, un jour qu'elle abreuvait d'injures la famille d'un berger qui avait été autrefois à notre service pendant quelque temps et que Papa avait renvoyé : « Espèces de bâtards, bande d'ivrognes de Bastersfontein, bande de menteurs, vous n'avez pas honte d'avoir envoyé le maître jusque dans le Boland pour retrouver Pieter ! » Et ce fut tout.

Nous continuâmes à vivre ainsi – Papa, Maman et moi –, prenant le petit-déjeuner et le dîner ensemble autour de la table, et disant nos prières du soir en commun autour de la table avant d'aller nous coucher. Par la force des choses, Papa recommença à accomplir lui-même une bonne partie des tâches dont il s'était déchargé sur Jakob et Pieter, et de temps à autre Gert l'aidait à se hisser péniblement sur son cheval pour inspecter les troupeaux. Pourtant, je ne l'ai jamais entendu se plaindre, j'avais même l'impression que depuis sa longue absence il était plus silencieux et plus renfermé que jamais. Est-ce que, réellement, plus personne ne parlait ? Le silence qui s'était abattu sur notre maison était-il réellement total ? Quoi qu'il en ait été, c'est le souvenir que j'en ai.

De cette époque, après la disparition de Pieter et Sofie et le retour de Papa, seuls deux événements subsistent dans ma mémoire. Le premier – quand était-ce ? Quand cela peut-il bien avoir eu lieu ? Jacomyn était sortie avec l'enfant comme elle le faisait tous les jours. Dès qu'elle eut quitté la maison, Maman se dirigea vers la chambre, la chambre de devant, celle de Jakob et Sofie ; soudain j'entendis quelque chose craquer, se fracasser et se briser en mille morceaux. Terrifiée par le bruit, je ne saisis pas tout de suite ce qui s'était passé – j'étais dans la cuisine –, puis je compris que Maman venait de lancer contre le mur le petit miroir encadré de Sofie. Ce devait être très peu de temps après la disparition de Sofie, alors que le dépit et l'amertume qui avaient suivi sa fuite étaient encore vivaces – peut-être était-ce même le jour du retour de Papa, pendant qu'il dormait pour se reposer de son long voyage. Toutes les traces qu'avait laissées Sofie chez nous devaient être éliminées : Dulsie dut balayer immédiatement les débris du miroir sans poser de questions, ainsi que l'expérience le lui avait enseigné, et Maman brûla sans un mot toutes les affaires de Sofie dans le four de la cour. Quelles affaires ? Je ne sais pas, car je n'osai pas aller m'en assurer moi-même, fût-ce de loin ; si Sofie avait emporté quelque chose, et quoi, je n'en sais rien. Elle avait probablement laissé ses livres, et Maman avait sans doute pris un malin plaisir à les déchirer avant de les jeter au feu. Et sa robe de satin noir, sa robe de mariage, l'avait-elle laissée ? Maman en avait-elle lacéré avec rage le tissu noir et brillant en suivant les coutures avant de la brûler lentement, à petit feu, en contemplant la scène debout devant les flammes ? Tout ce que je sais, c'est qu'il n'est plus rien resté, que

Maman est restée pour monter la garde jusqu'à ce que tout fût détruit, et que lorsque le four eut refroidi il ne restait que des cendres, des cendres fines qui voletaient dans la cour. Seul l'enfant rappelait encore le bref séjour de Sofie parmi nous, et aussi Jacomyn, qui s'occupait de lui ; mais l'enfant, en fin de compte, c'était l'enfant de Jakob, l'héritier.

Puis, un après-midi, je crois que c'était peu après cet événement, Maman me dit d'aller chercher de quoi écrire. Papa, une fois de plus, s'était absenté – je ne me souviens plus où il était, Jacomyn était sortie avec l'enfant et Dulsie ramassait des branches d'euryops pour le feu ; je me souviens fort bien qu'elle et moi étions seules dans la maison. Je pris l'encrier et la plume, les apportai sur la table du salon, et Maman posa la grande Bible devant moi : « Écris ! » m'ordonna-t-elle ; je vis alors qu'elle l'avait ouverte à la page où étaient consignés les naissances et les décès de toute la famille, et qu'elle me désignait les inscriptions les plus récentes : la date de la mort de Jakob – je reconnus l'écriture difficilement lisible de Papa –, avec, au-dessus, la date de naissance de son fils, et au-dessus celle de son mariage – le sien, et celui de Sofie. « Écris ici ! » m'ordonna-t-elle ; elle me dicta alors, en néerlandais, les mots *décédée le*… Le nom qu'elle me montrait du doigt était celui de Sofie ; terrifiée, car personne ne m'avait dit que Sofie était morte, je me retournai et levai les yeux vers elle, mais il était clair qu'elle ne tolérerait aucune question, aucune résistance ; je me penchai sur le livre et, sous son regard sévère, ajoutai les mots qu'elle m'avait ordonné d'écrire. Sofie était-elle partie de chez nous pour mourir, ou bien était-elle morte subitement lors de ce mystérieux voyage ? Mais dans ce cas, pourquoi ne nous avait-on rien dit au retour de Papa, pourquoi fallait-il que ce soit moi qui inscrive ces mots dans la Bible, pourquoi Papa ne le faisait-il pas lui-même comme d'habitude ? Rien de tout cela n'était vrai, cette date que Maman avait décidé de me faire inscrire dans la Bible, comme si écrire était un mensonge, avait le pouvoir de transformer tout à coup le faux en vrai, c'était en fait la date de la disparition de Sofie, à moins que ce ne fût celle du retour de Papa ; et c'était moi qui devais le faire à sa place, parce qu'elle ne savait pas écrire et ne savait sans doute pas assez lire pour retrouver toute seule le nom de Sofie.

Des années plus tard, lorsque Maans, qui était déjà à cette époque un grand gaillard costaud, ouvrit la Bible pour y inscrire le décès de Papa, il lut chaque inscription une à une : «Tiens, mais c'est ton écriture ! s'écria-t-il. Comment se fait-il que ce soit toi qui aies écrit dans la Bible quand ma maman est morte ?»

C'était une journée pluvieuse et le salon était encore plus sombre qu'à l'ordinaire : Maman, assise près de la fenêtre, nous tournait le dos et je ne sais pas si elle avait entendu la question. «Grand-Père était souvent malade, à l'époque», répondis-je en écoutant la pluie glisser sur le toit de chaume et goutter sur le plancher du grenier ; il était exact qu'il était tombé de plus en plus souvent malade après le départ de Sofie et de Pieter et qu'il restait parfois alité pendant de longues périodes, mais ce n'était pas pour cette raison qu'il n'avait pas inscrit lui-même la date dans la Bible. Il est fort possible qu'il n'ait même jamais vu cette inscription, car dans notre table généalogique, la date suivante étant celle de sa propre mort, il n'avait jamais eu de raison de la consulter.

Combien de temps ce silence a-t-il duré ? Papa muré dans sa douleur et Maman dans sa rancœur, Jacomyn toujours un peu à l'écart dans cette maison où elle n'était que tolérée, et Dulsie qui devenait de plus en plus grincheuse en vieillissant ; les seuls bruits qui nous parvenaient étaient ceux du vent et des tourbillons de poussière qui faisaient claquer les volets, et les vagissements du bébé que Jacomyn, pieds nus, de son pas traînant, promenait de long en large. Combien de temps cela dura-t-il ? Oh, longtemps, très longtemps ; les mois passèrent, puis les années, les rafales de neige et les printemps hésitants se succédèrent dans le veld sans autre bruit que celui du vent contre les volets. Je n'avais pour toute compagnie que les domestiques, que je rejoignais le soir à la cuisine ; je m'asseyais discrètement dans un coin et j'écoutais sans dire un mot leurs conversations. Parfois des journées entières s'écoulaient sans que quiconque prît la peine de m'adresser la parole, sauf pour me donner un ordre ou me réprimander pour quelque négligence. C'était l'automne ; le vent charriait des quantités impressionnantes de poussière à travers le veld, ce qui nous obligeait à laisser les volets clos et à vivre dans le noir, avec pour tout éclairage la lueur du foyer dans la cuisine ; le noir, le silence, les portes et les volets qui claquaient au vent, le raclement de la poussière, des cailloux et des branches sur le sol, les cris de l'enfant et le frottement des pieds nus de Jacomyn sur le sol de bouse séchée. J'étais souvent seule, et peu à peu, au cours de mon enfance, la solitude devint pour moi une habitude. Parfois j'allais me promener loin de la maison sans trop savoir ce que je cherchais, poussant chaque fois de plus en plus loin, escaladant la moindre colline pour scruter inlassablement ce paysage terne et plat comme si je cherchais quelque chose. Mais que pouvais-je espérer voir ? Des damans détalant entre les rochers dès qu'ils m'apercevaient, un vautour prenant son envol puis s'immobilisant les ailes déployées, des troupeaux de moutons errant de buisson en buisson, la maigre fumée d'un feu de berger isolé dans son abri à des kilomètres de là, au mieux un cavalier solitaire, méconnaissable à cette distance, la bâche blanche d'un chariot cahotant sur la route du col, des étrangers passant devant notre ferme reculée sans songer à faire un détour pour briser notre solitude ? Non que je m'attendisse à des visites, ni que j'eusse envie de voir des étrangers parmi nous ; je choisissais des endroits éloignés de la route, où les moutons eux-mêmes ne s'aventuraient pas, et parcourais des distances de plus en plus grandes, comme si j'étais en route vers quelque destination lointaine. En fin d'après-midi, je voyais les collines basses s'assombrir et les élytropappus se teinter d'un reflet bleuté au fur et à mesure que baissait la lumière blafarde du soleil. Un jour, pressée d'atteindre ma cible lointaine et mystérieuse, je me mis à courir et trébuchai contre les arbustes et les pierres tandis que les sommets s'enfonçaient dans la pénombre le long du plateau, au bout du monde. La lumière argentée disparut de mon champ de vision et le sol inégal se déroba sous mes pas.

Ce fut sans doute un berger qui me trouva dans le veld. Je n'ai jamais su si quelqu'un était parti à ma recherche, s'était inquiété, voire ému de ma disparition, ni même combien de temps je suis restée étendue là avant qu'il me trouve. Je suppose que je suis tombée – quelle importance aujourd'hui, à part cette cicatrice sur mon front? Il y a longtemps que j'ai appris à vivre avec! Il m'a trouvée au bord du plateau, loin de la maison, je n'en sais pas davantage. Lorsque je repris connaissance il faisait déjà nuit; dans la lumière de la lampe à huile, parmi les ombres qui dansaient dans la pièce, je distinguai la vieille Dulsie endormie sur une chaise près de mon lit, puis cette image s'évanouit elle aussi.

Une chose est sûre : ces mois de vide et de silence dans la maison déserte et muette n'ont pas duré éternellement. Pieter et Sofie étaient partis à l'automne, et lorsqu'on me retrouva dans le veld, l'hiver n'avait pas encore commencé, ce devait être vers la fin de l'automne. Cette année-là, en effet, tout comme la précédente, Maman n'avait pu descendre avec Papa dans le Karoo parce que j'étais malade, et nous étions restées dans le Roggeveld. Je suppose que Gert était parti avec Papa, et peut-être aussi Jacomyn et l'enfant, et que Dulsie était restée pour aider Maman. À moins que Maman ne soit descendue avec Papa et qu'elle m'ait laissée à Dulsie? Je fus malade tout l'hiver; la plupart du temps, soit j'étais inconsciente, soit je délirais, et même si je n'ai de cette période que des souvenirs vagues et confus, je ne pense pas que Maman ait été là ; la seule qui soit restée tout le temps près de moi était Dulsie, une couverture de peau sur les épaules et les pieds sur une chaufferette à cause du froid ; le soir, c'était encore Dulsie, Dulsie recroquevillée par terre au pied de mon lit, Dulsie qui soutenait ma tête et essayait de me faire boire quelque chose dans un bol, Dulsie toujours qui, le matin, ouvrait grand les volets pour laisser entrer les premières lueurs blêmes du printemps.

Pourquoi n'ai-je aucun souvenir de Maman ? Plus je fouille le passé, plus mon désarroi s'accentue, plus mes souvenirs se chevauchent et se mélangent, mais nulle part je ne vois son visage, pas même un instant. Il n'y a plus personne aujourd'hui à qui je puisse poser la question, et pourtant je me rends compte que même au bout de soixante ans, il est important pour moi de savoir si Maman m'a laissée seule ou bien si elle est restée près de moi et si, pendant cette longue maladie, elle a manifesté de l'inquiétude ou du chagrin. Que ne donnerais-je pour la voir un instant, dans les bribes de mes souvenirs, se pencher au-dessus de mon lit, poser sa main sur mon front ou passer son bras autour de mes épaules ! Mais je ne vois que Dulsie. Qui donc l'aidait ? Je me souviens de Sofie penchée au-dessus de la flamme vacillante, de son visage que l'on distinguait furtivement avant que sa chevelure brune retombe comme un voile et dissimule les traits de son visage ; Sofie ? Mais non, ce n'était pas cette fois-là, c'est un souvenir plus ancien, et si je l'ai vue cette fois-là, penchée sur mon lit à la lueur de la bougie, avec ses yeux sombres et son expression impénétrable, si je l'ai vue, ce devait être une illusion, une ombre, une distorsion provoquée par l'obscurité sur les murs de la chambre où je suis couchée.

Dulsie qui veille sur moi, assise près de mon lit, Dulsie qui s'assoupit, dont la tête retombe sur la poitrine et dodeline un instant, et qui se redresse brusquement ; elle regarde autour d'elle, hébétée, se demande où elle est, puis, lentement, elle se lève en marmonnant, commence à étaler son matelas sur le sol, et je vois sur le mur son ombre déformée se mêler à d'autres ombres, se rétrécir, s'allonger et se diluer dans des formes floues. La flamme de la bougie qui danse et vacille un instant sous l'effet du vent, l'odeur des bêtes dans leur enclos, l'odeur du veld, l'odeur du feu où se mêlent les arbustes et la bouse, l'odeur du feu de bouse séchée, de la fumée et des herbes. Pourquoi me souviens-je de cette odeur, comment avait-elle pénétré dans ma chambre alors que les volets étaient fermés à cause du froid et que nous vivions en permanence dans la pénombre, à la lueur de la bougie, dans l'obscurité ? L'odeur de la fumée et des arbustes, l'odeur des plantes médicinales, de la terre et de la poussière, et cette main sur mon front qui n'était pas celle de Dulsie. Était-ce la main de Maman – la main de Maman, est-ce possible ? Mais non, c'était une main étrangère, et c'étaient des voix étrangères qui murmuraient dans la pénombre. Qui était cette inconnue – la femme d'un berger venue dormir à la maison pour tenir compagnie à Dulsie pendant ce long hiver ? Pourtant, je ne me souviens de personne qui lui ressemblât, et elle ne ressemblait pas non plus aux Bâtards ni aux Hottentots de nos régions. Dans certaines fermes du Roggeveld, il restait encore quelques Bochimans de l'époque des razzias et des guerres qui avaient eu lieu avant ma naissance – les hommes avaient été tués et les femmes et les enfants survivants avaient été emmenés pour travailler dans les fermes des Blancs. Il me semble me souvenir d'une vieille Bochimane, bien que nous n'ayons jamais employé de Bochimans chez nous, sauf comme bergers – mais même dans ce cas, ils n'auraient jamais été autorisés à pénétrer dans la maison. Ce doit être une illusion, une illusion de plus parmi toutes celles qui se mêlaient aux ombres, mais pourtant je sais que ce n'est pas le fruit de mon imagination, que je l'ai bien vue ici, dans ma chambre, près de mon lit, qu'elle a posé sa main sur mon front, je me souviens du murmure de ces voix étrangères et de l'odeur des arbustes, des herbes et des feux dans l'enclos.

C'est là tout ce dont je me souviens de toutes ces semaines, de tous ces mois ; l'hiver s'écoula sans que je m'en rende compte, puis vint le printemps, et les moutons rentrèrent du Karoo : couchée dans mon lit, j'ouvris les yeux, vis les flots de lumière argentée s'engouffrer par la fenêtre et, dehors, lorsque Dulsie ouvrit les volets, je vis le ciel bleu pâle et sentis la chaleur légère, comme hésitante, et l'odeur du veld après la pluie. Dehors, les moutons bêlaient près de l'enclos, Papa houspillait les bergers, Gert appelait quelqu'un et Maman s'affairait dans la cuisine. De mon lit, comme quelqu'un qui rentre chez lui après un long voyage dans un pays lointain, je tentai de reconnaître les sons ; comme quelqu'un qui cherche ses mots dans une langue oubliée depuis longtemps, je prononçai leurs noms un à un puis, détournant mon visage de la fenêtre inondée de lumière, je me rendormis, épuisée par l'effort.

Contre toute attente, je survécus. Pendant que j'étais malade, ils avaient fait venir des planches du Boland et m'avaient fait faire un cercueil que j'aperçus par hasard, des années plus tard, le jour où on le sortit du hangar pour l'enterrement de l'un des enfants des voisins : Maans expliqua que c'était un cercueil d'enfant, et je mis un moment à comprendre qu'il m'était destiné et à m'imaginer dans ce cercueil fait sur mesure tout exprès pour moi, petite fille maigre qui, au bout de plusieurs mois, avait tourné le dos à la mort et s'était levée du lit où elle était clouée. Oui, c'était comme si je revenais d'un pays lointain et parlais une autre langue ; pendant tout un temps, ils ne surent pas trop quelle attitude adopter envers moi ni quelle était ma place parmi eux. Étaient-ils reconnaissants, étaient-ils heureux ? Personne ne manifesta la moindre reconnaissance ni la moindre joie, sauf peut-être Papa. Comme nous n'avions pas de miroir dans la maison, ce ne fut que beaucoup plus tard que je pus voir mon visage et la cicatrice que je m'étais faite au front le jour où j'étais tombée la tête la première sur une pierre, mais je la sentais néanmoins sous mes doigts – je devais avoir une drôle d'allure, car pendant ma maladie on m'avait aussi rasé la tête et mes cheveux mirent longtemps à repousser.

De ce printemps-là, je me souviens des fleurs sauvages, de Sofie riant dans le veld et des fleurs qui glissaient de ses mains lorsqu'elle me les tendait ; de ce printemps-là, je me souviens aussi des jeux d'ombre et de lumière lorsque Sofie et Pieter s'enfonçaient dans les étangs sombres et se dérobaient à mes regards ; ce long printemps, enfin, fut celui de mon retour – en deux ans, bien des choses avaient changé –, il fut très différent des autres : prudemment, avec hésitation, je réappris à me mouvoir dans la maison. Ce printemps-là, la lumière argentée du jour flottait délicatement et l'eau des lacs scintillait en contrebas, tandis que deux chevaux s'enfuyaient au galop sans un bruit à travers l'herbe verte et pâle du veld et disparaissaient à l'horizon. C'était une journée calme, la maison était déserte, pour une raison que j'ignore, j'étais seule, et je sus tout à coup d'une manière implacable, inéluctable, que toute ma vie je serais *toujours* aussi seule. Je n'étais encore qu'une enfant et ne comprenais pas bien ce qui m'arrivait, mais je détournai mon visage de la lumière argentée, je ne voulais pas savoir, pas encore. *Toujours*. Je sentais nettement la cicatrice sous mes doigts et lorsque, bien plus tard, je me vis enfin dans une glace, elle ne m'apprit rien que je ne savais déjà.

Combien de temps après est-ce arrivé ? Je serais incapable de le dire avec précision, mais ce doit être vers la fin de ce printemps-là qu'un beau matin la vieille Dulsie, terrifiée, réveilla toute la maisonnée en hurlant et nous apprit que Jacomyn et Gert avaient disparu à leur tour. À vrai dire, tant de gens étaient déjà partis que cette disparition nouvelle ne m'affecta pas outre mesure, mais pour Maman le choc dut être rude, car Dulsie était âgée et ne pouvait plus faire grand-chose dans la maison ; quant à Papa, il était désespéré, car il comptait de plus en plus sur Gert. Je me souviens encore de m'être réveillée peu avant l'aube, d'avoir entendu Dulsie hurler de terreur et de m'être rendormie, mais pas complètement, vaguement consciente qu'il se passait quelque chose sans parvenir toutefois à l'identifier. Qu'étaient-ils devenus ? Gert avait emmené ses chevaux ainsi que les selles, les rênes et le fusil qui lui appartenaient, Jacomyn avait pris les rares vêtements et bijoux qu'elle possédât et aussi son châle à fleurs orné de longues franges, et ils avaient disparu de notre monde, avaient franchi les montagnes et s'étaient évanouis dans le ravin. Longtemps, bien longtemps après, j'entendis Dulsie qui, à l'époque, commençait à perdre la tête et piquait des colères inexplicables qu'elle ponctuait de jurons tout en s'apitoyant sur son sort, invectiver l'une des femmes qui travaillaient à la cuisine : « Une insolente, marmonnait-elle, exactement comme cette petite métisse musulmane avec laquelle Gert est parti dans le Boland. » Savait-elle quelque chose, avait-elle des soupçons, avait-elle deviné ce qui était arrivé, ou bien n'étaient-ce que des paroles en l'air qu'elle avait prononcées au hasard sans savoir ce qu'elle disait ? Il était possible, en effet, qu'ils aient décidé de tenter leur chance dans le Boland ; où auraient-ils pu aller avec leurs chevaux, leurs selles et leur fusil, leur balluchon de vêtements et leurs colifichets ? Nous ne les revîmes jamais et n'entendîmes plus jamais parler d'eux.

S'aimaient-ils ? Je me pose la question tout à coup, bien qu'elle ne m'ait jamais traversé l'esprit auparavant et que, même aujourd'hui, j'hésite encore à la formuler ; en effet, nous ne pensions jamais à nos domestiques en ces termes, et jamais il ne nous serait venu à l'idée qu'ils puissent tomber amoureux ni éprouver un sentiment d'amour comme nous-mêmes. Mais à quoi bon se torturer l'esprit, à quoi bon ces questions ? De toute façon, je n'aurai jamais la réponse. Ils avaient sans doute profité de l'occasion pour s'enfuir, tout simplement, encouragés par l'exemple de Pieter et de Sofie avant eux, et choisi de faire équipe pour mieux duper leurs maîtres. À moins qu'il n'y ait eu entre eux quelque chose comme de l'amour ? Je me souviens de Gert et Jacomyn seuls près du mur de l'enclos, de Jacomyn dont la chevelure brune brillait au soleil, de son châle à fleurs sur ses épaules. Je ne connaîtrai jamais la réponse.

Remontant la couverture sur mon visage pour me protéger de la lumière blafarde du jour, je me retournais en tous sens dans mon lit et sentis quelque chose frotter contre ma joue, contre mes lèvres, quelque chose qui glissa de l'oreiller et vint se nicher sous le dessus-de-lit, au creux de mon épaule, un poids étrange dont j'avais vaguement eu conscience dans mon sommeil, comme j'étais consciente des voix dans le salon. Je dormis d'un sommeil agité jusqu'à ce que, enfin réveillée, je découvre contre mon cou un petit paquet enveloppé d'un morceau de tissu que j'ouvris avec stupeur et dans lequel je trouvai une bague. À moitié réveillée, je l'examinai attentivement, tentant de me rappeler où je l'avais vue, puis je reconnus la bague ornée d'un petit cœur que portait Sofie le soir du bal du Nouvel An et je sus alors que Sofie était revenue, qu'elle nous était revenue ; sautant à bas du lit, je traversai en courant le salon, pieds nus, et me précipitai dans sa chambre pour lui souhaiter la bienvenue. Sofie, toutefois, n'était pas là : Papa était dans l'enclos – il n'y avait personne d'autre désormais pour s'occuper des bêtes – et Maman et Dulsie donnaient à manger au bébé dans la cuisine, aussi s'écoula-t-il un long moment avant que quelqu'un ne remarque ma présence ; aussitôt, Maman m'ordonna de m'habiller et de venir l'aider. Je fis volte-face et regagnai ma chambre, repliée sur moi-même, repliée dans mon silence, serrant encore dans la paume de ma main la bague avec le petit cœur que personne n'avait vue, et la dissimulai sous le matelas, dans un endroit difficile d'accès. Personne ne parla jamais de ceux qui étaient partis, sauf parfois la vieille Dulsie lorsqu'elle marmonnait entre ses dents dans la cuisine ; c'était comme s'ils étaient tous morts, et l'on aurait pu tout aussi bien inscrire la date de leur décès dans la Bible familiale.

Quelques jours plus tard, profitant de ce que personne

n'était dans les parages à surveiller ce que je faisais, je m'aventurai au-dehors. C'était la première fois que je quittais la maison depuis ma fugue, depuis le jour où l'on m'avait ramassée dans le veld, et je me souviens qu'en arrivant au coin de la cuisine je posai une main hésitante sur le mur et pris appui sur la pierre rugueuse et familière, écrasée par l'immensité de la cour qui s'étendait devant moi, par l'espace soudain du veld et l'aveuglante clarté des flots de lumière argentée qui jaillissaient du ciel infini. Je n'hésitai pas longtemps, car je craignais à chaque instant d'être rattrapée ; lentement, mais avec détermination, je traversai la cour, luttant contre la brise printanière qui menaçait de m'emporter tant j'étais faible, légèrement étourdie après ces longs mois de maladie et serrant la bague de Sofie dans la paume de ma main jusqu'à ce que j'atteignisse enfin le cimetière, derrière la colline ; c'est là, entre deux pierres, que je la rangeai, à l'endroit même où, des années auparavant, j'avais caché la petite croix du Maître, sachant qu'elle y serait en sécurité. Elle avait confié pour moi cette bague à Jacomyn, laquelle, sentant venir le moment de son propre départ, s'était introduite pieds nus dans ma chambre dans l'obscurité pendant que je dormais et l'avait déposée sur mon oreiller pour que je la découvre à mon réveil le lendemain matin : je n'ai jamais trouvé d'autre explication et s'il en existe une, je préfère ne pas la connaître, même maintenant, à la fin de ma vie ; je préfère continuer à croire que Sofie, des mois après son départ, m'a fait parvenir ce cadeau pour remplacer l'au revoir qu'elle n'a jamais prononcé.

# 3

Je me rétablis peu à peu et me réadaptai à la vie quotidienne de la maison et de la ferme. L'on toléra encore quelque temps que je reste dans mon coin, mais un jour que j'étais assise au salon, Dulsie me fourra le bébé dans les bras : «Tiens, prends-le, il est à toi», me dit-elle brusquement; c'est ainsi que je me vis confier la garde de Maans. Il commençait déjà à marcher mais, bien que turbulent, ce ne fut jamais un enfant vraiment méchant ni désobéissant; quant à moi, j'avais du temps et de la patience à revendre. Nous nous entendions à merveille, car même lorsqu'il sut parler, il lui fallut encore quelque temps avant de comprendre tout ce qu'on lui disait et d'apprendre à poser des questions, de sorte qu'au début je pus continuer à vivre comme avant, sans être obligée de réfléchir ni de me souvenir. De plus, c'était un beau bébé, qui avait les yeux noirs de Jakob – Sofie avait les yeux noirs, elle aussi, mais Maans était le portrait craché de Jakob des pieds à la tête, enfin, c'est ce que j'ai toujours pensé. Je me pris à aimer d'amour cet enfant que l'on m'avait confié de façon si inattendue; oui, je l'ai aimé jusqu'au jour où il est devenu un homme, mais aujourd'hui il ne reste quasiment plus rien de cette complicité. Il était avec moi toute la journée dans la maison, tantôt dans mes bras, tantôt sur mes genoux ; lorsqu'il fut plus grand, je l'emmenais faire de petites promenades dans le veld, jusqu'au jour où, ayant surmonté ma peur des grands espaces et de la lumière, je ne fus que trop contente d'avoir une excuse pour fuir la maison calme et sombre pour aller jouer avec Maans dans le veld. D'un air rêveur, je tournais à nouveau mon visage vers la lumière sans bien savoir ce que je faisais, redécouvrant non seulement la lumière du jour mais la notion même de jour et retrouvant devant moi le monde qui m'était familier. Ils vont arriver, ils vont arriver : de qui s'agissait-il ? J'essayais de tenir à distance les souvenirs qui me restaient, de ne penser à rien, et je regardais au loin la lumière à la surface des lacs, jusqu'au moment où Maans, s'apercevant que je ne l'écoutais ni ne lui répondais, perdait patience, tirait sur mes vêtements en riant et me tirait les cheveux jusqu'à ce qu'ils se défassent et volent en désordre tout autour de mon visage. Lorsque j'étais moi-même enfant, d'autres m'avaient amenée ici sans que je demande où nous allions, et je leur avais donné la main sans me poser de questions ; désormais, c'était moi qui me promenais avec un enfant et décidais de la destination.

Papa chercha quelqu'un pour remplacer Gert, mais aucun des Bâtards qu'il engagea n'était aussi intelligent ni aussi fiable que lui ; l'on découvrait toujours après quelque temps une négligence ou un défaut, à moins qu'il n'y eût des plaintes ou des objections ; l'homme rassemblait alors ses hardes et reprenait la route avec sa famille. Parfois, les femmes venaient aider dans la maison, mais soit elles se disputaient avec la vieille Dulsie, soit c'était Maman qui s'énervait et se précipitait sur elles en brandissant un fagot de branches d'euryops ; la femme, furieuse, hurlait qu'elle ne resterait pas une minute de plus dans cette maison et pressait son mari de réclamer son dû et de quitter les lieux. Il devenait de plus en plus difficile de trouver des ouvriers agricoles compétents, car à cette époque, dans le Roggeveld, les Bâtards qui avaient jusqu'alors toujours vécu parmi nous furent chassés des terres qu'ils possédaient ; privés de terres, de quartiers d'hiver et de pâturages, ils disparurent les uns après les autres de nos régions avec leurs chariots bringuebalants et leurs quelques moutons. Ce doit être dans ces années-là que Papa a commencé à acheter des terres, même si personnellement – je n'étais qu'une enfant à l'époque – je n'en ai rien su et ne me suis guère intéressée à la question. C'est ainsi que de toutes les familles qui ont travaillé chez nous après le départ de Gert, je ne me souviens d'aucun nom, d'aucun visage, juste de quelques voix, de bribes de conversations près de la porte de service ou bien dans la cuisine, de blagues, de cris, de jurons ou de petites comptines qui, aujourd'hui encore, résonnent à mes oreilles, tournoient autour de moi dans l'obscurité et, même après tant d'années, s'entremêlent et s'enchevêtrent pour former de nouveaux écheveaux dont je suis incapable de dénouer les fils. Tous sont morts et enterrés jusqu'au dernier sans me laisser ne fût-ce qu'un nom, un visage ; enterrés soit derrière le mur d'enceinte, de l'autre côté du cimetière réservé aux Blancs, soit quelque part le long de la route qui mène vers le Karoo, soit encore dans l'intérieur des terres, vers Grootrivier, là où les ont menés leurs pérégrinations ; les pierres dont on les avait recouverts se sont écroulées et ont été dispersées par le vent, leurs enfants et leurs petits-enfants sont morts à leur tour quelque part dans la plaine, dans le ravin, ou près du feu de camp, et les derniers souvenirs de leur existence se sont évanouis avec eux. Seules leurs voix résonnent encore tandis que je cherche en vain le sommeil.

Quelqu'un pose une souche de sumac dans l'âtre, jette une poignée de branches d'euryops sur le feu qui repart en craquant, j'entends Dulsie tousser par-dessus sa pipe d'argile, puis les autres rejoignent le cercle, un à un ; devant l'âtre, cependant, ces visages que j'entrevoyais par instants à la lueur des flammes sont aujourd'hui invisibles. *La grande montagne bleue, comment la franchirai-je ?...* Qui chantait cette chanson, qui la fredonnait? *Je les cherche dans les ravins...* – ça, c'était Gert, c'était avant. Des comptines, des poèmes et des chansons, comme Gert en inventait tout le temps :

*Caïn et Abel se battirent,*
*Lequel la belle voulut séduire?*
*Sa monture il enfourcha,*
*Jamais on ne le retrouva...*

Qui chantait cela, déjà? Ce n'est pas la voix de Gert que j'entends, j'en suis certaine, aussi sûrement que je me souviens encore des paroles :

*Par son frère assassiné,*
*Abel a-t-il été vengé?*

Ces paroles que j'écoutais assise dans l'obscurité sans en comprendre le sens, ce rire complice que je ne comprenais pas davantage et ce silence soudain dès que quelqu'un approchait, Maman sur le seuil de la cuisine... *La voix est la voix de Jakob, et les mains sont les mains d'Esaü*[1], les cris stridents des femmes lorsque le petit groupe se dispersa. La voix de Jakob et les mains d'Esaü... Je revois Maman, furieuse, battant l'air autour d'elle avec la branche dont elle s'était saisie, les traits crispés, le visage livide et les yeux brûlants, je revois les femmes s'éparpiller dans la cuisine, s'échapper et sortir de la maison en courant. Les mains d'Esaü... Qu'est-ce qui avait bien pu la mettre dans une telle rage? Le lendemain, la femme qui avait prononcé ces mots s'en alla avec son mari, ses enfants et leurs quelques chèvres, en hurlant depuis la cour toutes sortes d'imprécations en direction de la maison tandis que Maman, livide et tremblante de rage, claquait la porte derrière elle et se détournait sans un mot. C'était à cette époque, j'en suis

1. Genèse XXVII, 22.

sûre, Gert était déjà parti et Jakob reposait au cimetière sous les pierres que l'on avait entassées sur sa tombe, ce n'était donc pas de lui qu'ils parlaient. À moins que… Et si c'était tout de même lui – Jakob, glissant et dévalant la crevasse obscure, les bras tendus pour se protéger des rochers ?

Ça y est, cela me revient maintenant : sur la trame, soudain, le fil s'éclaircit. Les femmes parlaient de Maans, qui était un si beau bébé. « Pieter aussi était un bébé adorable quand il était petit, pas comme Jakob », dit Dulsie. C'est alors que l'une des femmes intervint dans la conversation : « La voix est la voix de Jakob, dit-elle, et les mains sont les mains d'Esaü » ; autour du foyer, dans la pénombre, tous éclatèrent de rire comme s'ils comprenaient le sens de ces paroles, mais au même moment Maman entra dans la cuisine et les entendit. Quant à moi, je n'avais pas saisi l'allusion – mais peut-être était-ce de ma part, une nouvelle fois, un choix délibéré ? Il arrivait toujours un moment, cependant, où il devenait impossible de ne pas saisir le sens de ces mots colportés de bouche en bouche, ces mots que les gens répétaient avec une brusquerie soudaine ou qui leur échappaient avant même qu'ils eussent le temps de les ravaler, ces mots qu'ils répétaient parce qu'ils ne se souciaient pas de ma présence ou pensaient que j'étais trop loin pour les entendre, ces mots qui devenaient monnaie courante à force d'être répétés sans cesse et qui, au fil des ans, s'entremêlaient jusqu'à former une tapisserie dont j'arrive enfin, aujourd'hui, à déchiffrer le motif et que je tente de reconstituer. Se pourrait-il que Maans ait été l'enfant de Pieter ? Bien des années plus tard, lorsque j'eus le loisir de repenser à toutes ces choses et de poser ces questions, bien des années plus tard donc, alors que j'avançais en âge et que Pieter approchait de la fin de sa vie, j'ai beaucoup réfléchi à tout cela, et Maans, parfois, a dû se demander pourquoi je le dévisageais avec une telle intensité, comme si je cherchais quelque chose, comme si je tentais de retrouver un souvenir dans les traits de son visage. Pourtant, je n'ai jamais rien trouvé, et je n'ai jamais cru que Maans fût l'enfant de Pieter, mais par chez nous les gens le croyaient certainement, du moins cela les arrangeait de le croire, et ils propagèrent la rumeur à un point tel qu'elle revint jusqu'à moi, que tout le monde la prit pour argent comptant et qu'elle finit par dépasser, d'une certaine manière, la réalité même. Mais qui, de nos jours, se soucie encore de Jakob et Sofie? Qui s'intéresse encore à la mémoire de Pieter? Qui parle encore de ces choses? Qui s'en souvient?

À l'époque, les gens avaient dû en raconter de belles sur nous – comment eût-il pu en être autrement, après la mort de Jakob, la disparition de Pieter et de Sofie, le départ si soudain et si mystérieux de Gert et Jacomyn, sans parler de ma longue maladie? Comment eût-il pu en être autrement dans notre petite communauté, misérable poignée de Blancs et de métis perdus dans ces étendues désolées au pied des montagnes où chacun, malgré l'isolement dans lequel nous vivions, finissait un jour ou l'autre par tout savoir sur tout le monde? Peut-être certains ont-ils essayé de nous aider, comme cela se fait entre voisins en période d'épreuve ou de disette, et fait preuve de bonne volonté. Je me souviens des gens qui nous avaient aidés à rechercher Jakob et des voisins qui étaient là le jour de son enterrement, alignés en silence le long des murs du salon, mais je sais aussi que l'enfant que j'étais a ressenti leur présence non comme une marque de condoléances, mais plutôt comme une intrusion. Il est vrai que dans mon enfance nous n'avions que très rarement de la visite, et il se peut que la curiosité et les soupçons que je devinais à l'époque ne soient que pure imagination de ma part et proviennent simplement de mon manque d'expérience. Mais ces paroles lâchées négligemment dont je me souviens parfaitement, ces questions et ces suppositions que j'ai surprises par hasard? Où avais-je entendu, parmi un petit groupe d'hommes en train de bavarder, demander qui était allé chercher Jakob ce jour-là sans rien trouver alors que pendant tout ce temps son cadavre gisait dans le ravin ? Je ne me souviens plus des détails, mais je me rappelle avoir entendu la question et attendu une réponse qui n'est jamais venue. La réponse, ces hommes la connaissaient tous ; la question, comme le silence qui suivit, était une accusation, même si elle n'avait jamais été formulée ouvertement. Qui avait fouillé ce ravin ? Comment se fait-il que Jakob ait trébuché, ou glissé, dans cette crevasse étroite entre les rochers et que son visage ait été mutilé à ce point ? Je ne le saurai jamais et d'ailleurs, je ne veux pas le savoir. C'est mieux ainsi.

Était-ce délibérément que les voisins ont recommencé à nous éviter après tous ces événements, ou bien ne se sentaient-ils tout simplement pas les bienvenus chez nous ? Lorsque des visiteurs se présentaient, Papa était toujours heureux de les voir, il les accueillait volontiers et leur faisait servir du café, un vin doux ou un alcool ; pour moi cependant, comme pour Maman, ils étaient des intrus, et après la mort de Jakob et la disparition de Pieter ce fut pis que jamais. Personne n'ignorait le manque de chaleur et d'hospitalité de Maman, ni le fait qu'elle desserrait à peine les dents, et peu à peu les visites cessèrent. Vers la fin, les seuls visiteurs que nous recevions encore étaient un voisin à la recherche d'un jeune apprenti en fuite ou d'un mouton égaré, ou encore un valet de ferme que son patron avait envoyé emprunter une alène ou un sac de clous de fer à cheval.

Le jour, seuls les petits bruits familiers agrémentaient encore la lumière grise du soleil ; la nuit, les hurlements du vent qui s'engouffrait aux quatre coins de la maison ou qui se déchaînait contre les volets ou le toit de chaume me réveillaient, et je ne parvenais plus à me rendormir. Papa arrivait encore tant bien que mal à se hisser sur sa monture et allait acheter des moutons ou des terres dans les ventes aux enchères ; plus tard, il s'acheta un cabriolet noir pour se rendre aux enterrements dans le district, mais je ne sais pas si Maman l'accompagnait, il me semble qu'à cette époque elle vivait de plus en plus retirée du monde, même si son caractère passionné, ses obsessions et ses explosions de colère aussi soudaines qu'imprévisibles n'avaient rien perdu de leur intensité. À vrai dire, je ne me souviens pas de l'avoir vue s'éloigner de la maison au cours des années qui suivirent la mort de Jakob, sauf lorsque le pasteur venait de Worcester célébrer le culte dans une ferme des environs.

Je me souviens de ces réunions, et aussi du long trajet lorsque nous allions à Worcester pour la Sainte Cène ; au fur et à mesure que je grandissais, ces expéditions en étaient venues à représenter pour moi une véritable épreuve. Je me sentais mal à l'aise avec les enfants de mon âge et restais à l'écart de leur petit groupe, attendant le moment où je pourrais m'enfuir. Un jour, dissimulée derrière une calèche en stationnement, j'entendis l'une des filles demander où j'étais ; une vieille femme lui répondit, d'un ton froid et méprisant que je ne compris pas : «Ah, tu veux dire la folle !» Et c'est sans doute ainsi qu'ils me voyaient : une fille maigre et timide qui zozotait, avec une cicatrice sur le front, et qui faisait les cent pas entre les gens, les tentes et les chariots dételés pour échapper à l'ambiance de la fête, telle une gazelle apeurée qui détale dans les collines et fuit la compagnie des humains, les voix, les salutations, les éclats de rire, les blagues, les surnoms, les murmures en coulisse, les insinuations et les plaisanteries incompréhensibles, les filles bras dessus dessous et les garçons, dans leur coin, avec leurs airs inquisiteurs, étrangement surexcités, les regards approbateurs ou désapprobateurs des vieilles femmes alignées en rang d'oignons contre les murs, toute cette société à laquelle Papa et Maman s'agrégeaient pour quelques heures mais où je n'avais pas ma place. Tournant les talons, j'allais me réfugier auprès des domestiques de l'autre côté du campement, me réchauffais près du feu en leur compagnie et partageais leur café ; très vite, ils oubliaient ma présence et continuaient à bavarder comme si je n'étais pas là.

L'hiver qui suivit ma maladie, nous descendîmes tous

ensemble dans le Karoo comme à l'accoutumée, et à la fin de la saison nous revînmes à la ferme en compagnie de Mademoiselle Le Roux. Je suppose que quelqu'un l'avait amenée de Worcester et que Papa était allé la chercher à mi-chemin avec la calèche, je ne sais plus, de toute façon on ne me disait jamais rien et Dulsie elle-même n'évoquait l'inconnue qu'en termes vagues. Toujours est-il qu'elle venait de Worcester et qu'elle nous avait rejoints dans le Karoo avant que nous ne repartions pour le Roggeveld ; je me souviens que lorsque la voiture s'immobilisa, j'étais devant la maison, portant Maans sur la hanche, et que je vis Mademoiselle Le Roux, vêtue d'une robe noire, descendre lentement du véhicule. Ni l'accueil – réservé – de Maman, ni mon silence embarrassé ne durent la mettre très à l'aise, et il est probable qu'elle ne s'est jamais sentie la bienvenue chez nous : de fait, elle resta toujours pour nous l'étrangère qu'elle était le jour où elle avait débarqué dans notre campement du Karoo, bien qu'elle eût tout de même habité chez nous pendant deux ans. Certes, j'ai très vite su tout ce qu'il y avait à savoir la concernant, mais c'est uniquement parce que dans sa solitude elle se confiait à moi et que j'étais, par la force des choses, son unique interlocutrice, car pour ma part je ne lui ai jamais posé la moindre question ni manifesté la moindre marque d'intérêt.

Elle avait grandi à Worcester : ses parents, tous deux décédés, avaient eu six filles. L'aînée était mariée, la plus jeune était allée vivre avec elle pour l'aider à s'occuper des enfants, deux étaient restées en ville et travaillaient comme couturières, les deux autres comme institutrices, et voilà comment un beau jour Mademoiselle Le Roux arriva jusque chez nous dans sa robe noire couverte de poussière, avec un sac de voyage, une malle, et une lettre de recommandation pour Papa rédigée personnellement par le vieux pasteur – détail qu'elle ne manquait jamais une occasion de rappeler, comme si cela devait lui conférer quelque privilège particulier. C'était une jeune femme âgée tout au plus d'une vingtaine d'années, corpulente, éclatant de rire pour un oui ou pour un non, engoncée dans une robe de deuil noire, émotive, exubérante, affligée d'un petit rire entrecoupé de hoquets, sujette aux crises de nerfs, aux pertes de connaissance et aux crises de larmes, et qui avait toujours à portée de main un flacon d'eau de Cologne et un autre de sels anglais.

Elle rentra avec nous dans le Roggeveld et on lui attribua le grand lit qui se trouvait dans ma chambre ; quant à moi, je partageai avec Maans un petit lit de camp dans un coin de la pièce. Elle déballa ses affaires et suspendit ses robes noires, ses bonnets noirs et sa cape noire aux clous plantés dans les murs. Nous passions toute la journée ensemble et la nuit, dans l'obscurité, j'entendais sa respiration régulière dans le grand lit. Elle avait apporté du papier à lettres, des plumes d'oie avec un petit couteau pour tailler les pointes, ainsi que quelques livres de lecture en néerlandais et en anglais : bien que je susse déjà lire, et même un peu écrire, elle me fit faire des exercices, m'enseigna l'orthographe, me lut à haute voix des vers qu'elle me faisait ensuite réciter, m'apprit les bases du calcul et me raconta des histoires tirées de la Bible – ses connaissances devaient s'arrêter là, mais c'était plus que n'en savaient la plupart des gens dans nos contrées à cette époque. Elle disait, dans ses moments d'indulgence, que j'apprenais vite et affirmait à Papa que j'étais une fille intelligente. En revanche, malgré toute sa patience et toute sa persévérance, ses efforts pour m'enseigner la couture et les autres travaux manuels demeurèrent vains ; j'étais une enfant maladroite et elle eut beau me faire faire et défaire les points irréguliers et tout recommencer, je ne réussissais qu'à chiffonner un peu plus le morceau de tissu. J'appris tout ce qu'elle pouvait m'apprendre, écoutai ses histoires interminables sur ses sœurs et la maison de ses parents, et j'entendais, la nuit, sa respiration régulière, mais elle demeura toujours à mes yeux une étrangère perpétuellement essoufflée qui ne cessait de virevolter autour de moi en bavardant, et dont je subissais patiemment la présence.

Naturellement, elle souffrait de la solitude. Quelqu'un l'avait-il mise en garde contre la solitude du Roggeveld? Avait-elle deviné à quel point l'endroit où nous vivions était loin de tout? De toute façon, même en admettant que quelqu'un l'eût mise en garde, qu'aurait-elle pu faire d'autre? Ses parents étant décédés, elle devait d'une manière ou d'une autre subvenir à ses besoins, et elle était reconnaissante envers le vieux pasteur de lui avoir donné cette lettre de recommandation. Papa était gentil avec elle – il était gentil avec tout le monde –, mais à la maison c'était Maman qui commandait, et pour Maman, Mademoiselle Le Roux ne fut jamais qu'une simple employée qui ne devait oublier ni sa condition, ni son état de dépendance. Était-ce l'érudition de la jeune femme qui la mettait mal à l'aise et la conduisait à la traiter avec un tel dédain? Qui saura jamais ce qui se passait dans la tête de Maman? Toujours est-il qu'elle opposait aux récits interminables, à l'exubérance et aux pertes de connaissance de Mademoiselle Le Roux un silence méprisant, et que seuls ses talents de couturière lui conféraient un certain prestige à ses yeux. Nos leçons terminées, elle bordait donc les innombrables draps et taies d'oreiller dont notre famille, par la suite, se servit pendant plusieurs décennies, d'abord à la ferme, puis plus tard dans la maison, au village : Maman mourut dans un lit tendu de draps que Mademoiselle Le Roux avait confectionnés et que Stienie, après son mariage avec Maans, garda encore longtemps. Dans le coffre où nous rangions le linge de maison, les draps et les taies d'oreiller s'entassaient sans que quiconque prît la peine d'expliquer pourquoi, à l'image de ces terres et de ces troupeaux de moutons dont notre famille, à la même époque, faisait l'acquisition dans la plus grande discrétion, méthodiquement, dans la perspective d'un avenir sans doute inconnu, mais fascinant.

Comment aurait-elle pu être heureuse chez nous? Elle écrivait à sa famille restée dans le Boland de longues lettres sur une planche posée sur ses genoux. Comment faisait-elle pour les envoyer? Je ne sais. Qui lui apportait la réponse? Parfois, une lettre arrivait jusque chez nous; je me souviens de ses larmes et de l'agitation qui s'emparait d'elle, des récits interminables qu'elle me faisait sur Untel ou Unetelle, sur les naissances et les décès qui avaient lieu dans ce monde lointain d'où elle venait, là-bas, de l'autre côté des montagnes. Dès qu'un visiteur arrivait, elle était dans un état d'excitation extrême et se mettait à glousser, le souffle court, imposant sa présence au salon alors que personne ne l'y avait conviée. D'ordinaire, il s'agissait d'un homme venu de l'une des fermes alentour pour annoncer un enterrement ou la venue du pasteur, et que toute cette agitation mettait mal à l'aise; même après le départ du visiteur, alors que le claquement des sabots de son cheval s'estompait et que le silence familier reprenait possession de la ferme, elle était toujours aussi fiévreuse, aussi survoltée. Chez nous, les garçons n'étaient pas habitués aux filles du Boland et à leurs manières, et elle les effrayait tellement par son indiscrétion et son empressement lorsqu'ils nous rendaient visite que, lorsque nous assistions au culte dans une ferme des environs, ils évitaient ostensiblement sa présence. Mais pouvait-elle faire autrement?

Aujourd'hui, je me représente ce vide, j'imagine cette solitude, même si je ne la comprends pas tout à fait, mais à l'époque je ne voyais qu'une chose, à savoir qu'elle se rendait ridicule à virevolter et à minauder devant ces hommes qui venaient prendre le café à la maison, pour ne rien dire de ses questions et de ses insinuations faussement ingénues dès qu'ils avaient le dos tourné. Je levais les yeux par-dessus mon ouvrage aux points mal cousus et irrégulicrs ct l'observais en silence, aussi critique et méprisante que pouvait l'être Maman, fermement décidée à ne jamais être comme elle; je me faisais à moi-même le serment que jamais, au grand jamais, je ne deviendrais comme Mademoiselle Le Roux.

Que pouvaient bien signifier, venant de moi, une enfant ignorant tout de la nature humaine et de la vie en général, ces résolutions et cette réprobation muettes? Même aujourd'hui, je n'en sais rien. Je me promettais en secret de ne jamais être dépendante comme elle l'était – de son beau-frère, du pasteur, de la bonne volonté de Maman, de l'argent de Papa ou de l'approbation d'un jeune homme rencontré par hasard, et de ne jamais me livrer, comme elle, au pouvoir d'autrui, obligée de virevolter de-ci de-là dans un salon autour d'un visiteur gêné et pressé de battre en retraite. C'était l'époque où j'appris peu à peu à garder le silence et à dissimuler mes sentiments; plus tard, je m'entraînai à ne rien ressentir et, l'exercice et l'expérience aidant, je m'améliorai. J'étais vive, intelligente, et j'apprenais vite.

Cette situation dura un an, soit que Mademoiselle Le Roux n'eût été engagée que pour une année, soit qu'il lui eût été impossible de quitter le Roggeveld avant la fin de l'automne, lorsque nous redescendrions dans le Karoo. Plus la perspective du départ approchait, plus son agitation et son exubérance augmentaient et plus elle nous rebattait les oreilles de son Boland, de sa famille et de ses amies, cependant qu'elle rangeait et emballait ses affaires en prévision du voyage. Dès que nous fûmes dans le Karoo elle fondit en larmes, me serra dans ses bras et me fit promettre de ne jamais l'oublier; tenant la main de Maans dans la mienne, je regardai s'éloigner la voiture dans laquelle Papa la reconduisait jusqu'à l'endroit où quelqu'un devait venir la chercher. C'est fini, me dis-je en moi-même sans éprouver la moindre émotion; je me trompais. Un jour, juste avant la fin de l'hiver, Papa retourna la chercher et Mademoiselle Le Roux revint chez nous avec sa robe noire, sa malle et son sac de voyage, elle rentra avec nous dans le Roggeveld, défit ses bagages et suspendit ses robes noires aux clous fichés dans le mur de la chambre qu'elle avait quittée quelques mois auparavant. Elle était plus posée, avait perdu de son entrain, les moments d'exubérance se faisaient plus rares et désormais, lorsqu'elle avait une crise, elle se repliait sur elle-même, parlait moins souvent du Boland et écrivait moins de lettres. Nous reprîmes nos leçons où nous les avions laissées et personne ne fit de commentaire, mais Maman se montra plus froide et plus distante à son égard que jamais. Elle n'était pas libre de choisir ce qu'elle voulait faire de sa vie et n'avait probablement pas d'autre possibilité que de passer une année de plus dans cette ferme isolée, cette maison solitaire, avec pour toute compagnie une jeune fille silencieuse et hautaine et un enfant qui marchait à peine.

Je dois reconnaître qu'elle faisait son travail avec sérieux, consciencieusement, et bien qu'elle ne tînt pas en place et fût sujette à des sautes d'humeur, ses leçons étaient toujours d'une grande précision : tout ce qu'elle m'a enseigné, je l'ai retenu, et je m'en souviens jusqu'à aujourd'hui. « N'oublie pas tout l'argent que feu ton père a dépensé pour tes études ! » m'avait dit en bougonnant le vieux Flippie Marais, bien des années plus tard – j'étais déjà adulte –, dans le vestibule de notre maison, au village, par une fin d'après-midi, peu après la mort de Papa : « On peut dire qu'elle lui a coûté cher, ton éducation, avec ces gouvernantes qu'il faisait venir du Boland et tout le tralala ! Il n'y en a pas beaucoup qui ont été aussi gâtées que toi, par chez nous ! » Il était sans doute venu rendre visite à Maman – c'était le doyen de la paroisse et il habitait le village –, mais pourquoi ces reproches ? Pourquoi ce vieil homme était-il aussi remonté contre moi, pourquoi ce vieillard jaloux et méprisant m'était-il tombé dessus à l'improviste dans la pénombre du vestibule ? Certes, il n'avait pas tort : qui, dans notre famille, parmi les jeunes de ma génération, pouvait se vanter d'avoir fait autant d'études que moi, qui n'étais qu'une simple fille ? Je me souviens que Papa la payait en pièces d'or, qu'elle enfermait dans une boîte en fer-blanc et qu'elle rangeait ensuite dans sa malle ; ce qu'elle m'a enseigné, je m'en suis souvenue toute ma vie, sauf la couture et la broderie.

La période de deuil pour la mort de ses parents était passée depuis longtemps ; lorsqu'elle était retournée dans le Boland, quelqu'un de sa famille lui avait donné une robe de couleur vive – comment se fait-il que je me souvienne soudain aussi nettement de ce tissu gris et de ce petit motif régulier à fleurs violettes ? Elle avait l'intention de la transformer et, de temps à autre, se mettait à l'œuvre fébrilement, travaillant jusque tard dans la nuit, cousant de petits points fins, solides et réguliers, la tête penchée près de la chandelle comme si plus rien d'autre n'existait au monde. Le tissu, épais et soyeux, était orné de rayures et de fleurs – une rayure, une fleur, une rayure, une fleur – et elle parlait d'y ajouter un petit col blanc. Où donc et pour qui voulait-elle porter cette robe qu'elle semblait si pressée de terminer ? Ensuite, comme si elle perdait soudain tout intérêt ou tout espoir, elle pliait la robe et la laissait pendant des semaines dormir dans sa malle. Je ne l'ai jamais vue la porter : je suppose qu'elle devait tout d'abord user ses vêtements de deuil. Ce doit être à cette époque, la deuxième année que Mademoiselle Le Roux passa chez nous, qu'un soir je suis allée chercher quelque chose dans notre chambre. Le jour déclinait, mais comme il ne faisait pas encore tout à fait nuit je n'avais pas pris de chandelle ; elle était là, assise dans la pénombre, immobile, la robe sur les genoux et l'aiguille à la main. Elle sursauta en me voyant pénétrer dans la pièce à l'improviste, détourna rapidement la tête et s'essuya le visage du revers de la main. La peur et la honte m'envahirent, je fis comme si je n'avais rien vu, rien compris et, lui tournant le dos, je me penchai pour fouiller dans le coffre dans le coin de la chambre, à tâtons, dans l'obscurité, incapable de me rappeler ce que j'étais venue chercher, et me promis à nouveau un peu confusément, le visage tourné vers le mur sombre, que cela ne m'arriverait jamais, sans bien savoir contre quoi je voulais me prémunir, ni comment j'y parviendrais.

Mademoiselle Le Roux séjourna donc en tout deux ans chez nous ; l'hiver suivant, nous redescendîmes dans le Karoo, Papa la reconduisit avec la calèche et nous ne la revîmes plus jamais. Je devais avoir dans les quatorze ou quinze ans, car je fis ma confirmation peu de temps après, ayant appris tout ce qu'une jeune fille devait savoir : je lisais couramment le néerlandais et l'anglais, même les caractères d'imprimerie noirs de la vieille Bible familiale, j'étais capable de donner la signification de la plupart des mots que je rencontrais, je formais de belles lettres ouvertes et rondes sur du papier sans ligne, ne faisais presque pas de fautes d'orthographe, savais faire des opérations par écrit et de tête et calculais des sommes en livres sterling, en shillings et en pence. À Worcester, bien qu'étant la plus jeune de mon groupe de catéchisme, j'en savais davantage que tous les garçons et les filles de mon âge, et le vieux pasteur ne tarissait pas d'éloges à mon égard devant les autres catéchumènes, citant Papa et Maman en exemple à tous les parents du Roggeveld. Cela n'empêchait pas les autres adolescents de me tenir plus que jamais à l'écart, comme si j'étais une bête curieuse; l'on eût dit qu'ils éprouvaient envers moi une aversion dont je ne m'cxpliquais pas la cause. Mais que m'importait leur hostilité? Je fis ma confirmation, nous rentrâmes à la ferme et je n'eus plus jamais affaire à eux.

En partant, Mademoiselle Le Roux laissa les livres dont nous nous étions servis pour nos leçons – c'était probablement Papa qui les avait achetés – et me recommanda bien de ne pas oublier ce qu'elle m'avait appris. Ils demeurèrent dans ma chambre, et j'en lus régulièrement des passages; Maman ne me fit jamais la moindre réflexion à ce sujet, bien que je susse pertinemment qu'elle n'appréciait ni les livres, ni le savoir livresque, et qu'elle n'avait jamais supporté de voir qui que ce fût lire à la maison. Je l'aidais à tenir le ménage et m'occupais de Maans; lorsqu'il eut cinq ou six ans, Maman décida que le temps était venu de lui enseigner ce que j'avais appris, mission qui vint s'ajouter à mes autres tâches. Je lui appris donc à lire, à écrire et à compter, c'est-à-dire tout ce que je savais moi-même; parfois, Papa faisait venir de Worcester, par l'intermédiaire du pasteur, quelques livres supplémentaires, un plumier ou du papier.

Maans était un enfant facile ; il faisait de son mieux et, bien qu'il n'eût jamais été bon élève, ne me donnait aucun souci, aussi était-ce bien volontiers que j'essayais de lui transmettre ce que j'avais appris. Pour ma part, je n'ai jamais bien saisi l'utilité de tout ce savoir ; c'était bien plus qu'il n'en fallait pour faire sa confirmation et pour le reste, cela n'avait abouti qu'à m'isoler un peu plus des jeunes de mon âge que je rencontrais au culte ou à l'occasion d'autres célébrations religieuses : les garçons me dévisageaient d'un air idiot tandis que les filles, bras dessus bras dessous, se détournaient sur mon passage en ricanant bêtement.

À quoi bon revivre tout cela ? Pourquoi faut-il que je me souvienne de cette fin d'après-midi où j'étais assise sur le banc, occupée à une tâche quelconque, tandis que Maans, sur mes genoux, déchiffrait à haute voix les lettres de son livre de lecture ? L'enfant penché sur ses devoirs, le calme de la fin d'après-midi, le mur de la maison dans mon dos encore chaud du soleil de la journée, le retour des vaches à l'heure de la traite et les ombres dansant dans la cour – à quoi bon me remémorer tout cela ? L'enfant me pose une question, je me penche pour lui répondre, lève les yeux et comprends soudain, en voyant au-dessus de sa tête inclinée l'immensité du veld dans le jour déclinant et la riche palette de l'horizon, ce qui m'a valu de bénéficier de toute cette instruction, la raison pour laquelle ils avaient fait venir Mademoiselle Le Roux du Boland et la payaient en pièces d'or, pourquoi Papa faisait venir du Cap livres et papier : ce n'était pas pour moi, leur fille, mais pour leur petit-fils, leur héritier, pour que je sois suffisamment outillée pour me charger de son éducation lorsqu'il serait en âge d'apprendre.

Qu'étais-je donc allée m'imaginer, et qu'y avait-il là de si étonnant ? J'avais sans doute cru qu'ils faisaient cela pour moi, leur seule fille, le seul enfant qui leur restât, qu'ils désiraient me témoigner une affection qui, pour le reste, ne s'était que rarement manifestée, mais c'était pure naïveté de ma part ; en réalité, je ne pouvais prétendre à rien d'autre que la nourriture, le gîte et le couvert. Je me souviens encore du sentiment d'abandon qui s'empara de moi, assise à côté de l'enfant sur le banc devant la maison, contemplant le veld qui s'estompait peu à peu dans le soleil du soir, immense et infini, jusqu'à l'horizon : le banc, l'enfant près de moi, le bol sur mes genoux – que faisais-je donc ? –, et devant moi, le vide dans la lumière du soir. C'est alors que je compris à quel point j'étais seule.

Au cours des années qui suivirent, Papa fit de son mieux pour faire vivre la ferme, mais son état de santé ne cessait de se dégrader ; c'est à cette époque, alors que Maans commençait à grandir, que Coenraad vint vivre chez nous. Nous n'avions pas l'habitude d'avoir de la visite, je l'ai déjà dit, mais il arrivait parfois qu'un étranger, s'étant égaré après avoir quitté la grand-route, se retrouvât chez nous par hasard, généralement avec son cheval mais parfois aussi à pied, comme dans le cas de Coenraad. Il était rare de voir des Blancs se déplacer à pied ; lorsque cela arrivait, on leur donnait quelque chose à manger à la porte de la cuisine et on les autorisait à dormir dans une grange, mais on ne les invitait pas à entrer dans la maison. Toutefois, à l'époque où Coenraad se présenta chez nous, nous étions à court de main-d'œuvre ; il fit quelques menus travaux pour Papa et finit par rester. Je ne sais pas grand-chose de lui, sinon que c'était un étranger, et je n'ai pas non plus la moindre idée de l'endroit où il allait avec son balluchon – sans doute à Beaufort, ou à Colesberg ; il demeura chez nous jusqu'à la majorité de Maans. Il travaillait avec sérieux et application et ne rechignait jamais à la tâche, même lorsqu'il avait bu ; la seule difficulté que Papa rencontra avec lui vint des ouvriers agricoles ; ils se plaignaient qu'il était dur avec eux et qu'il les frappait. Papa n'approuvait pas ces méthodes ; dans le temps, il avait même réprimandé Jakob, un jour que ce dernier avait eu la main trop lourde, mais dans les dernières années, il n'avait plus tellement son mot à dire dans la conduite de la ferme : c'était Maman et Coenraad qui prenaient les décisions, car elle avait confiance en lui et prenait toujours son parti lorsqu'il y avait des différends. Il dormait dans la grange, derrière une sorte de cloison qu'il s'était fabriquée, et ne pénétrait dans la maison que pour prendre ses repas à table avec nous; je me souviens que je trouvais bizarre qu'il n'assiste pas au culte familial, mais autant que je me souvienne, personne ne fit jamais de réflexion à ce sujet.

En dehors des repas Coenraad n'était que rarement dans la maison, mais je le revois encore, le soir, discuter avec Maman à la lumière de la bougie; Papa lissait distraitement sa barbe d'une main, sans jamais prendre la parole. Cette étincelle, ce tintement – était-ce le salaire de Coenraad? Je revois soudain l'éclat du métal et le visage de Maman qui comptait les pièces une à une de son regard acéré. Était-il venu chercher son salaire, ou bien lui avait-on confié de l'argent pour acheter des moutons ou assister à une vente aux enchères à laquelle Papa ne pouvait plus aller? De fait, il arrivait qu'on l'envoyât seul, et il avait même sa propre monture; il ne fait pas de doute que c'était lui et Maman qui décidaient des achats, et c'était aussi lui, de plus en plus souvent, qui négociait avec les clients qui venaient nous acheter des moutons. Papa comptait une à une les pièces d'or qu'il sortait du petit sac que Maman était allée chercher dans la chambre, et Coenraad exécutait les ordres qu'ils lui donnaient; mais de plus en plus, Maman décidait seule et c'était elle qui donnait les instructions, ce n'était un secret pour personne et tout le monde s'en trouvait bien. Papa était un brave homme, honnête et juste, mais dans le fond ce n'était pas vraiment un paysan. « C'est une bonne chose que ce soit une femme qui commande, dans une ferme. »

Qui donc avait prononcé ces paroles? Il ne serait venu à l'idée de personne, par chez nous, de proférer une telle phrase, sauf pour plaisanter ou pour se moquer. Est-ce une bonne chose ou non? Ce n'est pas une bonne chose…

Je passais le plus clair de mon temps à l'intérieur, à côté de Maman ou dans son ombre ; mes tâches, ma timidité et notre mode de vie étrange et solitaire m'ancraient de plus en plus à la maison. La vie était quelque chose que je voyais s'écouler au-dehors dans la lumière du jour, par l'encadrement de la porte d'entrée, quelque chose qui se déroulait dans la cour et que j'observais sur le seuil de la porte. Je revois la maison plongée dans l'obscurité – quelle était cette silhouette qui se détachait à contre-jour dans l'embrasure de la porte, cette voix qui résonnait dans la cour ? Faisions-nous si souvent l'objet de malédictions ? Ceux qui venaient se plaindre, nous menacer de représailles ou appeler sur nous la colère divine étaient-ils si nombreux ? C'est probable, et encore, je ne sais sûrement pas tout car sinon, comment expliquer ces sacs remplis de pièces d'or, ces hectares de terrain et ces troupeaux de moutons qui se multipliaient comme par miracle ? Ce n'est pas une bonne chose ; ce n'est pas juste… Mais qui était-ce donc ? Dehors, la lumière du jour, et une voix. Sur le seuil de la porte, Papa, ou Maman, parfois les deux ensemble ; Papa et Maman debout sur le seuil de la porte, et un berger venu se plaindre. Non, ce n'était pas juste.

Elles me reviennent maintenant, toutes ces choses que j'avais oubliées, y compris celles, nombreuses, dont je n'ai aucune envie de me souvenir. Un jour, un berger était venu se plaindre à Papa parce que Coenraad avait frappé son enfant ; l'homme attendait, debout dans la cour, que Papa, appuyé sur sa canne, se traînât jusqu'au seuil de la porte de la cuisine – Maman, comme à l'ordinaire, se tenait derrière lui, légèrement en retrait. Où donc était Coenraad, pour que je ne me souvienne pas de lui ? Mais d'autre part, pourquoi Coenraad, qui savait pouvoir compter sur le soutien et l'approbation de Maman, se serait-il soucié des récriminations et des histoires des domestiques ? De toute façon, l'homme n'avait pas le choix, il ne lui restait plus qu'à aller chercher du travail ailleurs : « C'est pas juste, criait-il, c'est pas bien! » Que s'était-il passé exactement? Je ne sais plus, mais je me souviens que Coenraad, une fois lancé, pouvait avoir la main lourde avec les ouvriers et qu'il n'épargnait ni les femmes, ni les enfants. « Nous aussi, nous sommes des êtres humains! » cria l'homme en se retournant avant de traverser la cour; et puis il y avait cette voix de femme – oui, sa femme était là, et aussi l'enfant que Coenraad avait corrigé pour une négligence ou une bêtise quelconque : « Ce n'est pas une bonne chose que ce soit une femme qui commande, dans une ferme. » Voilà comment cela s'est passé, voilà ce dont je me souviens. Que ce fût une bonne ou une mauvaise chose, l'homme, de toute façon, finit par plier bagage avec sa famille et je suppose que nous avons dû engager d'autres ouvriers. « Ce n'est pas juste, c'est une bonne chose, ce n'est pas une bonne chose » – ces paroles, comme je m'en souviens maintenant! Et aussi de Bastersfontein, des poutres qui s'effondraient dans la maison inhabitée, et du chaume qui s'affaissait le long des murs, et de la source tarie.

C'est à cette époque-là, lorsque Coenraad travaillait chez nous, que je me suis rendue à Bastersfontein; les maisons étaient désertes, parce que nous ne trouvions pas d'ouvriers. Maans était encore à la maison – il était petit et riait de voir le vent soulever mes vêtements et mes cheveux voler autour de ma tête et m'aveugler momentanément; pendant la journée, il était ma seule compagnie et le soir, lorsqu'il dormait, je m'asseyais devant le feu avec la vieille Dulsie, laquelle fumait sa pipe en marmonnant et se rendait chaque jour un peu moins compte de ma présence et de ce qui se passait autour d'elle. Elle était vieille désormais, et ne devait sans doute qu'à l'intervention de Papa d'être encore tolérée dans la maison, car elle ne pouvait plus faire grand-chose et vivait de plus en plus repliée sur elle-même, ressassant le passé. Était-ce la raison pour laquelle j'allais m'asseoir près d'elle le soir dans la cuisine sans rien dire, près du feu, dans le coin le plus sombre, parce c'était le seul lieu où je pusse espérer entendre prononcer le nom de Pieter ou de Sofie? Savait-elle quelque chose ? Si oui, elle ne m'en a rien dit ; elle demeura toujours sur ses gardes, jusque dans la déchéance de la vieillesse, et les souvenirs qu'elle évoquait, de même que les conversations décousues et interminables au cours desquelles elle parlait surtout d'elle-même, portaient rarement sur des sujets qui m'intéressaient, sauf ce fameux soir de la fin de l'automne, peu avant notre départ pour le Karoo : il faisait froid, et Dulsie marmonnait entre ses dents, suçotant sa pipe et jetant de temps à autre une branche sur le feu. Papa et Maman devaient déjà être au lit – Papa se couchait tôt –, aussi profitais-je de mes rares moments de liberté pour traîner un peu au coin du feu. C'était l'une des toutes premières soirées de l'hiver, lorsque le Roggeveld se couvre en un clin d'œil de givre ou de neige, et nous avions déjà commencé les préparatifs pour notre voyage annuel ; le feu se mourait lentement et Dulsie, qui parlait toute seule, se mit soudain à raconter une dispute qui avait eu lieu entre Jakob et Gert à propos d'un cheval bai, d'unc scllc ct d'une bride qui avaient appartenu à je-ne-sais-plus-qui – ou qui avaient été volés, je n'avais pas bien suivi et je n'écoutais déjà plus, lorsque tout à coup le son de ces noms familiers me fit sursauter comme au sortir d'un rêve : « … et Gert, avec cette petite Malaise prétentieuse qui volait de la nourriture dans la maison, il s'imaginait peut-être que je ne les voyais pas, il croyait peut-être que je ne les entendais pas murmurer dans le noir, Gert qui chevauchait toutes les nuits à bride abattue jusqu'à Bastersfontein à l'époque où Pieter et Sofie s'y cachaient… »

Je me figeai sur place dans mon coin ; Jakob et Sofie, Jacomyn et Gert – mais de quoi parlait-elle ? Dans l'obscurité, derrière les braises qui achevaient de se consumer, quelque chose bougea et fit un léger bruit. La vieille Dulsie avait à nouveau perdu le fil et ne disait plus rien ; quant à moi, je n'osais pas poser de questions, au cas où elle reprendrait son récit. Quelque chose bougea dans le noir ; ce n'était rien, juste le vent qui poussait un peu de neige fine sous la porte. Dulsie éclata de rire d'un air triomphant : « Gert était menteur comme un arracheur de dents, il a même obligé le vieux maître à aller les chercher jusque dans le Boland, oui, Gert, ce beau parleur qui, plus tard, est parti en emportant la selle et la bride de Jakob… » Perdue dans ses pensées, elle réfléchit, tira sur sa pipe et dit d'un petit rire sec, en gloussant de plaisir et en se balançant d'avant en arrière : « Oh, il les a bien possédés ! Jusque dans le Boland il est allé, avec la selle et la bride de Jakob, alors que pendant ce temps-là Jakob et Sofie étaient tranquillement à Bastersfontein et que Gert, lui, parcourait tout le pays avec sa selle. Ça, on peut dire qu'il les a bien eus, et de la belle manière ! » cria-t-elle en se balançant de plus belle. Je ne bougeai ni ne respirai, de crainte de manquer un mot ou de mal comprendre quelque chose, mais les souvenirs confus s'évanouirent peu à peu et la vieille femme s'assoupit sur son banc devant l'âtre ; je m'apprêtais à me lever tout doucement pour me diriger vers ma chambre lorsqu'elle reprit la parole : « Les mains vides, il est rentré du Boland les mains vides », marmonna-t-elle d'un air satisfait avant de s'endormir ; j'enfouis les dernières braises sous la cendre et allai me coucher.

Bien sûr, j'aurais pu poser des questions, cela ne coûte rien, mais je savais depuis longtemps que les questions restaient sans réponse et de plus, dans ses moments de lucidité, Dulsie n'aurait jamais abordé ce sujet avec moi. Je n'ai jamais compris quel était le cheminement de pensée qui avait déclenché ces confidences ce soir-là, et comme elle ne fit plus jamais allusion à ces choses en ma présence, en dépit de toute l'attention que je prêtais à ses rêveries, je dus me contenter de ces quelques bribes d'information qu'elle m'avait livrées tout à fait par hasard. Jakob et Sofie à Bastersfontein ? Non, c'était impossible. Pieter et Sofie, en revanche… Et Gert qui partait en pleine nuit pour Bastersfontein avec de la nourriture volée par Jacomyn dans la maison, Gert qui nous avait abandonnés pour tenter sa chance ailleurs avec son cheval, son fusil et la selle et la bride de Jakob, Jakob que l'on avait retrouvé mort dans le ravin, Gert et Jacomyn… Que voulait dire Dulsie avec son air goguenard ? De quel côté était-elle ? Reprochait-elle à Gert d'avoir trompé Papa ou s'amusait-elle de voir qu'il avait réussi son coup ? En fait, elle n'était ni d'un côté ni de l'autre, elle dépendait comme nous tous de la bonne volonté du premier venu, d'une faveur, d'une protection, capable tour à tour d'insulter et de décrier les autres domestiques et de rire sous cape des mésaventures de ses maîtres, écartelée en permanence par la nécessité de survivre. Me penchant en avant pour éteindre le feu, puis cherchant mon chemin à tâtons à travers la maison plongée dans l'obscurité pour retrouver ma chambre, je compris qu'elle était seule ; un être humain solitaire, face à d'autres êtres humains en proie à l'égoïsme, la division et le ressentiment.

Pour moi, pendant toutes ces années, Bastersfontein n'avait été qu'un nom, un endroit isolé où avaient vécu autrefois Jan Baster et les siens puis, plus tard, nos bergers et leurs familles ; je n'y étais jamais allée, mais c'était sur nos terres, tout au bout de notre ferme, et rien ne pouvait m'empêcher de m'y rendre si j'en avais envie. Il me fallait cependant attendre le printemps, lorsque nous reviendrions du Karoo : attendons, me dis-je tout en aidant Maman à faire les caisses et à nouer les balluchons pour le voyage ; attendons, me dis-je tandis que notre cortège s'ébranlait en direction du Vloksberg en suivant les crêtes pierreuses ; je me retournai sur le paysage hivernal, gris et terne du plateau que nous laissions derrière nous et portai mon regard vers les nuages qui cachaient l'horizon, là où je savais que se trouvait Bastersfontein ; attendons, me répétai-je des mois durant pendant notre séjour dans le Karoo – je brûlais de retourner dans le Roggeveld comme jamais auparavant. Pourquoi était-il si important pour moi d'aller à Bastersfontein ? Qu'espérais-je y trouver, à supposer que je réussisse à m'y rendre ? Je ne le savais pas moi-même et je ne le sais toujours pas aujourd'hui, mais ce nom qui émergeait de manière si soudaine des propos incohérents de Dulsie représentait pour moi, en ces temps de silence et de perte, le seul élément tangible auquel me raccrocher et la seule promesse de découvrir, un jour peut-être, ce qui était arrivé à Pieter et à Sofie. Attendons, me dis-je ; attendre ne me dérangeait pas, car la patience faisait aussi partie de mon apprentissage.

Lorsque le printemps arriva, nous chargeâmes le chariot comme à l'accoutumée et suivîmes les moutons le long des pentes ; dans les crevasses, les fleurs commençaient à pousser. Nous reprîmes possession de la maison vide qui nous attendait dans l'état où nous l'avions laissée quelques mois plus tôt, avec ses portes tirées mais non fermées à clef. Nous assemblâmes lits et châlits, étalâmes les matelas de plume, fîmes les lits, ravivâmes le feu dans la cuisine, et nos vies reprirent leur cours. Je n'avais pas oublié mes résolutions, mais comme je ne pouvais pas disparaître du jour au lendemain sans explication, je m'armai de patience en attendant que Papa et Maman s'absentent pour la journée, ce qui arrivait rarement. Enfin l'occasion se présenta ; c'était encore le printemps, ou peut-être le début de l'été – ils avaient dû se rendre à un enterrement quelconque, seule raison pour laquelle Papa s'absentait encore de la maison, et Maman l'avait sans doute accompagné pour qu'il ne fasse pas le trajet seul –, je ne me souviens plus très bien, mais c'est sans importance : je me souviens seulement de ce moment de liberté soudaine, et aussi que je m'étais empressée de terminer mes tâches ménagères ; je nouai quelques poires séchées dans un mouchoir et dis à Maans de se préparer, car nous allions faire une longue promenade. Au bord du monde ? demanda-t-il – un jour, Coenraad l'avait emmené sur son cheval jusqu'au bord du plateau d'où il avait pu contempler le Karoo. Oui, oui, répondis-je avec impatience, sans écouter ; je le pris par la main et nous nous mîmes en route.

Le trajet à pied était long, mais nous pouvions être de retour avant Papa et Maman, à condition de marcher d'un bon pas et de ne pas traîner en chemin ; pendant la plus grande partie du trajet, Maans courut devant moi :

il se retournait, regardait autour de lui en riant et demandait sans cesse si c'était encore loin, si nous arrivions bientôt. C'était le printemps, ou le début de l'été, le soleil irradiait une lumière argentée et le vent qui venait des montagnes nous fouettait le visage ; cheminant à l'abri des corniches, dans les cuvettes et sur les versants ensoleillés, nous débouchâmes sur des champs couverts de fleurs dont les couleurs vives illuminaient la grisaille du veld : il y avait là des zygophyllums, des soucis et des gazanias, comme les années précédentes, mais je ne leur prêtais aucune attention et pressais Maans d'avancer lorsqu'il faisait mine de s'arrêter pour cueillir quelques fleurs. Plus nous avancions, plus j'étais pressée et plus je m'impatientais, comme s'il devenait soudain urgent d'arriver à destination : trébuchant sur le sol inégal, je me disais de manière tout à fait irrationnelle que si nous nous dépêchions suffisamment, si nous arrivions à temps, nous pourrions peut-être encore trouver quelque chose, bien que ne sachant toujours pas ce que je cherchais. Les restes d'un feu de camp peut-être, des cendres encore chaudes, des herbes aplaties qui eussent conservé la forme d'un corps, ou de plusieurs, des traces de chevaux fraîches ? Non, pas vraiment, je ne m'étais jamais bercée d'illusions à ce point, mais je sentais néanmoins que quelque chose était enfin à ma portée, quelque chose de tangible après tous ces silences, toutes ces dérobades, après toutes ces rumeurs et ces suppositions dont j'avais dû me contenter pendant si longtemps, quelque chose qui pouvait certes paraître incompréhensible, mais qui avait valeur de symbole et me consolait de tout ce que je ne comprenais pas, comme la bague posée sur mon oreiller au petit matin ou la petite croix entre les pierres du mur. Impatiente, pleine d'espoir, je poursuivis ma route en hâte, rattrapai à plusieurs reprises l'enfant qui courait devant moi et lui communiquai mon enthousiasme et mon attente, de sorte qu'il était lui aussi impatient de savoir si l'endroit où nous allions était encore loin, et si nous arriverions bientôt.

À l'aveugle, me fiant à mon seul instinct, je portai mes pas dans la direction où je savais que se trouvait Bastersfontein, ne doutant pas un instant de trouver l'endroit et de le reconnaître. Maans, une fois de plus, s'arrêta pour m'attendre : cette longue marche commençait à le fatiguer. Arrivée tout en haut de la petite colline, j'aperçus devant moi une cuvette remplie d'eau et de roseaux, tache fertile et humide dans ce paysage de printemps incolore et lumineux, et sus que c'était Bastersfontein. Je me mis à courir, avec Maans sur mes talons qui criait et riait sans comprendre de quoi il retournait; mes cheveux s'étaient défaits pendant le trajet, mais comme je n'avais pas pris la peine de m'arrêter pour les attacher, ils dansaient devant mon visage et m'empêchaient de voir où je posais les pieds; je trébuchai, tombai à genoux, les larmes ruisselant sur mes joues tandis que Maans, que notre petit jeu rendait fou de joie, riait et dansait autour de moi en se demandant avec excitation ce qui allait se passer.

Mais c'était tout; c'était bien Bastersfontein, nous étions arrivés. Une tache humide et fertile nichée au pied d'une colline basse, quelques huttes de roseaux en ruine, des restes d'abris de berger ou d'enclos faits de branches entassées les unes sur les autres, les battements d'ailes des papillons blancs et le reflet de la lumière sur les petites feuilles luisantes des euryops – à quoi m'étais-je attendue ? Je demeurai à genoux et Maans, qui déjà s'ennuyait, s'éloigna en courant; je restai agenouillée là tandis que des flots de larmes dégoulinaient sur mes joues, et, pour la première fois depuis des années, je fondis en larmes sans que personne me vît pleurer, sans que personne le sût. Maans, lui, le sait-il encore, s'en souvient-il seulement?

Au bout d'un moment je m'essuyai le visage avec les mains, mis de l'ordre dans mes cheveux et me relevai. C'était donc là que Pieter et Sofie… – ou plutôt non : c'était donc là l'endroit qu'un soir une vieille femme désorientée, marmonnant devant l'âtre, avait mentionné en passant comme étant le lieu où Jakob et Sofie, à moins que ce ne fût Pieter et Sofie, s'étaient cachés – mais rien n'était moins sûr. Comment, dans ses paroles, faire la part du récit et celle de l'imagination ? Peut-être avais-je mal compris, peut-être même avais-je mal entendu, et pourtant je n'avais rien d'autre à quoi me raccrocher. C'était donc là que Pieter et Sofie s'étaient cachés pendant une période indéterminée tandis que tout le monde les cherchait, là que Gert, la nuit, leur apportait la nourriture dérobée dans la maison, de là enfin qu'ils étaient repartis vers une destination inconnue. Il fallait que j'y croie, il fallait que les choses se fussent déroulées de la sorte car c'était le seul moyen que j'avais de me rapprocher d'eux. Gert et Jacomyn savaient, Dulsie aussi savait, bien que personne ne l'eût mise dans le secret ; nos bergers et leurs familles devaient, eux aussi, avoir entendu dire que des Blancs avaient séjourné à Bastersfontein, mais personne n'avait parlé, personne ne les avait trahis, unis dans une conspiration muette qui protégeait les fugitifs et les aidait à se cacher de leurs maîtres. Ils avaient laissé Papa partir les chercher jusque dans le Boland sans rien lui dire ; quant à moi, à partir de quelques mots prononcés par hasard, je m'acharnais avec l'énergie du désespoir à composer un récit auquel je pusse croire.

Les huttes de roseaux étaient inhabitées depuis longtemps déjà ; le chaume, en pourrissant, s'était écroulé et les lanières de cuir qui servaient à fixer les montants de la charpente avaient cédé, de sorte que toute la structure s'était effondrée et qu'il était impossible de pénétrer à l'intérieur. C'était sans doute là qu'ils avaient dormi au début de leur longue équipée, là que près de la source ils s'agenouillaient pour faire leur toilette et boire un peu d'eau claire en faisant une coupe de leurs mains. S'attendaient-ils à être poursuivis, retrouvés, ou bien cette idée ne leur avait-elle jamais traversé l'esprit et profitaient-ils de la vie avec insouciance, sans craindre d'être rattrapés par la réalité ? Il n'y avait plus la moindre trace de leur passage, l'endroit où ils faisaient du feu était depuis longtemps détrempé par la pluie et la terre n'avait conservé aucune empreinte de pied humain ni de sabot de cheval, mais dans la terre humide, tout autour de la source, les traces des antilopes qui étaient venues boire tout récemment étaient encore fraîches. De toute évidence, personne n'était passé par là depuis l'hiver précédent, pas même les bergers avec leurs troupeaux.

Il était l'heure de rentrer. Nous avions du chemin à faire pour rentrer à la maison : je me souvenais, comme dans un rêve, que la distance à parcourir était à peu près équivalente à celle qu'un cheval pouvait couvrir en une heure, et que Dulsie effectuait en un après-midi, et soudain les paroles de Gert me revinrent en mémoire. Avait-il simplement voulu plaisanter lorsqu'il chantonnait tout seul en confectionnant sa lanière? Avait-il dit quelque chose qui m'avait échappé? Selon toute vraisemblance, les choses avaient dû se passer ainsi et il me fallait l'accepter sans me torturer davantage; en tout état de cause, je n'étais pas déçue, même s'il me fallut, au retour, inventer toutes sortes d'histoires pour convaincre Maans que nous n'avions pas entrepris en vain cette longue et mystérieuse expédition. Je m'attardai un moment sur la colline, me retournai et contemplai une dernière fois les flots d'ombre et de lumière qui se succédaient dans ce paysage immense avant que les eaux sombres ne se referment et ne l'engloutissent, le rendant invisible à tout jamais. Je les avais perdus dans l'immensité du Roggeveld, au-delà de l'horizon déchaîné, comme le vent, comme le brouillard, comme les tourbillons de neige fine qui s'abattaient entre les parois abruptes des ravins et recouvraient les cols étroits et escarpés – l'Ouberg, le Vloksberg, le Verlatekloof, le Komsberg – en direction du Bokkeveld ou du Karoo, vers l'intérieur aride et le Moordenaarskaroo[1], le Koup, le Nuweveld ou le

1. Littéralement «le Karoo des assassins»; dans son livre intitulé *Le Cœur-chien* (traduit de l'anglais par Jean Guiloineau et publié aux Éditions Actes Sud), le poète sud-africain Breyten Breytenbach définit cette région comme «un cœur intérieur desséché où les assassins, les voleurs, les esclaves en fuite et les déserteurs pouvaient trouver refuge. Pour y être dévorés par le soleil.»

Hantam, perdus dans les étendues désolées du pays bochiman et du Namakwaland où plus aucun Blanc ne vivait, vers Grootrivier où les Bâtards, pleins d'espoir, étaient allés chercher refuge, là où les vibrations de chaleur, dans le lointain, ne permettaient ni de les distinguer, ni de suivre leur progression, là où les déformations dues aux mirages effaçaient les dernières certitudes.

De retour à la maison, nous nous lavâmes les pieds, puis je préparai le dîner et mis la table en toute hâte, mais Papa et Maman rentrèrent tard et personne ne posa de questions sur la manière dont s'était déroulée la journée. Lorsque Maans entama avec enthousiasme le récit de notre longue randonnée, Papa demanda où nous étions allés, mais comme il était fatigué et avait hâte d'aller au lit, c'est à peine s'il écouta ma réponse. Je dis que nous avions marché en direction de cet endroit où, des années auparavant, nous étions allés chercher du miel, car je voulais voir s'il y avait toujours des abeilles, mais qu'il n'y avait plus rien. J'ajoutai que nous étions passés à proximité de vieilles huttes de bergers, que nous n'avions vu personne, puis je me levai pour coucher Maans, car lui aussi avait besoin de sommeil. C'était la première fois de ma vie que je mentais à Papa, mais c'était probablement l'une de ces choses que je devais apprendre, tout comme le silence, la vigilance et la patience ; cela faisait partie des aptitudes à acquérir si je voulais survivre. D'une certaine manière, ce n'était pas tout à fait un mensonge, car en mettant l'enfant au lit je me souvins tout à coup de ce jour où, alors que j'étais encore toute petite, nous étions allés tous ensemble chercher du miel, Jakob, Pieter, Gert et moi ; Gert avait sorti le gâteau de cire d'une crevasse et ce soir-là, lorsque nous étions revenus à la maison, l'un d'eux – je ne me souviens plus lequel – m'avait portée sur ses épaules parce que j'étais trop fatiguée pour marcher.

# 4

Je ne crois pas que Papa ait jamais eu d'ennemis, mais ce n'est qu'à cette époque que nous comprîmes à quel point il était aimé dans notre région, en dépit de la vie retirée que nous menions à la ferme ; en effet, plus il lui était difficile de se déplacer pour aller vers les autres, plus les gens étaient nombreux à venir à lui.

Aussi loin que remontent mes souvenirs, j'ai toujours entendu parler de la création d'une paroisse dans le Roggeveld ; en fait, lorsque nous nous réunissions pour le culte, c'était surtout un sujet de conversation pour les hommes – en quoi cela aurait-il regardé les femmes ? À cette époque, la question bénéficia d'un regain d'intérêt et les gens se rendirent chez nous dans le but bien précis de rallier Papa à leur cause et de lui demander conseil. Nous n'avions pas l'habitude de recevoir des visites, et encore moins de grands groupes comme il s'en présentait parfois désormais : il fallut sortir du placard tous les bols à café, ainsi que les crachoirs dont nous ne nous servions jamais, et plus tard Coenraad dut même engager un garçon d'écurie chargé tout spécialement de prendre soin des chevaux des visiteurs. Maman elle-même était étonnée, et bien qu'elle n'en laissât jamais rien paraître, son comportement témoignait d'une agitation et d'une nervosité inhabituelles. Elle accueillait les visiteurs, ouvrait les placards où nous rangions le café et le sucre et s'occupait des repas, mais je n'ai jamais su si elle était vraiment heureuse de recevoir tous ces gens qui débarquaient chez nous sans avoir été invités. Je crois toutefois qu'avec le temps elle se rendit compte à quel point le fait que ces réunions solennelles du conseil paroissial se déroulent dans notre salon était flatteur pour nous, à quel point ces délibérations nous donnaient du prestige et, bien qu'encore un peu mal à l'aise, elle commença à faire des efforts pour accueillir et recevoir les visiteurs comme il convenait.

Quant à moi, je ne prenais naturellement aucune part à ces réunions, mais je devais cependant, en ma double qualité d'enfant et de jeune fille de la maison, rester à la cuisine pour exécuter les ordres de Maman car la vieille Dulsie n'était plus bonne à grand-chose. Un jour, à ma grande surprise, l'on fit appel à moi pour écrire une lettre que les hommes n'arrivaient pas à rédiger. Ce devait être une idée de Papa, car je ne vois pas qui d'autre, parmi ces messieurs à l'air compassé, eût envisagé une telle possibilité, mais compte tenu des circonstances, il leur était difficile de s'y opposer. J'écrivis donc la lettre sous la dictée, la tête penchée sur le papier, tandis que nos hôtes, assis en rang d'oignons en face de moi, me regardaient faire en silence, sans grand enthousiasme ; lorsque j'eus terminé, je me retirai dans la cuisine sans le moindre mot d'approbation, d'appréciation, ni même de remerciement. Je suppose toutefois que la lettre ne devait pas être trop mal tournée, car ils parurent convaincus de mes capacités et, à compter de ce jour, je fus souvent appelée au salon, où ces messieurs fumaient la pipe ou chiquaient, afin de rédiger leurs lettres, leurs mémoires et leurs pétitions. Lorsqu'ils s'aperçurent que non seulement j'avais une belle écriture, bien lisible, mais qu'en plus je savais rédiger, ils me permirent parfois, sans se départir cependant d'une certaine froideur et comme à contrecœur, d'exprimer une idée qu'ils avaient du mal à énoncer; il leur arriva même de débattre entre eux comme si je n'étais pas là et de me laisser ensuite carte blanche pour formuler leurs pensées à ma manière. Lorsque je leur lisais à voix haute ce que j'avais écrit, ils hochaient lentement la tête par-dessus leur pipe; c'est là tout le remerciement que j'aie jamais obtenu. «Une fille comme ça, pour un père, c'est aussi précieux qu'une paire de bœufs de trait!» s'exclama un jour le vieux Daantjie van Wyk; toutefois, comme c'était un vieux blagueur, tout le monde pensa qu'il plaisantait. Par la suite, ils découvrirent aussi que je savais lire couramment, déchiffrer les écritures et expliquer le sens des mots difficiles, et ils firent appel à moi pour leur lire à haute voix les lettres et les documents qui arrivaient de Worcester ou du Cap.

Je n'ai jamais aimé avoir du monde autour de moi et supportais difficilement la compagnie des étrangers, mais le fait d'être convoquée de la sorte au salon par Papa ne me posa jamais le moindre problème, car pour la toute première fois je m'aperçus que j'étais capable de faire dans la vie autre chose qu'aider Maman dans les tâches ménagères et donner des leçons à Maans; en outre, lorsque je lisais un texte à haute voix devant tout le monde, je n'étais aucunement gênée et ne bafouillais pas. Plus tard, ils se rendirent compte que je comprenais aussi l'anglais; à compter de ce jour, je dus non seulement assister aux délibérations sur la création de la nouvelle paroisse, mais parfois un voisin apportait chez nous à cheval une lettre du magistrat ou un journal du Cap et demandait à Papa si sa fille ne pourrait pas y jeter un coup d'œil. Pour la première fois, je vis que Papa était fier de moi; jusque-là, j'avais toujours été une enfant timide et introvertie qui, la plupart du temps, n'attirait guère l'attention sur elle et ne suscitait pas les félicitations.

La tête penchée sur le papier, je rédigeais des requêtes, des objections ou des mises en demeure sans réfléchir à ce que j'écrivais : le crissement de la plume d'oie, les hommes assis tout autour de la table dans un rideau de fumée, et leurs voix soudain entrecoupées d'explosions de passion ou d'indignation, égrenant d'un ton monocorde des phrases en néerlandais : «... les soussignés, membres de cette paroisse, désireux de faire part de leurs souhaits aux autorités compétentes en la matière, conformément à leur humble requête...» Il n'y avait pas que chez nous, dans le Roggeveld, qu'il était question de fonder une nouvelle paroisse : à cette époque, dans nos contrées, bien des choses changeaient, comme je l'appris en écoutant les conversations de ces messieurs au salon pendant que j'attendais qu'ils me disent ce que je devais écrire. L'on fondait des villages et des villes un peu partout dans le Bokkeveld, le Hantam et le Nuweveld, l'on parlait d'édifier des temples, de nommer des pasteurs et d'élire des conseils paroissiaux, l'on créait des paroisses nouvelles tout autour de chez nous et l'on étendait les limites des anciennes; il était question de magistrats, d'écoles et d'autres choses encore qui n'étaient pour nous, jusque-là, que des phénomènes étranges et lointains que nous associions à Worcester ou au Boland, c'est-à-dire aux limites du monde que nous connaissions. Dès que je quittais le salon, j'oubliais aussitôt ce que je venais d'entendre, de même que j'oubliais les lettres et les requêtes que je rédigeais, car c'étaient des affaires d'hommes qui ne me regardaient en rien.

Je donnais toujours des leçons à Maans, mais il grandissait et ne restait plus tout le temps avec moi comme auparavant. Il allait souvent garder les moutons, les premiers temps avec Coenraad qui le prenait en croupe, puis il apprit à monter et Papa lui donna un cheval, qu'il fit venir du Hantam tout exprès à son intention. Il participait de plus en plus aux travaux de la ferme; c'est ainsi que, après avoir été responsable de lui pendant toutes ces années, je perdis peu à peu le bébé que j'avais tenu sur mes genoux lorsque je m'étais remise de ma longue maladie. Les poutres s'étaient effondrées, le toit de chaume se décomposait, il ne restait plus rien. Parfois, cette maison dans laquelle nous vivions ensemble en silence me semblait immense, calme et vide, avec Maman et Dulsie à la cuisine et Papa dans son fauteuil au salon – lorsque je n'avais rien d'autre à faire, je m'asseyais près de lui avec mon ouvrage, lequel, la plupart du temps, glissait de mes doigts malhabiles, et je restais assise sans bouger, sans ressentir le moindre désir de parler, abîmée dans des pensées que j'eusse été bien incapable de décrire. Le toit de chaume se décomposait, les pierres éparses gisaient sur le sol et, dans les dernières années, plus rien n'indiquait qu'à cet endroit se dressait une maison dans laquelle des gens avaient vécu ; dans la terre humide, près de la source où ils venaient puiser de l'eau, les empreintes de leurs pas n'étaient plus visibles. J'étais tombée à genoux, les larmes coulaient sur mes joues – c'était il y a longtemps déjà. Dans le salon, j'écrivais ou lisais à voix haute des lettres pour d'autres gens, et pourtant je n'avais moi-même encore jamais écrit à qui que ce fût, ni reçu la moindre lettre. J'étais une jeune femme, plus une enfant.

Petit à petit, les hommes qui rendaient visite à Papa amenèrent leurs épouses et leurs familles. Au début, les femmes hésitaient à s'aventurer dans notre salon, ne sachant trop si elles y seraient les bienvenues, comme si elles ne se sentaient pas tout à fait en sécurité chez nous ; Maman, nerveuse, s'asseyait avec elles, très raide sur sa chaise, et parlait d'une voix un tout petit peu trop perçante tandis que des taches rouges se formaient sur le haut de ses joues. La présence des hommes ne me dérangeait pas, mais je n'appréciais guère celle des femmes, avec leurs yeux vifs qui enregistraient le moindre détail et leurs messes basses dès que nous sortions de la pièce. Je me souviens encore de la manière dont elles toisaient Maans lorsque l'enfant entrait dans la pièce pour les saluer, le fils de ce Jakob décédé dans des conditions si mystérieuses, l'enfant de cette Sofie disparue elle aussi dans des conditions pour le moins étranges : elles le dévoraient du regard comme si elles espéraient que sa simple apparition leur donnerait la réponse à toutes les questions qu'elles mouraient d'envie de poser. Jamais personne, cependant, ne prononça les noms de Jakob, de Sofie et de Pieter en public ni ne posa la moindre question. Les femmes s'asseyaient en rang contre le mur, leur bol de café ou leur verre de vin doux à la main, et jetaient en permanence des regards furtifs tout autour de la pièce tandis que leurs pensées tournaient à plein régime, brassant toutes sortes de suppositions et de soupçons auxquelles elles donneraient libre cours plus tard, ailleurs. Elles me gratifiaient tout juste d'un rapide coup d'œil à la dérobée lorsque je servais le café, puis détournaient le regard ; après tout, je n'étais qu'une fille au front barré d'une cicatrice sur laquelle leur regard s'attardait un instant, et je ne les intéressais pas plus que ça.

Maman, bien sûr, avait remarqué leur curiosité et savait pertinemment les questions qu'elles n'osaient pas poser tandis que la conversation roulait sur les cultes ou les maladies féminines, mais elle n'en laissait rien paraître. Je me rendis compte qu'elle attachait de plus en plus d'importance à ces visites et qu'elle souhaitait que nous recommencions à vivre comme avant, sans ces silences gênants, sans excentricités trop manifestes. Avec le temps, le corset rigide des mensonges dans lesquels notre passé était empêtré se relâcha, devint plus acceptable, et seule la présence de Maans parmi nous causait encore un léger malaise car elle nous rappelait les noms qu'il ne fallait jamais prononcer. Que lui avait-on dit ? Je n'avais jamais eu le cran de lui demander franchement ce qu'il savait de sa mère, mais je déduisis de remarques occasionnelles qu'on lui avait raconté qu'elle était morte, et que c'était sans doute aussi ce que l'on avait annoncé aux voisins, bien que personne ne fût dupe. Un jour toutefois, alors qu'il était encore petit, il m'étonna : il me dit que lorsqu'il serait grand, il ferait ériger des stèles sur les tombes de son papa et de sa maman. En souriant, comme si c'était un jeu, je lui avais alors demandé de me montrer l'endroit : « Là-bas ! » répondit-il sans hésiter en désignant la tombe de Jakob et celle où était enterrée la sœur de Papa, décédée alors qu'elle était encore adolescente et venait juste de faire sa confirmation. Je n'avais pas demandé à Maans qui lui avait indiqué l'emplacement des deux tombes, mais je me souviens que lorsque l'on avait creusé la tombe de Jakob, Papa avait fait remarquer qu'il reposerait près de tante Coba[1], dont il portait le prénom.

Cet été-là, avant la pose de la première pierre du temple, nous célébrâmes solennellement l'anniversaire de Papa et organisâmes une grande réception à la maison, ce qui ne s'était pas produit depuis l'arrivée de Sofie chez nous après ses fiançailles – cela remontait à loin, car Maans était déjà grand. L'on ne dansa pas, mais les jours qui précédèrent furent consacrés à tuer des moutons, préparer des gâteaux et commander des tonneaux d'eau-de-vie et de pontac, un vin rouge doux de la région de Stellenbosch : de nouveau, la cour se remplit de chariots et de calèches, la maison retentit de voix et de cris d'enfants et la lumière des bougies brilla derrière les vitres ; pour moi, toutefois, ce n'était pas pareil, ce ne serait plus jamais pareil. Papa était heureux : il aimait avoir du monde autour de lui, recevoir et faire la fête, bien qu'il n'en eût que rarement l'occasion, et Maman, à sa manière, était contente elle aussi, bien qu'elle fût légèrement tendue et qu'elle eût les yeux brillants et les joues rouges ; quant à Maans, ravi de voir tous ces gens, il était d'autant plus excité qu'on lui avait fait goûter du vin en cachette de Papa, ce dont il se vanta ensuite à longueur de journée. Prise au piège dans la foule des visiteurs, ma cafetière à la main, j'eus envie tout à coup de fuir cette maison, de marcher aussi loin que possible dans le veld pour que s'estompe à jamais derrière moi la lueur terne des bougies et pour ne plus entendre le bruit des voix, envie de sentir autour de moi le paysage argenté ondulant sous les

1. Coba est le diminutif de Jacoba.

étoiles et de fuir vers Bastersfontein, là où l'eau de la source s'écoule lentement dans le sable, sans un bruit. Une femme tenant un bougeoir me bouscula en allant voir ses enfants qui dormaient dans la chambre – j'étais dans le passage, en plein milieu de tous ces gens qui emplissaient la maison de leur joie et de leurs voix fortes – et de la cire fondue tomba sur ma robe neuve. Fuir vers ce lieu protégé au pied de la colline où personne, jamais, ne viendra me chercher, et le matin, dès les premières lueurs de l'aube, m'éveiller et voir les antilopes venues boire à la source.

Nous obtînmes donc notre paroisse : il y eut beaucoup de disputes, d'altercations, mais la paroisse fut créée, l'on posa la première pierre et l'on dessina, sur le site de la ferme des De List, les plans d'un nouveau village. Dorénavant, ce fut là que l'on célébra la Cène et nous n'eûmes plus besoin de descendre dans la vallée, ni d'aller à Worcester. Les premiers temps, les gens passaient la nuit dans leurs chariots dételés, sur la place derrière le temple ou bien sous la tente ; Papa fit l'acquisition de trois parcelles de terrain et entreprit sur-le-champ de bâtir une maison. Ou plutôt non, laissez-moi réfléchir, non, ce n'est pas comme cela que les choses se sont passées : je me souviens de Papa sous notre tente, dans son vieux fauteuil que l'on avait fait venir par chariot de la ferme, les gens venaient le saluer et lui demander conseil tandis que Maman surveillait la construction de la nouvelle maison ; vêtue de sa robe noire, elle mesurait les murs extérieurs du bâtiment en faisant de grands pas, déterminait la taille des vastes pièces et, la main devant les yeux pour se protéger du soleil, surveillait les ouvriers qui apportaient les briques et mélangeaient le mortier, donnant de la voix pour les encourager. Lorsqu'ils venaient assister au culte au village, les fidèles ne manquaient jamais de passer voir les fondations de cette maison gigantesque, et plus tard d'observer la construction des murs.

Maman houspillait maçons, menuisiers et couvreurs et expédiait Coenraad avec le chariot à Worcester, d'où il rapportait des châssis pour les portes et des vitres pour les fenêtres ; notre maison fut l'une des premières du village ; le salon était assez grand pour accueillir les visiteurs désireux de s'entretenir avec Papa, pour les réunions du conseil paroissial et pour les réceptions que Maman avait l'intention de donner. Elle fit venir du Cap quatre douzaines de tasses à café et de soucoupes – nous nous servîmes encore des vieux bols pendant quelque temps à la ferme, puis plus du tout. Après la fondation de la paroisse et la construction du temple, nous restâmes longtemps sans pasteur ; ce fut Papa, en sa qualité de doyen du conseil presbytéral, qui fut chargé de prendre les décisions et de prodiguer les conseils. De même, lorsque aucun pasteur n'était disponible pour célébrer le culte, c'était souvent lui qui lisait la prédication, bien qu'il lût lentement et avec difficulté, mais les paroissiens insistaient et il n'avait pas le cœur de refuser ; je le revois encore, la tête légèrement levée vers le livre posé sur le pupitre devant lui, suivant les lettres du doigt de sa main engourdie.

Les bruits de pieds sur le sol, les quintes de toux, l'odeur du toit de chaume tout neuf et de la terre battue encore humide, Maman assise au premier rang sur sa chaise parmi les épouses des membres du conseil presbytéral, le dos et la nuque bien droits et les épaules anguleuses. Au temple, Maman ne regardait jamais personne et trônait à la place d'honneur qui lui revenait de droit, tandis que Papa, tout en bredouillant, s'efforçait de déchiffrer mot après mot. Après le culte, elle se faufilait au-dehors parmi les paroissiens telle une ombre, raide comme la justice dans sa robe noire, arborant une nouvelle chaîne en or autour du cou ; elle s'arrêtait pour saluer sans pour autant se mêler vraiment aux conversations, prenait le temps de répondre aux questions et même d'en poser, mais sans révéler quoi que ce fût ni faire la moindre concession. Oui, c'est à cette époque que Papa lui avait offert cette chaîne en or, à moins qu'elle ne l'eût commandée au Cap : Maman ne portait jamais d'autres bijoux que son alliance et sa longue chaîne en or aux maillons étroits qui lui descendait jusqu'à la taille, comme en portaient les femmes en ce temps-là.

Quelle opinion avaient d'elle ces gens qui bavardaient avec elle à la sortie du temple et lui rendaient visite, dévorés par la curiosité? Je ne crois pas qu'elle ait jamais eu de véritables amies femmes, et encore moins de confidentes, ni même que quiconque, parmi tous ceux qui l'ont connue à l'époque, ait éprouvé pour elle la moindre affection ni la moindre estime; elle en avait conscience mais n'en éprouvait aucun dépit, car elle ne désirait ni affection, ni estime. Que disaient tous ces gens en la voyant s'éloigner, Maans et moi sur ses talons? Elle ne s'en souciait pas davantage. La considération dont jouissait Papa dans la paroisse et sa prospérité croissante, voilà ce qui comptait à ses yeux, et aussi sa place au premier rang, au temple, la nouvelle maison, les tasses à café, les visites des pasteurs qui passaient la nuit chez nous, la jalousie et l'envie muettes des autres femmes – cela, moi qui vivais près d'elle, je l'ai toujours su, mais ce n'est que maintenant que je trouve les mots pour le dire, maintenant que je suis vieille et seule dans l'obscurité, sans personne pour m'écouter.

C'est à cette époque que Maans partit en pension; je crois que c'était une idée de Maman, car procurer à Maans une bonne éducation faisait partie du plan qu'elle échafaudait avec acharnement, au même titre que la nouvelle maison et les tasses à café. La plupart des jeunes gens, chez nous, avaient appris à lire et à écrire à la maison avec des maîtres d'école recrutés par leurs parents, comme mes frères avec celui que nous appelions «le Maître», ou bien s'étaient débrouillés pour acquérir assez de rudiments de lecture et d'écriture pour faire leur confirmation, mais personne n'avait eu une institutrice à domicile comme Mademoiselle Le Roux, personne n'était allé à l'école dans le Boland; Maans fut le premier. Comment cette idée était-elle venue à Maman, et pourquoi y attachait-elle une telle importance?

Avait-elle compris, grâce à son intuition et sa perspicacité, que l'argent et l'instruction conféraient le pouvoir et forçaient la considération ? Maans était son préféré, comme son père l'avait été avant lui, et elle faisait parfois preuve à son égard d'une indulgence, voire d'une affection que l'on n'eût jamais soupçonnées chez elle. Maans fut donc envoyé en pension à Worcester avec un petit rouleau de pièces d'or enveloppées dans du papier, avec ordre de se faire confectionner un costume, de se faire photographier au village et de nous envoyer son portrait, que Maman rangea dans sa Bible. Maans ressemblait beaucoup à son père : c'était un garçon grand, brun et lent, mais qui n'avait pas le tempérament explosif de son père, un brave garçon docile qui ne faisait jamais la moindre difficulté et ne causait jamais d'ennui ; il était ravi à l'idée de quitter la maison, mais n'était pas très doué pour l'étude. C'est à moi qu'incomba la tâche de lire à haute voix à Papa et à Maman les rares petits mots pleins de fautes d'orthographe et de taches d'encre qu'il nous écrivait, et quand j'avais fini, Maman les reprenait et les rangeait dans sa chambre. C'est ainsi que nous demeurâmes tous les trois, Papa, Maman et moi, avec la vieille Dulsie à la cuisine, mais comme elle était déjà très âgée et qu'elle commençait à perdre la tête, elle ne comptait presque pas. Quant à Papa, il se déplaçait avec difficulté et c'était Coenraad, de fait, qui s'occupait de la ferme.

Le départ de Maans ne changea pas grand-chose pour moi, car je l'avais déjà perdu au fur et à mesure qu'il grandissait ; je savais aussi depuis longtemps que rien ne dure pour l'éternité, que rien ne vous appartient pour toujours. Tout ce que je possédais en ce monde – les vêtements que je portais, un peigne, une brosse, une boîte à ouvrage, une petite Bible et un livre de cantiques –, je le devais à Papa et Maman ; ces objets, je les utilisais depuis toujours mais je n'avais jamais pensé pour autant qu'ils m'appartenaient. Mes véritables possessions –, la petite croix que m'avait donnée le Maître et la bague qui me venait de Sofie, enveloppées dans un bout de chiffon et un morceau de peau de mouton et dissimulées dans le mur du cimetière, entre deux pierres –, personne ne les connaissait. Je n'allais jamais les voir – à quoi bon, qu'en aurais-je fait ? – mais je savais qu'elles étaient là ; c'était un secret que je gardais jalousement et que je ne pouvais partager avec personne, mais qui était toujours présent en moi, que je prépare des salaisons avec Maman dans la cuisine, que j'épluche des coings avant de les mettre en conserve, que je sois assise près de la chaise de Papa avec, sur les genoux, une taie d'oreiller à laquelle je faisais un ourlet, ou encore que je serve le café aux visiteurs dont j'endurais d'un air absent les questions et la curiosité.

Le petit paquet caché entre les pierres du mur, dont personne ne connaissait l'existence, les souvenirs dont je ne parlais à personne, la clarté de l'eau de la source à Basters-fontein, le toit de chaume et les poutres qui s'affaissaient sur les murs en ruine, Sofie dans sa robe noire étincelante au milieu de la piste de danse, Pieter riant au soleil sur le tas de foin avec son corps si pâle, le reflet de la lune sur le sol de la chambre et les paquets de brume qui dévalaient le ravin, la pierre qui se détachait sous mon pied et roulait sous mes pas, volant de corniche en corniche et d'une paroi rocheuse à l'autre avant de se perdre dans les profondeurs insondables et invisibles du ravin devant moi. La nuit, parfois, je m'éveillais en sursaut, prise d'une soudaine angoisse et, dans la maison endormie, je restais éveillée tout comme maintenant, surprise par cette angoisse dont je ne m'expliquais pas la raison et que je ne comprenais pas. Il y a trente ans, quarante ans, et même davantage, j'étais déjà couchée dans ce même lit, dans cette même chambre ; désormais je n'ai plus rien à craindre, il ne me reste plus qu'à me souvenir et, lentement, à commencer à comprendre.

C’est à cette époque que Pieter revint.

Un matin, alors que je m’affairais dans la cuisine, nous entendîmes arriver un cavalier; un métis, que nous ne connaissions pas, nous dit qu’il était porteur d’une lettre et insista obstinément pour la remettre en mains propres à Papa et à personne d’autre. Je le fis entrer au salon où Papa se reposait; en lui donnant la lettre, il insista tellement sur le fait qu’elle lui était destinée, à lui et à personne d’autre, que ce message devait manifestement faire partie de la mission qu’on lui avait confiée. D’ordinaire, c’était moi qui lisais les lettres que recevait Papa, mais cette fois-là il ne me demanda rien, et je retournai à mes tâches ménagères. Au bout d’un moment, Maman vint nous dire de préparer quelque chose à manger à l’inconnu et tira la porte du salon derrière elle.

Je ne veux plus me souvenir.

Quand la première grisaille du jour poindra-t-elle à travers les volets de bois? Quand le premier coq chantera-t-il, pour que je sache enfin quand cette nuit touchera à sa fin, pour que je sache que cette nuit-là, comme les autres, touche à sa fin? Combien de fois ne suis-je pas restée couchée ainsi sans pouvoir dormir dans cette chambre obscure, dans ce lit, terrifiée par toutes ces choses que je ne comprenais pas lorsque j’étais enfant et, maintenant que je suis vieille, terrifiée par tous ces souvenirs qui me submergent sans que je puisse me défendre, toutes ces choses dont je suis contrainte de me souvenir et que je préférerais oublier? Je ne veux pas me souvenir.

La table près de laquelle je me tiens, un couteau à la main, la femme qui aide à la cuisine et s’agenouille pour raviver le feu moribond, la vieille Dulsie dans son coin habituel près de l’âtre – c’est assez, c’est déjà trop. Au-dehors, pendant que je lui prépare à manger et lui verse du café, j’entends l’homme qui emmène son cheval pour le desseller et le nourrir, le tintement du harnais et le bruit des sabots. C’est déjà beaucoup trop, comme une ombre dans la cour, comme un moutonnement de nuages cachant le soleil, comme l'ombre sur mes mains ou sur le plateau usé de la table de la cuisine. C'est déjà trop loin ; il est déjà trop tard.

Lorsque l'homme vint s'asseoir à table, la vieille Dulsie, qui avait remarqué dans un de ses moments de lucidité qu'il était étranger, tenta de le questionner, mais il se montra revêche, peu enclin aux confidences. Il dit qu'il venait de plus loin encore que Hopetown et que son maître l'avait envoyé porter cette lettre, mais pour le reste nous ne pûmes rien en tirer – il ne daigna même pas nous révéler le nom de son maître. Je les écoutais d'une oreille distraite, car les affaires de Papa ne me concernaient pas et les sujets de conversations de mes parents au salon, derrière la porte close, ne me regardaient pas, sauf lorsqu'ils avaient besoin de moi pour leur lire une lettre ou rédiger une réponse. Cette fois-là, cependant, personne ne fit appel à moi et ce n'est qu'au bout d'un long moment que Maman vint nous dire de préparer un casse-croûte pour Papa et d'atteler la calèche ; Papa, qui ne quittait plus jamais la ferme sauf pour se rendre au culte au village et ne sortait de la maison que pour aller jusqu'à l'enclos en traversant la cour appuyé sur sa canne, partit le matin même avec l'inconnu sans que nous eussions appris quoi que ce fût sur lui, ni sur le but de sa visite.

Dulsie, visiblement contrariée, ressassa l'événement en marmonnant pendant des journées entières, sans réussir toutefois à en savoir davantage – mais comme je l'ai dit, ce n'étaient pas mes affaires. Poser la bouilloire sur le feu pour faire bouillir l'eau, démouler le pain et tâter le fer à repasser pour voir s'il était assez chaud, voilà quelles étaient mes tâches dans la vie, et ces tâches étaient toute la mesure de mon existence. Parfois, le torchon, le fer à repasser ou la poêle à la main, je levais les yeux et distinguais, par une fenêtre ou une porte ouverte, le vaste monde qui s'étendait au-delà des murs de la maison, ou bien je contemplais depuis la cour l'horizon infini derrière les bâtiments de la ferme, le scintillement des lacs, et il m'arrivait alors, parfois, d'oublier un instant – mais un instant seulement – ce que j'étais en train de faire. Les vieilles dames qui venaient voir Maman disaient que j'étais une gentille fille, une fille modèle, une vraie bénédiction dans la maison, surtout maintenant que Papa avait de plus en plus besoin d'aide, puis elles me gratifiaient d'un coup d'œil rapide avant de détourner le regard et de parler d'autre chose, car pour elles, les chances que je me marie un jour étaient minces. Que leur répondait Maman ? Je ne sais pas ; en admettant que j'aie jamais entendu sa réponse, j'ai sans doute préféré l'oublier. Je tournais le dos à l'horizon, regagnais la maison avec les œufs que j'étais allée chercher ou le linge que j'avais mis à blanchir, et si mes yeux, un court instant, étaient éblouis par le soleil, cela n'avait guère d'importance car je connaissais mon chemin par cœur, pièce par pièce, partout où mes tâches m'appelaient. Avant, quand Maans était petit, je faisais souvent de longues marches avec lui dans le veld, mais je n'avais plus désormais aucune raison d'aller me promener. Les fleurs qui tapissaient les collines au printemps, le vent qui soufflait de plus en plus fort sur les crêtes des montagnes, les traces des chèvres dans la boue près de la source – je faisais demi-tour, rentrais, franchissais le seuil usé de la maison où mon devoir m'appelait tandis que mes yeux, dans l'obscurité soudaine, conservaient encore un instant l'image de l'horizon. J'étais une gentille fille, une bénédiction pour Papa et Maman dans la maison.

Maman, bien entendu, ne nous donna jamais la moindre explication sur ce qui était arrivé, mais un jour elle nous ordonna de ranger la chambre de bonne où dormait autrefois Pieter et de faire le lit – depuis son départ, personne n'avait été autorisé à l'utiliser ; Coenraad, je l'ai déjà dit, couchait dans la grange. C'est là, dans cette chambre, que Pieter s'installa. Maman défit sans un mot les coutures du vieux costume de Papa, coupa les pièces de tissu et, toujours sans rien dire, le retailla aux mesures de Pieter car, si Papa était solidement charpenté, Pieter était plus maigre que jamais. On lui donna quelques vêtements, quelques couvertures de peau, un rasoir et une écuelle en fer-blanc, car il était arrivé sans rien, et il se mit à table avec nous comme s'il n'était jamais parti.

Lorsque je regarde assez longtemps fixement devant moi, lorsque, profitant des faibles forces qui me restent, je me redresse sur les oreillers en tendant le cou, j'ai l'impression de voir, dans la pénombre, le rectangle de la fenêtre se détacher quand l'aube grise s'insinue dans la pièce par la fente qui sépare le châssis du volet. Le souvenir du point du jour et de l'aube naissante pénètre l'obscurité, s'imprime sur ma rétine et j'imagine, dans le silence parfait de la nuit alentour, en écoutant les battements du sang dans mes oreilles et le lent crachotement de ma respiration, entendre au loin le chant d'un coq. La jeune fille qui dort au pied de mon lit remue dans son sommeil – premier mouvement dans cette nuit figée et interminable –, cherche à tâtons ses chaussures sur le sol, cherche les allumettes pour allumer la bougie, et je suis un instant hébétée par la lumière soudaine de la flamme ; moi qui ai appris à voir dans le noir, voilà que la lumière m'aveugle. La longue nuit dans laquelle j'étais prise au piège est finie, je suis enfin libérée de ce flot incessant de pensées sur lequel je n'ai aucune prise et de ces souvenirs auxquels je ne peux échapper, enfin dégagée de l'obligation de répéter ces choses dont je ne veux pas me souvenir et de revivre ces événements que je m'étais forcée à oublier. Pieter est revenu, Pieter est mort, c'est tout, et c'est assez. Dans la cuisine, les femmes s'affairent ; je les entends qui bavardent, allument le feu et font bouillir de l'eau, puis elles s'approchent de moi, se penchent au-dessus de mon lit, et moi, sans défense entre leurs mains, je me cramponne à ces mots, à ces gestes et à ces soins qu'elles me dispensent sans enthousiasme mais qui, pour moi, sont une délivrance. Pieter est mort et repose au cimetière derrière la colline ; dans quelques mois, quelques semaines, plus tôt peut-être, peut-être même demain, on m'emportera moi aussi le long de l'étroit sentier pierreux et c'en sera fini. Je ne veux pas me souvenir. Si seulement j'arrive à tenir suffisamment longtemps, je serai sauvée.

Le temps, toutefois, n'est pas encore venu. La nuit est toujours aussi noire et dans le silence, au-delà de cette chambre, l'on n'entend aucun son : je suis couchée là, sans défense, livrée à la nuit, sans possibilité aucune de me soustraire au compte rendu que l'on exige de moi. La lumière vive me brûle la rétine : je vois, au-dehors, la maison où Maman attend, debout sur son ombre, je vois la calèche noire et Papa que l'on aide à descendre avec mille précautions. Voilà comment Pieter est revenu.

Bon, soit, cela ne s'est pas passé comme ça – enfin, pas tout à fait ; il y a encore tellement d'autres choses que je pourrais – que je *dois* – raconter. Le matin renaît devant mes yeux, la clarté du jour me brûle malgré l'obscurité et j'entends la voix de Maman qui appelle à l'aide. Qui tenait les chevaux, qui a aidé Papa à mettre pied à terre ? Nous n'avions d'yeux que pour lui, tout le monde voulait l'aider, lui souhaiter la bienvenue, l'emmener au salon, et nous nous dirigions déjà vers la maison, précédés de nos ombres, lorsqu'il se retourna à demi, comme s'il voulait donner un ordre concernant les chevaux ; nous l'imitâmes et regardâmes autour de nous. Voilà comment Pieter est revenu. Nous mîmes nos mains devant nos yeux pour nous protéger de la vive lumière du soleil, regardâmes autour de nous et aperçûmes, sous la capote de la calèche, un passager assis dans l'ombre. « Viens, Pieter ! » dit Papa d'une voix douce et affectueuse, comme s'il s'adressait à un enfant ; dans la calèche, la silhouette remua, pencha la tête et sauta à terre.

Pourquoi faut-il que je me souvienne, pourquoi faut-il qu'au soir de ma vie je sois contrainte de me souvenir ? J'avais pourtant vécu bien tranquille pendant toutes ces années, dans mon rôle de fille célibataire, de tante vieille fille, que ce soit à la ferme ou au village, dans notre maison, entre le Roggeveld et le Karoo, toujours un peu en retrait, toujours prête à rendre service si l'on avait besoin de moi. J'avais vécu bien tranquille, mais il fallait bien que cela prît fin un jour, après toutes ces années ; si l'on célèbre un jour un culte près de ma tombe, le pasteur trouvera sans peine les mots et les proverbes de circonstance pour retracer ma vie, et si l'on m'élève une stèle, la date de ma naissance et celle de ma mort suffiront à résumer les quelque soixante-dix années de mon existence. La trahison, la perte, je les ai oubliées, j'ai oublié que Pieter est parti et qu'il est revenu. Pourquoi faut-il que je me souvienne, précisément maintenant ?

Dans l'ombre, sous la capote, une silhouette se redressa en hésitant et, aveuglés par la vive lumière du jour, nous nous protégeâmes les yeux de nos mains et vîmes le passager assis près de Papa descendre lentement, puis apparaître au grand jour ; nous ne comprîmes pas tout de suite que c'était Pieter qui revenait.

C'était bien Pieter. Peut-être Maman s'y attendait-elle, mais pour ma part je ne me doutais de rien. Maintenant, je dis « Pieter » mais à vrai dire je ne sais pas ce qui m'a fait penser à lui. Près de la voiture, la tête baissée, les yeux rivés au sol comme s'il attendait des ordres, se tenait un étranger, un homme pauvrement vêtu, portant des vêtements trop grands pour lui et des chaussures usées : rien qu'en entendant Papa prononcer ce nom familier après toutes ces années, je sus que ce ne pouvait être que lui, qu'il était de retour, qu'il était enfin de retour : « Voici ta mère », dit Papa de la même voix douce ; Maman se dirigea vers lui et le prit dans ses bras. Il subit docilement l'accolade, sans paraître le moins du monde reconnaître qui que ce soit, et comme Papa me regardait d'un air de reproche, je m'approchai à mon tour, passai brièvement les bras autour du cou de l'homme, et j'embrassai mon frère, j'embrassai Pieter. Il était de retour. Il suffit ; je n'ai pas besoin de me souvenir d'autre chose.

Qu'avaient-ils dit aux voisins? Ils avaient dû trouver une explication quelconque, plus ou moins convaincante, plus ou moins crédible, plus ou moins véridique, mais cela ne s'était pas fait en ma présence; devant moi, jamais Papa ni Maman ne firent allusion au retour de Pieter, et jamais personne n'aborda ce sujet devant nous. Bien sûr, les langues se déliaient, et une sorte de légende finit par émerger des subterfuges, des mensonges, des rumeurs et des suppositions, une légende qui, avec le temps, finit même par remonter jusqu'à moi. Un jour que la conversation roulait sur l'extraction des diamants, Herklaas Vlok, s'adressant à Maans, évoqua au détour d'une phrase «son oncle Pieter et sa famille, là-bas, du côté de Barkly ouest[1]»; la deuxième allusion eut lieu des années plus tard – Papa et Maman étaient morts depuis longtemps –, lorsque Stienie, dans une conversation, mentionna elle aussi ce pauvre oncle Pieter qui avait tant souffert dans les mines de diamants. Peut-être ne faisait-elle que répéter quelque chose qu'on lui avait raconté et qu'elle avait pris pour la vérité, mais le problème est que ce n'était *pas* la vérité, que cela ne pouvait en aucun cas être la vérité, car ce n'est qu'*après* le retour de Pieter que l'on commença à découvrir des diamants le long du Vaal, *après* la mort de Papa que Coenraad partit à la mine et que Maans, lui aussi, envisagea d'y aller; lorsque Pieter revint, il n'était pas encore question de diamants, Coenraad habitait toujours chez nous et Maans était à l'école à Worcester. À l'époque où Stienie en parla, ces choses étaient déjà de l'histoire ancienne et la légende avait dû peu à peu gagner en crédibilité, mais Herklaas Vlok, en revanche, qui avait le même âge que moi, savait sans doute comment les choses s'étaient passées en réalité : pourquoi serait-il allé raconter des histoires à dormir debout? J'ai souvent réfléchi à

1. Petite ville minière sur le Vaal proche de Kimberley, dans l'actuelle province du Cap-Septentrional; centre de l'exploitation du diamant à partir des années 1870.

tout cela et me suis souvent demandé quelle était la part de la vérité dans toutes ces affabulations, sur quelle réalité reposait cette légende et ce qu'il en était vraiment de ces pérégrinations en pays bochiman et dans le Namakwaland, en direction de Grootrivier, avant qu'un inconnu, du côté de Hopetown, n'envoie son domestique chez nous pour prévenir Papa ; bien avant la mort de Pieter, je cessai de me tourmenter à ce propos car j'avais compris que tout cela n'avait aucun sens. L'important était que Pieter fût revenu ; il était revenu seul.

À son retour, il reprit possession de la chambre de bonne qu'il avait occupée après le mariage de Jakob. Il prenait ses repas avec nous et participait au culte familial, mais pour le reste on ne le voyait jamais dans la maison et on ne l'appelait pas lorsqu'il y avait des invités ; comme il était mal à l'aise lorsque nous recevions des gens qu'il ne connaissait pas, nous prîmes très vite l'habitude de lui faire porter ses repas dans sa chambre. Lorsque nous allions au village, il assistait au culte avec nous, mais logeait là aussi dans la chambre de bonne et évitait la maison quand il y avait des visites. Parfois, dans la rue, les enfants lui criaient dessus ou se moquaient de lui, mais peu à peu les gens finirent par l'accepter tel qu'il était, car il ne faisait de mal à personne. Lorsqu'on lui posait une question, une question banale sur des choses qu'il connaissait, il répondait aimablement, mais l'on avait souvent l'impression qu'il ne comprenait pas bien ce qu'on lui disait et il ne prenait jamais la parole le premier. Parfois, il semblait oublier totalement où il se trouvait et promenait un regard hébété autour de lui ; Papa lui touchait alors le bras et lui parlait à voix basse. À la mort de Papa, ce fut Maans qui prit la relève – Maans aussi avait beaucoup de patience avec Pieter, mais à l'époque ses absences étaient moins fréquentes, car il s'était peu à peu réhabitué à nous et nos habitudes ne lui étaient plus aussi étrangères. Bien qu'il reconnût les membres de la famille et nous appelât par nos prénoms, il ne donnait jamais l'impression de savoir véritablement qui nous étions, ni de se souvenir du passé qu'il avait laissé derrière lui, des années auparavant ; de fait, c'était un peu comme si nous avions chaque jour devant nous un étranger, un visiteur qui serait venu chez nous pour la première fois.

Maans n'allait pas très bien, et il n'était pas heureux à l'école. L'hiver, lorsqu'il était avec nous dans le Karoo, il venait parfois se plaindre auprès de moi ; je le consolais comme je pouvais, l'encourageais et l'aidais à apprendre ses leçons, mais il parlait peu, et je n'ai jamais vraiment réussi à savoir ce qui n'allait pas. Papa eût peut-être cédé, car l'absence de l'enfant lui pesait, mais Maman était intraitable et le renvoyait chaque fois à Worcester. Il cessa peu à peu de se plaindre et je me pris à espérer que les choses s'étaient arrangées, mais c'était simplement qu'il entrait dans l'adolescence et se confiait moins ; c'était déjà presque un jeune homme, qui commençait à se raser et préparait sa confirmation – c'est à l'occasion de sa confirmation qu'il reçut la montre en or de Jakob que Papa, depuis des années, avait mis de côté pour lui. Un jour arriva une lettre que, comme à l'accoutumée, je dus lire à haute voix à Papa et Maman, et dans laquelle Maans écrivait qu'il n'arrivait pas à apprendre, qu'il ne voulait plus continuer à aller à l'école et qu'il désirait aller au Cap pour y devenir soldat ; l'on dépêcha alors Coenraad avec la calèche pour aller le chercher à Worcester, et il revint à la ferme.

Papa fut ravi d'avoir de nouveau Maans à la maison – après tout, Maans était son seul petit-fils, il portait le même prénom que lui et était son héritier, alors que Coenraad, même après toutes ces années, demeurait un étranger, un employé ; quant à Pieter, hors quelques menus travaux de temps à autre, il ne savait pas faire grand-chose. Maans, en revanche, sous son air tranquille, était travailleur, un peu lent peut-être, mais consciencieux et fiable. Autant Jakob et Sofie brillaient comme des miroirs qui réfléchissent la lumière, autant ils pouvaient être tranchants comme des morceaux de verre brisés qu'il valait mieux éviter de toucher sous peine de se blesser, autant Maans, lui, était d'une opacité totale et présentait la surface terne d'une glace sans tain sur laquelle le mercure ne réfléchit presque rien ; à vrai dire, il tenait de Papa, qui l'aimait beaucoup. Il obéissait aux instructions, exécutait toutes les tâches qu'on lui confiait et, lorsque nous allions au village, c'était lui qui conduisait la carriole ou le chariot, et l'hiver, il organisait le voyage dans le Karoo avec Coenraad ; quant à ce qu'il pensait ou ressentait réellement, personne n'en a jamais rien su.

Ce fut après le retour de Maans de Worcester que Maman fit venir les verres du Cap, deux douzaines de petits verres en cristal et deux carafes de décantation que nous déballâmes et rangeâmes à la maison, au village, car nous recevions de plus en plus – il y avait pas moins de vingt-quatre chaises alignées contre le mur du grand salon. Nous invitions régulièrement les membres du conseil presbytéral, les diacres et leurs épouses, et leur servions du vin doux. Je revois encore toutes ces vieilles dames étudiant les verres et les carafes, le grand buffet et les rideaux neufs, et faisant l'inventaire de tout ce qu'elles commenteraient ensuite jusque dans le moindre détail. Je crois que les dernières années, Papa aurait préféré rester à la maison, mais comme nous allions régulièrement au village pour les cultes avec Sainte Cène, nous recevions les membres du conseil presbytéral et les diacres accompagnés de leurs épouses.

Lorsque Maans atteignit l'âge de la majorité, en revanche, c'est à la ferme que nous invitâmes tous les habitants du district ; l'on dansa, comme avant sa naissance, lorsque ses parents venaient tout juste de se marier, mais cette fois la fête fut encore plus grandiose. C'est que dans l'intervalle, bien des choses avaient changé : nous avions plus d'argent qu'avant, et nous éprouvions davantage le besoin de le montrer. Ce n'est que maintenant que je me rends compte que si les gens étaient venus en aussi grand nombre, c'était pour rendre hommage à Papa personnellement – non pour Maans, qu'ils n'avaient que rarement revu depuis qu'il était parti en pension dans le Boland, et encore moins pour notre famille. Si j'ignorais jusque-là à quel point nous étions mal vus de nos voisins, ce soir-là, je fus bien obligée de m'en apercevoir : passant inaperçue au milieu de la foule, je saisis au hasard, comme souvent, des mots, des phrases, des regards hautains et des haussements d'épaules méprisants. Les gens avaient de l'estime pour Papa, appréciaient notre hospitalité et buvaient de bon cœur à la santé de Maans, mais leur présence n'impliquait de leur part aucune obligation et ne signifiait pas qu'ils nous acceptaient. Nous restions en dehors de leur petite communauté étroitement soudée, avec ses mariages consanguins, ses disputes, ses problèmes de voisinage et ses cancans. Notre arrogance obstinée, notre attitude hautaine et les rumeurs qui couraient sur notre famille nous plaçaient irrémédiablement à l'écart, et nous étions aussi sûrement exclus de leur petit cercle que je l'étais moi-même du groupe de filles qui attendaient en pouffant qu'on les invite à danser et qu'on les demande en mariage.

Je me sentis une fois de plus étrangère dans cette maison pleine de monde ; les chandelles de suif qui brûlaient un peu partout sur les tables, les coffres et les appuis de fenêtres rendaient l'atmosphère étouffante, et lorsque tout à trac le petit Jasper Esterhuysen se planta devant moi et me posa en bafouillant une question d'un air complètement ahuri, je ne compris pas tout de suite ce qu'il me voulait et le fis répéter, jusqu'à ce que je m'aperçoive que la musique avait commencé et qu'il m'invitait à danser une valse. « Non, non merci, marmonnai-je sans savoir ce que je disais, je dois aller chercher quelque chose à manger pour mon frère » ; terrifiée, je m'enfuis à la cuisine et, tandis que j'essayais de me frayer un chemin parmi la foule, je le vis qui s'en retournait dire à la vieille Mietjie, sa mère – c'était elle qui l'avait envoyé –, que je ne voulais pas danser. Je restai longtemps dans la cuisine : il n'y avait là que quelques domestiques venus avec les invités et la vieille Dulsie, que le bruit empêchait de dormir. Quel frère ? me demandai-je en me remémorant le mensonge que je venais de servir à Jasper. Après tout, Jakob était mort, Pieter était parti pendant longtemps, j'avais simplement cherché un prétexte pour me débarrasser de lui.

Je m'affairai sans but précis autour du foyer, sans prêter attention à la musique qui nous parvenait du salon, aux bruits de pieds, aux cris des danseurs, ni aux rires des domestiques qui se pressaient à la porte. «Jakob s'est trouvé une femme dans le Karoo», marmonna tout à coup Dulsie qui somnolait dans son coin; je me souvins alors comment Jakob avait soulevé Sofie du chariot à son arrivée, et comment elle resplendissait telle une flamme sombre au milieu des danseurs. À l'époque, je n'étais encore qu'une enfant qui vivait dans l'ombre des adultes, et tous ces visiteurs, cette agitation, ce bruit, ce monde tout neuf que je découvrais m'enthousiasmaient, mais désormais tout cela était bien fini; je savais désormais que ce monde n'était pas pour moi, que jamais je ne serais l'une de ces filles qui riaient sottement et que les garçons invitaient à danser, ni l'une de ces femmes mariées alignées le long du mur du salon. Seul Jasper Esterhuysen, qui titubait toujours sur le plancher du salon, avec ses cheveux pommadés aplatis sur son crâne qui retombaient en accroche-cœur sur son front, voulait encore de moi – et encore, c'était la vieille Mietjie qui me l'avait envoyé. J'avais déjà trente ans bien sonnés, et les occasions qui s'étaient présentées à moi – si tant est que l'on puisse appeler cela des occasions – s'étaicnt évanouies sans crier gare.

Il faut que j'apporte à manger à Pieter, me dis-je en moi-même; j'attrapai un morceau de gâteau et un verre de vin, traversai la cour, passai devant les carrioles dételées et me dirigeai vers sa chambre. Il était assis dans l'obscurité sur son lit de camp : « Merci, petite sœur », me dit-il – il avait appris à m'appeler ainsi, petite sœur ; comme il ne bougeait pas, je posai le tout sur le lit de camp et m'assis à côté de lui, peu désireuse de retourner à la maison. Par la porte de la chambre ouverte nous distinguions les fenêtres faiblement éclairées de l'autre côté de la cour, et entendions les voix et la musique. L'air absent, Pieter regardait, écoutait – la musique éveillait-elle en lui des souvenirs ? L'entendait-il, se souvenait-il de quelque chose ou bien n'avait-il plus ni pensées, ni souvenirs, et attendait-il simplement l'heure d'aller se coucher ? C'était impossible à dire : là où il était, personne ne pouvait l'atteindre. Bien qu'il fût de retour depuis des années, c'était la toute première fois, ce soir-là où tout le monde nous avait oubliés, que nous passions lui et moi un moment seuls tous les deux ; jamais encore nous n'avions eu l'occasion de nous rapprocher, un moment d'intimité, la possibilité d'un geste, d'une question. Que s'était-il passé ? Où est Sofie ? Voilà les questions que je brûlais de lui poser, mais les mots ne venaient pas. Nous restâmes un long moment assis côte à côte en silence, jusqu'à ce que des détonations et des cris d'allégresse devant la maison me fissent sursauter. Maman devait se demander où j'étais. Lorsque je me levai, Pieter garda les yeux baissés et ne répondit pas tout de suite lorsque je lui souhaitai bonne nuit, comme s'il devait tout d'abord longuement soupeser mes paroles.

Je regagnai les fenêtres éclairées et la musique et me faufilai le long du mur de l'écurie, prenant garde à ne pas me cogner aux calèches ; je me rappelle avoir trébuché sur le timon d'une voiture, m'être rattrapée de justesse au garde-boue pour ne pas tomber et avoir entendu des voix dans la grange obscure où dormait Coenraad : une voix basse d'homme et un rire de femme. Pourquoi me souviens-je tout à coup de ces détails comme s'il s'agissait de quelque chose d'important ? L'obscurité, la musique, la lueur des bougies derrière les fenêtres et moi, trébuchant et tombant à genoux sur le timon, le bord lisse et dur du garde-boue sous mes doigts. Quelque chose bougea dans l'obscurité ; quelqu'un sortit, longea la voiture sans me voir, s'immobilisa un instant, puis une silhouette féminine se dessina à contre-jour sur la façade. Elle remit rapidement de l'ordre dans ses cheveux, lissa sa robe, puis traversa la cour, regagna la maison, et ce n'est que lorsqu'elle baissa la tête pour franchir le linteau de la porte de la cuisine que je reconnus, grâce à la bougie posée sur la table, la toute jeune épouse du vieux Thys Breedt. C'était un monde étrange dans lequel je n'avais aucune place et il ne m'appartenait pas de m'interroger sur une scène dont j'avais été témoin par hasard ; j'attendis une minute ou deux, immobile dans l'obscurité, mais dans la grange tout était calme. Je traversai discrètement la cour et, arrivée sur le seuil de la porte de la cuisine, je penchai la tête en passant sous le linteau. Sur la table, la bougie brûlait, immobile, dans son coin la vieille Dulsie s'était endormie.

Il se faisait tard et certains invités s'apprêtaient à prendre congé, mais dans le salon l'on dansait toujours. Maman, assise avec les femmes, droite comme un I dans sa robe noire toute neuve, leva les yeux, et je sus que j'avais deviné juste : elle m'avait cherchée. « Je suis allée porter un peu de vin à Pieter, Maman, dis-je. – C'est bien, ma fille », me dit-elle avec une gentillesse inhabituelle devant tous ces gens venus fêter avec elle la majorité de son petit-fils ; à côté d'elle, la vieille Mietjie Esterhuysen hocha la tête en signe d'approbation et sourit. « Va voir si ton père n'a besoin de rien, mon enfant », ajouta-t-elle de la même voix douce ; je sortis de la maison, me dirigeai vers l'endroit où Papa était assis et fumait en compagnie de quelques autres messieurs, dont le vieux Thys Breedt, de la ferme de Fisantkraal, qui racontait l'une de ses interminables histoires que plus personne n'écoutait. Papa se contenta de me sourire. Je m'apprêtais à rebrousser chemin lorsque je me pris les pieds dans les béquilles du vieux Thys, qui étaient appuyées contre sa chaise et que je n'avais pas vues. Où est donc sa femme ? me demandai-je tout à coup, tout en me baissant pour ramasser les béquilles et les remettre à leur place. Je revins vers la maison, inspectai pièce après pièce tous les visages dans la lumière tremblotante des bougies et la poussière, et l'aperçus enfin en compagnie de plusieurs autres jeunes femmes, lissant ses cheveux d'un geste furtif. Pourquoi voulais-je savoir où elle était ? Je ne sais plus, si tant est que je l'aie jamais su ; je me souviens seulement du bord lisse et dur du garde-boue sous mes doigts, et de cette jeune femme qui riait.

Comment se fait-il que je me souvienne avec autant de précision de cette soirée organisée pour la majorité de Maans, du petit Jasper Esterhuysen, de la vieille Mietjie, de l'obscurité de la chambre de Pieter, de Dulsie près du feu dans la cuisine et des voitures garées dans la cour ? Tous ces gens sont morts depuis longtemps, cette soirée a sombré dans l'oubli, et pourtant je me souviens du moindre détail, alors que je serais bien incapable de dire comment s'est déroulée la réception de mariage de Maans et Stienie et que tous les bals de Nouvel An, tous les anniversaires et tous les mariages des années suivantes ont disparu depuis longtemps de ma mémoire. C'est à l'occasion de cette soirée de Nouvel An où Jakob nous avait présenté Sofie comme sa femme, et aussi lors de cette fête en l'honneur de la majorité de Maans, lorsque Helena Breedt avait penché la tête pour pénétrer dans la maison et que je l'avais regardée se lisser les cheveux en riant à travers le fin nuage de poussière dans le halo de la bougie, que je compris que je n'aurais jamais ma place parmi ces gens, et que je ne jouerais jamais aucun rôle dans leur vie.

Ce soir-là, les jeunes hommes, pour s'amuser, avaient fait boire Maans plus que de raison et ce dernier, qui n'avait pas l'habitude, fut tellement malade qu'il fallut le porter dans la grange et l'allonger sur le lit de Coenraad, car la maison était bourrée à craquer. Je ne sais où était Coenraad ; je ne l'avais pas vu de toute la soirée. Je suis restée auprès de

Maans, pour le cas où il aurait besoin de quelque chose, et je suppose que je me suis endormie sur la chaise où j'étais assise, à côté de son lit, car je me souviens d'avoir été réveillée à l'aube par le bruit des calèches que l'on attelait et les voix des derniers invités qui prenaient congé ; je regardai par la fenêtre d'un air hébété, m'attendant presque à voir Gert et Jacomyn danser dans la lumière du jour naissant au son du violon, mais il n'y avait personne. Je me levai, sortis dans la lumière vive du matin et vis les voitures à cheval qui s'éloignaient ; je sus alors que j'étais à nouveau en sécurité, enfin à nouveau en sécurité.

Cet hiver-là, peu avant notre migration annuelle vers le Karoo, nous eûmes la visite de Jasper Esterhuysen qui venait porter quelque chose à Maman de la part de la vieille Mietjie. Il resta déjeuner avec nous et s'attarda encore un peu après le repas. Je n'eus pas l'occasion de parler beaucoup avec lui mais, au moment de partir, il retint un instant ma main dans la sienne, qui était petite et molle, et me dit qu'il espérait me revoir dans le courant de l'hiver. Je répondis que non, que cette année-là nous n'irions pas dans le Karoo à cause de la santé de Papa, et que Maans descendrait seul avec les moutons ; puis je pensai à autre chose.

Cette année-là, nous eûmes enfin notre propre pasteur. L'installation eut lieu au printemps, et nous nous rendîmes au village pour l'occasion – Papa aussi, bien qu'il dût faire le voyage couché sur la banquette arrière, appuyé sur des coussins ; peut-être pensait-il qu'après toutes ces années d'attente il se devait d'être présent, ou peut-être souhaitait-il simplement être là pour souhaiter la bienvenue aux pasteurs itinérants qui logeraient chez nous. Je me souviens du zèle que Maman déploya pour préparer l'arrivée de ces hôtes de marque, et aussi des souffrances des domestiques, des explosions de rage dans la cuisine, des cris, des portes qui claquaient et des ustensiles qui volaient, exactement comme lorsque j'étais enfant, il y a bien longtemps. Dès que les invités commencèrent à arriver, tout s'arrêta comme par enchantement et longtemps après, les gens parlaient encore de l'accueil qu'ils avaient reçu chez nous. Quant à moi, je me souviens surtout de ces soudaines explosions de colère dans la cuisine, et aussi que Papa était si malade qu'il n'avait pu assister au culte, que les gens venaient le voir et que la maison ne désemplissait pas.

Lorsque tout fut terminé et que l'excitation fut retombée, il devint évident aux yeux de tous – même Maman dut l'admettre – que la fin était proche et que Papa serait incapable de faire le voyage de retour; cependant, comme il insistait pour rentrer à la ferme, l'on envoya Maans chercher le chariot et on le hissa à bord, couché sur son matelas; le trajet fut pénible et douloureux, mais il disait qu'il voulait mourir chez lui, à la ferme, et non au village, dans cette nouvelle maison qui lui était étrangère, et exceptionnellement Maman s'inclina. C'est ainsi qu'il mourut dans son lit et dans sa chambre, dans le lit où il était né et dans la maison qu'avait bâtie son père; Maman et moi nous relayâmes à son chevet. Je ne peux pas dire que je l'aie pleuré, car sa mort le libérait de la douleur qu'il endurait si patiemment depuis si longtemps; pourtant, une nuit que j'étais assise près de lui, seule dans la maison endormie avec la bougie de suif qui se consumait à petit feu dans le bougeoir, je me dis soudain qu'il était la seule personne qui m'eût jamais témoigné un peu d'amour ou d'affection – mis à part Pieter, longtemps auparavant, quand j'étais petite, et Sofie – et que maintenant tout cela était fini. J'entendis au loin crier un hibou et j'eus le même sentiment que lors de ce matin froid et argenté où, en arrivant près de la chambre de bonne, j'avais vu les invités s'en aller : le sentiment que quelque chose avait pris fin pour de bon.

Nous enterrâmes Papa au cimetière, derrière la colline, et Maans hérita de la ferme. C'est à cette époque que l'on découvrit des diamants dans l'intérieur du pays et, peu après les obsèques, Coenraad décida d'aller tenter sa chance à la mine : je me souviens qu'il partit de chez nous à pied, comme il était venu, et qu'il fourra toutes ses affaires dans un sac en toile de jute qu'il portait sur l'épaule. Les esprits s'échauffaient à cause de ces histoires de diamants, et après les obsèques, ce fut le principal sujet de conversation des hommes ; du jour au lendemain, Attie Keuler partit pour la mine avec quelques jeunes hommes du district de Fraserburg. Maans, lui aussi, parla de tenter sa chance, mais lorsqu'il aborda le sujet un soir, à table, Maman fit comme si elle n'avait rien entendu et il resta à la ferme. À peu près à la même époque, le vieux Wessel, son autre grand-père, mourut à son tour et Maans hérita de ses biens – de l'argent, d'après ce qu'en dirent les gens bien des années plus tard, ainsi que des fermes dans le Bokkeveld et dans la région de Ceres, dans le Karoo ; ses responsabilités et ses obligations augmentèrent, et il dut se rendre plusieurs fois à Worcester pour consulter des avocats.

Au bout d'un an ou deux Coenraad réapparut, sans que l'on pût dire s'il était plus riche ou plus pauvre qu'avant, mais il ne revint pas chez nous. Le vieux Thys Breedt était décédé peu de temps auparavant ; Coenraad épousa Helena et reprit la ferme de Fisantkraal. Ses affaires prospérèrent, car il était travailleur, et leurs enfants sont aujourd'hui des personnes respectées, mais d'après les dires des gens, Helena ne fut jamais très heureuse. Quant à Jasper Esterhuysen, il épousa la veuve de Danie du Plessis et ils vécurent à la ferme avec la vieille Mietjie. Cette dernière avait la réputation d'être avare, et comme le couple vivait chichement, les gens se moquaient souvent d'eux. Ils n'eurent pas d'enfants et à leur mort, tout ce qu'ils avaient péniblement amassé fut vendu.

Ce que le décès de Papa signifia pour Maman, je ne l'ai jamais su, car même au cours des toutes dernières années de sa vie, il n'y eut jamais entre elle et moi aucune intimité. Peut-être, à sa manière et sans s'en rendre compte, tellement cette émotion avait dû lui paraître étrange, pleura-t-elle l'homme avec lequel elle avait vécu pendant cinquante années de sa vie. Après sa mort, cependant, elle abandonna peu à peu la conduite de la ferme et, bien qu'elle gardât encore la haute main, prît des décisions et donnât des ordres, c'est à moi qu'elle délégua la plupart des tâches.

Elle commençait à vieillir – je suppose que c'est le mot juste, mais si j'hésite à l'employer, c'est à cause de la faiblesse et du déclin que l'on associe généralement à ce terme. Les années passant, une certaine douceur, une certaine tolérance tout à fait inhabituelles chez elle firent leur apparition ; elle se rabougrit légèrement, perdit quelques centimètres et devint plus calme. C'est peut-être aussi à cette époque qu'elle prit conscience des premiers signes de sa maladie, mais elle ne voulut jamais l'admettre, ni même en parler. L'on ne percevait toutefois chez elle aucun signe d'affaiblissement ni de relâchement, nulle trace de gris dans ses cheveux noirs, et son dos était toujours aussi droit. Maintenant que j'y repense, je m'aperçois avec étonnement qu'elle devait avoir près de soixante-dix ans, mais le feu, la passion, la fermeté et les colères soudaines ne s'atténuèrent pas pour autant. Cependant, après la mort de Papa, elle sembla vouloir se retirer du monde, comme si la maison et la ferme ne l'intéressaient plus et qu'elle jetât désormais son dévolu sur la nouvelle maison du village, où elle se rendait de plus en plus souvent et où elle séjournait même parfois plusieurs semaines de suite. Elle disait que maintenant qu'il y avait un pasteur, elle pouvait aller au culte tous les dimanches – mais assister au culte était-il vraiment si important pour elle ? Dans les mois qui suivirent le décès de Papa, la lutte pour conserver sa place au temple absorba la plus grosse partie de son temps et de son énergie et l'obligea à rester au village. Elle tenait par-dessus tout à conserver sa chaise au premier rang au temple, en compagnie des épouses des membres passés et présents du conseil presbytéral, ce qui déplut à beaucoup de membres de la paroisse, surtout parmi les femmes ; à la suite de ces querelles et de toutes les complications qui s'ensuivirent, certaines ne remirent plus jamais les pieds chez nous, mais en fin de compte le pasteur et le conseil presbytéral s'inclinèrent, et Maman conserva son siège.

La nouvelle maison était désormais le principal centre d'intérêt de Maman dans la vie, comme si l'ancienne, celle de la ferme, symbolisait les années de souffrances qu'elle préférait oublier. Je suppose qu'elle jouissait d'une certaine aisance matérielle – du moins, c'est ce que les gens croyaient, et elle-même donnait cette impression. Je me souviens des tasses à thé qu'elle avait fait venir de Worcester spécialement pour la nouvelle maison, l'année qui suivit la mort de Papa ; c'étaient de petites tasses blanches avec des bords dorés qui, tout comme les verres, les carafes en cristal et les tasses à café, devaient être lavées en sa présence dans le baquet en bois et qu'elle enfermait ensuite sous clef dans le buffet. Lorsqu'elle était au village, elle recevait volontiers et la maison était toujours pleine de visiteurs, dont certains passaient la nuit chez nous : le pasteur, qui venait souvent et restait régulièrement pour dîner – il était célibataire, – et la vieille Mme Aling, venue passer quelque temps chez son fils et avec qui Maman s'était liée d'amitié ; les allées et venues s'intensifièrent entre notre maison et le presbytère, situé un peu plus loin dans la rue adjacente – nous échangions des petits mots, des cadeaux, du beurre, des œufs ou de la confiture que nous faisions porter par les domestiques.

Parfois, lorsque j'entrais dans la pièce où elles étaient en train de bavarder, les deux vieilles dames faisaient soudain silence ; de même, certains soirs, dans la grande salle à manger, lorsque le pasteur venait dîner, un silence inhabituel s'abattait tout à coup sur l'assistance. C'est alors que je prenais conscience de la fraîcheur du soir, du halo de la lampe sur la nappe blanche, du tintement des couteaux et des fourchettes contre les assiettes, et je me sentais menacée sans savoir pourquoi. « C'est un homme extrêmement dévoué », déclarait parfois Maman avec aplomb, comme pour le protéger par avance contre tout reproche, toute critique – « il s'occupe beaucoup de sa mère ». Je le vis alors exactement tel qu'elle le voyait : le costume de drap, la robe avec les bandes de velours et la collerette blanche empesée, les mains douces et cette voix légèrement traînante qui le distinguaient des autres hommes, la famille aisée originaire du Boland, les études à l'étranger, la maison d'angle à pignon où il vivait, les moutons et la farine qu'il recevait de la paroisse, l'érudition et le statut social. Un jour, j'entendis les vieilles dames qui venaient prendre le café avec Maman faire des commentaires sur son état de santé et sur le fait qu'il vivait seul, et spéculer sur un mariage éventuel : « Il a déjà vingt-cinq ans », fit remarquer la vieille Gesina Nel, puis, se tournant vers moi – j'étais assise un peu à l'écart du petit groupe –, elle me jeta un regard inquisiteur : « Dis-moi, quel âge as-tu, toi, maintenant ? » Assises en demi-cercle, les mains jointes, toutes ces femmes se mirent soudain à me jauger, du même œil que celui avec lequel elles examinaient les carafes en cristal et les tasses à bords dorés ; je les voyais s'efforcer de calculer combien d'années je pouvais avoir de plus que lui et si la différence d'âge était trop grande ou non, et j'éprouvai la même angoisse que le soir où la vieille Mietjie Esterhuysen m'avait dépêché Jasper sur la piste de danse. C'était un jeune homme calme, pâle et chétif qui m'intimidait avec sa voix et ses mains douces, ses moments de distraction et ses silences inexpliqués. Qu'espérait donc Maman ? Pendant tout un temps il y eut des visites de part et d'autre, des échanges de petits mots et d'invitations, il vint régulièrement chez nous, puis sa santé déclina, il tomba gravement malade, et quelques années plus tard il démissionna, retourna dans le Boland, cessa d'exercer et ne se maria jamais. Maman ne parla plus jamais de lui. En revanche, elle redoubla d'efforts pour décorer la maison, et c'est ainsi que nous eûmes le privilège insigne, dans le salon et dans la salle à manger, de nous éclairer grâce à des lampes à paraffine posées sur des supports en cuivre, cela à une époque où seuls le temple et le presbytère en étaient équipés.

Les femmes me jaugèrent un instant du regard mais il était clair que je ne trouverais pas grâce à leurs yeux ; les possibilités qui avaient germé de manière fugitive dans leurs esprits s'évanouirent aussitôt : manifestement je ne faisais pas l'affaire, même pour M. Aling. J'étais la vieille fille célibataire restée auprès de sa maman, et après le départ du pasteur Aling il ne vint plus à l'idée de personne que la vie pût me réserver autre chose. Parfois, un vieillard ou un paysan de la région venait encore me consulter pour que je lui déchiffre un document, que je lui lise ou que je lui rédige une lettre, mais ces visites se faisaient plus rares depuis que nous avions un pasteur, et se réduisirent encore, plus tard, lorsque nous eûmes aussi un magistrat. Au temple, j'étais seule sur mon banc tandis que Maman prenait place parmi les épouses des membres du conseil presbytéral. En ce qui me concerne, donc, l'affaire était réglée, et tous les projets d'avenir, si tant est qu'il y en ait eu, tournaient désormais autour de Maans : l'on envisageait encore bien en passant, de temps à autre, de me marier au pasteur Aling, mais c'était loin d'être une priorité ; les tasses à bords dorés, les lampes à paraffine, les réceptions au village dans la nouvelle maison et les grandes réunions qui avaient lieu à la ferme à intervalles réguliers avaient désormais pour objectif premier de trouver à Maans une fiancée digne de lui, qui correspondît aux critères sévères formulés par Maman.

C'est à cette époque que je m'aperçus que le nom de Maans revenait sans cesse dans la bouche de Maman au cours des conversations, surtout lorsqu'elle recevait des visiteurs, Maans par-ci, Maans par-là, voire pour les gens qui ne le connaissaient pas : *mon-pe-tit-fils* – elle prenait bien soin de détacher chaque syllabe et, lorsqu'elle parlait de lui, elle avait toujours dans la voix une certaine suffisance qui devait leur sembler d'autant plus étrange qu'elle ne reposait sur rien de concret. « Ça, gloussa le vieil Andries Nel un dimanche matin en étouffant un petit rire à la sortie du temple, elle aura bien de la chance, la fille qui tombera sur Maans » ; ces paroles déchaînèrent les rires entendus des badauds. Comme souvent, je n'en compris pas tout de suite le sens, pas plus d'ailleurs que la réaction qu'elles avaient suscitée, mais je commençai à saisir la raison pour laquelle les parents qui avaient des filles adolescentes rendaient visite à Maman, pourquoi il régnait une telle tension tandis qu'elle observait et jaugeait les jeunes filles du regard, et pourquoi il lui arrivait de réagir avec une virulence excessive lorsque quelqu'un mentionnait en passant un nom au cours de la conversation : il s'agissait probablement d'une personne qu'elle avait rejetée définitivement et qui ne retrouverait jamais grâce à ses yeux. Moi qui, dans mon innocence, n'avais jamais vu en Maans que le fils de mon frère, le jeune paysan sobre, consciencieux et dur à la tâche, je le vis soudain, à travers le regard de nos voisins, comme le petit-fils célibataire qui venait d'hériter coup sur coup de ses deux grands-pères et pouvait prétendre épouser n'importe quelle jeune fille, pour peu qu'elle eût l'heur de plaire à Maman. Je ne crois pas que Maans lui-même ait eu son mot à dire dans cette affaire – si tant est qu'il ait eu des désirs ou des rêves, il ne les avait jamais exprimés. Je savais qu'il voulait devenir soldat parce que c'était moi qui avais lu la lettre qu'il avait adressée à Papa et à Maman, et c'est parce que j'étais présente le jour où il en avait parlé à Maman que j'ai su qu'il voulait partir chercher des diamants, mais par la suite il ne parla plus jamais de ce genre de choses : c'était un jeune homme aimable et souriant, agréable et réservé, qui ne partageait ses pensées avec personne. Il avait tendance à marcher tête baissée et, lorsqu'il levait les yeux, il détournait légèrement le regard de côté ; s'il devait absolument regarder quelqu'un en face, ses yeux se voilaient comme s'il craignait de se trahir. À l'époque, il était encore jeune; avec les années, ces choses-là aussi ont changé.

Maans avait-il jamais regardé franchement quelqu'un droit dans les yeux, quelqu'un avec qui, en dépit de son bégaiement, de ses hésitations, il ait trouvé les mots pour exprimer ce qu'il ressentait? À vrai dire, je ne sais pas grand-chose de lui, car j'étais souvent au village avec Maman; même à la ferme je ne le voyais pas beaucoup, car la plupart du temps il était occupé et, en présence de Maman, il ne sortait jamais de son rôle de petit-fils attentionné. Avait-il des amis avec lesquels il bavardait à la sortie du culte ou lors des réunions, avec lesquels il allait se promener à la tombée du jour, le long de la grande rue rectiligne, là où l'eau scintillait dans le canal d'irrigation?

Je me revois dans le jardin, contemplant l'eau qui coulait dans la rigole. Quoi d'autre encore? Un jour, au printemps, un an ou deux après la mort de Papa, Maans était venu nous chercher pour aller au culte; ce doit être ce soir-là dont je me souviens maintenant. Nous avions fait aménager un potager le long de la maison et j'avais planté devant la véranda quelques fleurs que j'essayais de maintenir en vie; je me revois dans le jardin, regardant l'eau couler dans le canal. Comment se fait-il que je me souvienne tout à coup d'une soirée à laquelle je n'ai plus pensé depuis quarante ans? C'était un soir de printemps, au crépuscule; l'air glacial du Roggeveld s'était momentanément radouci, la lumière du soir gommait l'austérité du nouveau village et des collines environnantes et teintait d'une couleur éphémère la grisaille ambiante. Je revois le blanc des tentes et des bâches des chariots regroupés autour du temple et de la place du marché, où les fidèles avaient garé leurs véhicules après les avoir dételés, et au loin la lueur des feux de camp, de l'autre côté des maisons éparses, la fumée suspendue au-dessus des toits, j'entends les voix des adultes et des jeunes qui redonnaient soudain un peu de vie au silence, et les rires des jeunes gens, si rares au village. Quel sentiment s'était emparé de moi tandis que je déambulais seule dehors, dans le jardin, au lieu de rentrer dans la maison et de tirer la porte derrière moi ? Je ne sais plus ; cela fait trop longtemps, et je ne me souviens pas de tous les détails. Peut-être était-ce quelque chose de l'ordre de la nervosité, ou du désir – mais en fait non, je ne crois pas, car même s'il m'est jamais arrivé d'être troublée par de tels sentiments, depuis, le temps a fait son œuvre. Peut-être était-ce de l'ordre de la résignation à la paix du soir et à ma propre solitude ; peut-être était-ce déjà, confusément, un sentiment de liberté tandis que j'écoutais au loin les rires des jeunes gens, seule dans le jardin.

J'en étais là de mes réflexions lorsque Maman sortit sur la véranda ; elle me demanda où était Maans, mais je n'en savais rien, sans doute était-il avec les autres jeunes gens, perdu quelque part au milieu des voix et des silhouettes indistinctes. Des jeunes gens qui flânaient en bavardant aux alentours de la maison nous saluaient au passage, Maman debout sous la véranda et moi dans le jardin ; c'est alors que nous aperçûmes dans la pénombre, fermant la marche, Maans qui déambulait à pas lents, et la robe blanche d'une jeune fille ; ils s'arrêtèrent un instant, oubliant leurs camarades, puis la jeune fille se mit à courir pour rattraper les autres qui avaient continué leur route. Il était déjà tard et je m'apprêtais à rentrer, mais Maman demeura sous la véranda et se pencha légèrement en avant par-dessus la balustrade pour suivre du regard la robe blanche qui disparaissait dans la nuit tombante : c'était Nellie Vlok, une jeune fille modeste et aimable dont le père cultivait quelques arpents de terre et faisait aussi paître quelques moutons sur la propriété des Nel, à Elandsvlei. Je me souviens de Maans debout dans la rue devant la maison et, de l'autre côté du temple, du ciel d'un rouge grenat étincelant, des collines sombres qui se détachaient à contre-jour et de l'eau qui coulait toujours dans la rigole invisible dans l'obscurité. Maman demanda à Maans de rentrer et nous revînmes à la ferme dès le lendemain, bien que nous eussions prévu de rester au village plus longtemps.

Ce fut donc Stienie.

Son père, à ce qu'on racontait dans le district, avait de l'argent, même s'il n'en faisait pas étalage; il avait siégé plusieurs années au conseil presbytéral, bien qu'il fût un petit bonhomme d'apparence quelconque qui n'avait jamais grand-chose à dire. Sa femme était morte jeune, juste après la naissance de leur petite fille; et il ne s'était jamais remarié, mais il avait rempli sa maison de sœurs, de tantes et de cousines célibataires ou veuves pour élever sa fille et tenir son ménage. Dès la fondation de la paroisse, ces vieilles filles, qui s'étaient engagées en nombre dans les affaires de l'église, se mirent à papillonner autour du pasteur et rendirent régulièrement visite à Maman lorsque nous étions au village – je dis «vieilles filles» bien que la plupart ne fussent sans doute guère plus âgées que moi, mais comme elles étaient les invitées de Maman, leur âge m'importait peu. C'est à cette époque que Stienie commença à venir chez nous, lorsque des membres de sa famille rendaient visite à Maman. Je pensais que ce devait être bien ennuyeux pour elle de se retrouver parmi toutes ces femmes mûres, mais elle semblait parfaitement à sa place; c'était une jeune fille réservée, brune, plutôt ronde, qui parlait peu, faisait toujours preuve de la plus grande déférence envers les personnes plus âgées qu'elle et se précipitait toujours pour passer ceci, ramasser cela ou aller chercher ce dont on avait besoin. Je trouvais qu'elle en faisait trop, et son manque de naturel me donnait la chair de poule, mais cela venait sans doute de la manière dont elle avait été élevée, au milieu de toutes ces femmes. Maman lui donna sa bénédiction et déclara d'un air satisfait que la jeune fille avait reçu une excellente éducation.

Naturellement, personne ne me demanda mon avis – et pourquoi l'eût-on fait, puisque de toute façon ce que je pensais ne comptait pas? À supposer même que l'idée leur en fût venue à l'esprit, qu'aurais-je bien pu leur dire, sinon que cette jeune fille me mettait mal à l'aise avec ses assauts d'affabilité et ses belles manières ? Ce bref instant, cette impression fugitive – comment aurais-je pu l'exprimer par des mots, ou en faire comprendre l'importance à quelqu'un d'autre ? Je m'en souviens, néanmoins, et je crois même que c'est le premier véritable souvenir que j'aie de Stienie : un jour que j'étais assise au salon avec les invitées de Maman, j'avais levé les yeux de l'ouvrage de broderie que j'essayais de terminer tant bien que mal ; Stienie, en face de moi, ne se rendait pas compte que je l'observais. De quoi pouvaient-elles bien parler ? Sans doute de mariages, de décès et d'héritages, comme d'habitude, je ne sais plus, car je concentrais toute mon attention sur mon pitoyable ouvrage, ou bien sur quelque autre chose, mais non sur leur conversation ; pour autant que je sache, Stienie n'écoutait pas non plus, et ce que j'ai observé n'avait rien à voir avec la discussion. Je me souviens de son visage rond et pâle, de ses joues potelées, de ses petits yeux vifs et de ce trait rapide comme l'éclair qui traversa soudain son regard, que je serais incapable de décrire mais qui m'étonna chez une jeune fille par ailleurs calme et agréable. Avec le recul, si l'on me demandait aujourd'hui de trouver le mot juste, je pense que l'on pourrait peut-être parler de convoitise, mais je serais bien en peine d'expliquer ce que je veux dire par là : était-ce de la convoitise, de la cupidité, de l'avidité ? Ces mots me viennent à l'esprit spontanément, mais je n'arrive pas à trouver le terme précis. Ces choses qu'elle convoitait, quelles étaient-elles ? Les avait-elle jamais obtenues ? Était-ce tout ce qu'elle possède désormais – l'argent, les biens, les privilèges et la considération –, tout ce qui, même aujourd'hui, ne suffit pas à la combler et laisse sa faim inassouvie ? Pourtant, en cet instant où elle n'était pas sur ses gardes et bavardait dans le salon en compagnie de ces vieilles femmes, alors que personne – sauf moi – ne faisait attention à elle, en cet instant donc je perçus, derrière toute cette affabilité et toutes ces marques d'affection, une volonté et une détermination sans faille, et je sus qu'elle s'attacherait à la réalisation de ses désirs avec une passion et une ambition tout aussi bornées, tout aussi inébranlables que celles de Maman.

Ce fut donc Stienie, cette Stienie qui venait de plus en plus régulièrement chez nous lorsque nous étions au village – il faut dire que les cousines et les tantes étaient plus souvent au village qu'à la ferme ; elle frappait à la porte de la cuisine, déposait un petit mot, un message, un plat de coings et s'asseyait d'un air candide sur le banc près de la chaise de Maman pour bavarder. D'ordinaire, Maans était présent, car c'était toujours lui qui nous conduisait au village et nous ramenait à la ferme, et il lui fallait parfois attendre des journées entières parce que Maman ne cessait de différer son retour ; on le priait alors de raccompagner Stienie jusque chez ses parents, derrière le temple, afin de porter le plat qu'elle remportait ou le moulin à café qu'elle était venue emprunter, ou encore simplement parce que, le soir venu, Maman n'avait pas envie de faire seule le trajet du retour. Dès qu'ils étaient partis, la maison retrouvait son calme : Maman se penchait pour allumer la bougie et je tirais les rideaux. Dehors, il faisait déjà si sombre que je ne voyais plus ni Stienie, ni Maans – l'enfant que j'avais élevé, et perdu depuis si longtemps.

Ce fut donc Stienie ; le mariage eut lieu au temple du village, puis l'on organisa une réception dans la nouvelle maison, et non à la ferme comme on aurait pu s'y attendre. C'est sans doute Maman qui avait tout organisé, afin de bien montrer l'élégance de la nouvelle maison, mais il se pourrait aussi que ç'ait été une idée de Stienie ; au cours des fiançailles, elle avait commencé à exprimer des désirs et à poser des exigences, sans se départir toutefois de son air gracieux et docile. Quant aux souhaits de Maans, nul ne s'en souciait ; il transporta tout le matériel nécessaire de la ferme à la ville, subit sans broncher la cérémonie, les festivités, la queue-de-pie malcommode et les gants blancs, sans compter les moqueries et les quolibets des jeunes hommes, contre lesquels il était sans défense.

Ce fut donc Stienie. Pourquoi n'ai-je aucun autre souvenir de leurs fiançailles, ni du mariage lui-même ? Est-ce par hasard que l'on se souvient ou que l'on oublie telle ou telle chose, ou bien la mémoire a-t-elle ses propres règles insondables ? Une chose est sûre : ce fut un grand et beau mariage dont on parla pendant longtemps dans tout le district, mais le seul souvenir que j'associe à cet événement est celui de ces chaussons de soie usés que Stienie, longtemps après, donna un jour à l'une des domestiques en remarquant incidemment que c'étaient ceux qu'elle portait le jour de son mariage, comme si la chose lui était complètement indifférente. Pourtant, même après toutes ces années, d'autres souvenirs demeurent gravés dans ma mémoire tout comme au premier jour, même s'ils peuvent paraître insignifiants, tels ce regard furtif et affamé dans les yeux de Stienie ou le mouvement légèrement appuyé avec lequel elle se penchait pour ramasser le mouchoir que Maman venait de faire tomber, le scintillement de l'eau dans la rigole au crépuscule et la fraîcheur de la vitre contre l'extrémité de mes doigts lorsque, debout à la fenêtre, je fouillais l'obscurité du regard avant de tirer les rideaux. Le premier dimanche qui suivit leur mariage, ils vinrent au temple avec nous ; Stienie revêtit une robe qu'elle avait fait venir du Cap et dont l'étoffe rayée mauve et vert bruissait à chaque pas, et se coiffa d'un petit chapeau orné de plumes d'autruche et de rubans qu'elle rabattit sur son front – certes, c'était la mode cette année-là, mais ces couleurs, ce petit chapeau et ces plumes étaient bien trop élégants pour un petit village comme le nôtre. Elle en était d'ailleurs consciente, et c'est presque par défi qu'elle portait ces vêtements au temple, comme si elle voulait informer officiellement toute la paroisse de son nouveau statut et de sa prospérité ; elle me suivit jusqu'à nos places sans regarder quiconque, sachant fort bien que toutes les têtes se retournaient sur son passage. Était-ce là ce qu'elle désirait, pénétrer solennellement dans notre petit temple à toit de chaume, parée de ses atours de jeune mariée, de femme riche et élégante ? Était-ce là, provisoirement, toute l'étendue de son ambition ou bien n'était-ce, déjà à cette époque, que la première étape d'une route longue et solitaire dont elle ne connaissait pas elle-même le terme ?

# 5

En réalité, au fil des ans, seuls les visages autour de la table avaient changé, un simple renouvellement des ombres à la lueur de la bougie dans une maison où, pour le reste, tout était comme avant. Pieter revint, Papa mourut, Coenraad nous quitta et Stienie vint s'installer chez nous, mais le cours de nos vies demeura inchangé et nous continuâmes à cohabiter en silence. Nos pensées, nos projets, nos doutes et nos angoisses n'étaient jamais formulés clairement mais se manifestaient lentement, par des voies détournées.

Elle était très affectueuse – je veux dire par là qu'envers nous, qui vivions avec elle sous le même toit et qui étions sa nouvelle famille, elle fit toujours preuve de beaucoup d'affection. Elle appelait Maman «ma petite mamie», la prenait dans ses bras et lui faisait des câlins, chose que Maman tolérait et qu'elle appréciait peut-être, à sa manière. De même, très vite, Stienie prit l'habitude de m'appeler «Tantie»; c'était peut-être par affection, mais personnellement j'ai toujours ressenti ce terme comme légèrement condescendant, voire méprisant. Jamais cependant elle ne tenta de me prendre dans ses bras ni de me cajoler – je crois qu'elle ne s'est jamais sentie tout à fait à l'aise avec moi.

Dans l'ensemble, Stienie et moi vécûmes toujours en

bonne intelligence. Au début, et c'est bien naturel, elle cherchait encore sa voie, et ne savait trop comment se situer par rapport à moi, consciente à la fois de notre grande différence d'âge et du fait que j'étais la tante de son mari ; elle s'imposa peu à peu, tissant sa toile avec précaution et prenant bien soin d'éviter tout affrontement. D'ailleurs, pourquoi y aurait-il eu des disputes entre nous ? Pendant toutes ces années, j'avais vécu dans l'ombre de Maman et obéi à ses instructions ; pourquoi m'aurait-il été plus difficile de m'incliner devant Stienie, sachant que tôt ou tard elle prendrait, ouvertement et sans conteste, le pouvoir dans cette maison ? Elle manœuvrait avec circonspection, et comme je savais faire preuve de souplesse, nous réussîmes à cohabiter sans heurts : les changements, quelle qu'en fût l'importance, s'effectuèrent sans un mot et nous nous retrouvâmes soudain devant le fait accompli, sans même nous en rendre compte. Au cours des premières années de leur mariage, alors que Stienie et moi vivions toutes deux à la ferme, je perdis progressivement, imperceptiblement, tout pouvoir sur la conduite du ménage et vis peu à peu mes prérogatives et mes habitudes grignotées une à une, puis supplantées par d'autres. Il n'y eut jamais de lutte au grand jour, mais une partie de bras de fer qui se joua en sous-main, secrètement : calmement, avec grâce, affectueusement et avec force embrassades, Stienie s'empara du pouvoir en quelques années et imposa sa volonté d'une main de fer.

Que cachait cette affabilité ? Parfois, la façade qu'elle maintenait à grand-peine se fissurait et elle perdait un instant le contrôle d'elle-même, dévoilant ainsi un peu de la véritable nature de ses sentiments : pendant une seconde ou deux un éclair de colère ou d'impatience irradiait son regard, un mouvement rapide et méprisant de la tête ou des épaules démentait son apparente obligeance, ou bien sa voix acquérait une dureté inhabituelle. C'étaient des moments très brefs, je le répète, qui ne se produisirent que rarement les premières années de son mariage, mais j'avais l'impression, d'une certaine manière, que ces accès de mauvaise humeur et de dépit étaient plus authentiques que l'amabilité sans faille à laquelle nous nous étions habitués.

Elle me tolérait, sans plus – à quoi bon le nier ? Elle me tolérait dans sa maison parce qu'elle n'avait pas le choix, mais dès qu'elle eut l'occasion de se débarrasser de moi, elle fut ravie de me laisser seule au village en attendant d'avoir de nouveau besoin de mes services : je dis cela sans malice, car c'est bien ainsi que les choses se sont passées. Jamais elle n'éprouva la moindre tendresse ni la moindre affection pour cette vieille tante célibataire un peu bizarre qui lui était tombée dessus le jour de son mariage : « Oh, vous savez, Tantie a toujours été un peu timide », l'entendis-je déclarer devant des visiteurs un jour où, ne voulant pas les rejoindre au salon, je m'étais attardée dans la cuisine ; une autre fois – bien des années plus tard, dans la nouvelle maison – comme je pénétrais dans le salon et que j'étais invisible derrière le voilage, j'entendis Stienie, dont le caractère s'était pourtant adouci avec l'âge, dire à ses invités, sous la véranda : « Oh, vous savez, Tantie est un peu bizarre », avec dans la voix le même mépris que des années auparavant. Je m'immobilisai dans le salon au milieu des meubles rutilants et me rendis compte, sans état d'âme ni regret particulier, qu'au bout de tant d'années je n'étais même pas parvenue à gagner son estime. Comme autrefois, elle me tolérait dans sa maison et à sa table, rien de plus.

Vis-à-vis de Pieter, Stienie adopta l'attitude bienveillante dont elle faisait preuve envers nous tous, car il faisait partie de la famille ; elle l'appelait « oncle Pieter » mais le voyait uniquement aux repas, ou encore lorsqu'il nous accompagnait au village, de sorte qu'il ne la gênait guère. Je ne m'aperçus pas tout de suite que, lorsqu'elle parlait de lui devant des tiers, elle disait toujours « l'oncle de Maans », comme si elle avait besoin de mettre Maans entre eux pour bien marquer la distance ; de même, je mis longtemps avant de remarquer qu'elle évitait d'adresser directement la parole à Pieter et qu'elle ne le regardait jamais dans les yeux quand elle lui parlait, même si elle réussissait par ailleurs à dissimuler le dégoût qu'il lui inspirait. Pieter, pas plus que moi, n'entrait dans ses projets d'avenir, bien qu'elle sût qu'elle ne pourrait rien entreprendre contre lui tant que Maman serait dans la maison ; plus tard, lorsque Maman et moi partîmes vivre au village, Stienie obtint que Pieter ne mange plus à table avec eux, et lorsque je revins habiter à la ferme, bien des années après, elle lui faisait porter ses repas dans sa chambre. Sans doute préférait-il cela lui aussi, mais je l'ai toujours ressenti comme une injustice.

Il n'y avait guère qu'avec la vieille Dulsie que Stienie pouvait jouer les jeunes maîtresses de maison autoritaires. La pauvre vieille était presque aveugle et avait totalement perdu la raison, mais comme c'était elle qui nous avait élevés, et Papa avant nous, nous étions habitués à elle et elle occupait toujours sa place dans un coin de la cuisine, sa pipe entre les dents, même si personne ne faisait attention à ce qu'elle marmonnait. Stienie prétendait que la vieille femme lui faisait peur, qu'elle était sale et sentait mauvais, et elle réussit à l'exiler dans une petite pièce derrière la grange, où l'une des domestiques de la cuisine fut chargée de s'occuper d'elle. Souvent je lui portais à manger moi-même, ce qui déplaisait à Stienie, je lui tenais un moment compagnie dans sa petite chambre qui sentait le renfermé et la fumée, mais elle ne me reconnaissait plus et ne s'aperçut sans doute de rien lorsque Maman et moi quittâmes la ferme. Elle mourut pendant que nous étions au village et je ne sais même pas sous quel tas de pierres elle repose au cimetière. Maans l'a-t-il enterrée à l'intérieur du mur d'enceinte, ou bien en dehors ? Serait-il encore capable, aujourd'hui, d'indiquer où se trouve sa tombe si quelqu'un le lui demandait ?

Nous vécûmes donc quelques années tous ensemble à la ferme – Maman, Maans, Stienie et moi –, mais il y eut de nombreuses interruptions au cours desquelles Maman et moi habitions la maison au village. Ce dut être difficile pour Maman de voir Maans, l'être qui lui était le plus cher au monde, passer ainsi peu à peu sous la coupe de Stienie ; même s'il se montrait toujours aussi affectueux et prévenant avec elle, Stienie, imperceptiblement mais inexorablement, s'était immiscée dans leur relation, et bien que Maans discutât de tout ce qui concernait l'exploitation de la ferme avec Maman comme il l'avait toujours fait, il se contentait désormais de répéter le point de vue de Stienie, ses conseils ou ses suggestions, et de plus en plus ce fut Stienie elle-même qui joua les intermédiaires et les médiateurs entre Maman et son petit-fils. Au début, bien entendu, tout le monde s'attendait à la naissance rapide d'un bébé ; toutefois, plus le temps passait, plus Maman se montrait impatiente et irascible, et un beau jour elle se désintéressa totalement de Maans et de Stienie – du moins en apparence, exactement comme, après la mort de Papa, elle avait cessé de s'intéresser à la ferme ; elle se retira au village dans la nouvelle maison, se consolant comme elle pouvait avec le train de vie et la considération dont elle jouissait là-bas. Deux ou trois ans après le mariage de Maans – peut-être même avant, je ne sais plus très bien –, il fut décidé plus ou moins tacitement qu'elle s'installerait au village de manière permanente et, tout aussi tacitement, que je l'accompagnerais. « C'est une sage décision, déclarèrent les visiteurs au salon en hochant la tête par-dessus leurs tasses à café ; elle n'est plus toute jeune et ici, au village, dans la nouvelle maison, la vie est plus confortable pour elle qu'à la ferme, sans compter que sa fille est sur place pour s'occuper d'elle, que le temple est tout près et qu'il y a même un médecin. » Peut-être avaient-ils raison, mais en les écoutant parler, je remarquai qu'ils s'interrompaient un instant et dévisageaient Maman avec curiosité, comme s'ils voulaient lui donner une chance de les contredire et de confirmer leurs soupçons à propos de ce déménagement. Persuadés que c'était Stienie qui avait tout manigancé, ils auraient bien aimé être confortés dans leur impression, mais Maman gardait le silence. Peut-être le confort, le temple et le médecin ont-ils effectivement joué un rôle dans cette décision, mais à dire vrai notre vie au village n'était pas très différente de celle que nous menions à la ferme. À l'époque du déménagement, M. Aling avait déjà renoncé à ses fonctions et la paroisse resta de nouveau cinq ans sans pasteur; quant au médecin, même s'il était vrai que nous en avions un, il n'est venu chez nous qu'à la fin, lorsque Maman, se sachant mourante, nous autorisa enfin à le faire venir.

Quoi qu'il en soit, la décision de Maman était prise et nous partîmes toutes les deux nous installer au village. Au début, nous passions encore l'hiver dans le Karoo avec Maans et Stienie, mais les derniers temps Maman n'en avait plus envie et nous restions dans le Roggeveld. Certes, Maans et Stienie logeaient chez nous lorsqu'ils venaient au village, mais leurs visites s'espacèrent, car c'est à cette époque que l'on construisit la route qui descend vers Verlatekloof et la ligne de chemin de fer qui relie Worcester à Matjiesfontein, dans le Karoo; Maans déposait désormais Stienie à la gare, où elle prenait le train pour Worcester. Là, elle logeait chez des amis, faisait des achats et prétextait toujours une visite chez le médecin, comme si elle ne faisait pas confiance au médecin du village. Les gens jasaient, mais il est exact qu'elle se plaignait souvent et après tout, pourquoi ne serait-elle pas allée rendre visite à ses amis de Worcester si cela lui faisait plaisir? De toute façon, Maans et elle n'avaient pas d'enfant, et aucune obligation ne la retenait à la maison. Elle finit par convaincre une parente devenue veuve de s'installer à la ferme avec eux, et lorsqu'elle s'absentait la vieille Betta veillait aux soins du ménage et s'occupait de Maans. Maans continua de nous rendre visite régulièrement au village; quant à Stienie, nous ne la vîmes plus guère qu'à l'occasion des cultes avec Sainte Cène. Plus les années passaient, plus nous nous éloignions les uns des autres et devenions des étrangers.

Maman et moi vécûmes ensemble au village pendant

dix ans. Dix ans – est-ce possible ? C'est facile à vérifier : nous nous sommes installées au village au printemps qui suivit le départ du pasteur Aling, et Maman est morte la même année que la femme de M. Reyneke ; la date de son décès est inscrite sur sa tombe. Notre existence était rythmée par les visites des prédicateurs itinérants puis, plus tard, lorsque nous eûmes de nouveau un pasteur attitré, par les cultes avec Sainte Cène, la malle-poste qui apportait le courrier une fois par semaine et les visites irrégulières des voyageurs de commerce et des colporteurs ; pour le reste, les semaines et les mois se succédaient souvent sans aucune interruption, de sorte que les semaines, les mois, puis les années se fondaient peu à peu dans un ensemble indistinct. Maintenant quc j'y repense, j'ai du mal à croire que Maman et moi ayons pu passer dix ans ensemble au village dans cette grande maison.

Pour Maman, c'était le bon temps. Le village n'était pas grand, mais il y régnait une animation à laquelle nous n'étions pas habitués à la ferme : il y venait des visiteurs des villages alentour, des paysans des fermes environnantes, et les voisines passaient dire bonjour. Même pendant les toutes dernières années de sa vie, Maman ne fut jamais quelqu'un de très sociable, mais elle appréciait que les gens viennent la voir à l'improviste – c'étaient toujours les autres qui lui rendaient visite, jamais l'inverse. De même, elle trouvait normal que les pasteurs de passage et les notables fussent accueillis chez nous et y logeassent pour la nuit, et elle profitait de l'occasion pour leur en mettre plein la vue avec ses carafes, ses tasses à café et autres signes extérieurs de notre prospérité. En outre, pendant toutes ces années où nous fûmes sans pasteur, les membres du conseil presbytéral, comme du vivant de Papa, frappaient à notre porte pour me demander de rédiger, de lire ou de traduire un document quelconque, ou encore pour leur expliquer le sens d'un article paru dans le journal. Ils le faisaient toujours en traînant un peu les pieds, toujours un peu à contrecœur, car bien que j'eusse dépassé la quarantaine, je n'en étais pas moins une femme et l'idée que je fusse plus instruite qu'eux, qui étaient des hommes, des notables, ne leur plaisait guère. Mais comme je l'ai déjà dit, après le départ du pasteur Aling, tout le temps que nous n'eûmes ni pasteur, ni presbytère, ce fut notre maison qui remplit cette fonction ; c'est dans notre salon que le conseil presbytéral se réunissait à intervalles réguliers, que l'on débattait des problèmes de la paroisse et aussi, il faut bien le dire, que l'on prenait les décisions. En toute honnêteté, lorsque je repense à toute cette époque, je n'irai pas jusqu'à dire que Maman fût pratiquante, ni même particulièrement croyante – quoi que l'on ait pu en dire après sa mort dans les éloges funèbres –, mais elle était la veuve de Papa et, à ce titre, un membre éminent de la paroisse doublé d'une femme énergique qui exerçait à sa manière une influence non négligeable.

Est-ce vraiment là ce qu'elle recherchait – l'aisance, le prestige et le pouvoir au sein d'une petite paroisse de village ? Je crois que oui. Peut-être n'était-ce pas tant l'argent, le prestige et le pouvoir que la sécurité, le fait qu'elle pouvait ainsi rejeter dans l'ombre une fois pour toutes, hors du halo de lumière de la lampe du salon où elle recevait ses visiteurs, ces gens aux yeux hagards avec leurs chariots branlants et leurs chiens décharnés ; peut-être le fait de savoir que son combat était enfin terminé, que l'acharnement qu'elle avait déployé pendant toutes ces années était désormais superflu et que les derniers fantômes du passé étaient exorcisés l'avait-il rendue plus tolérante. Je ne la vis qu'une seule fois s'enflammer comme au temps de sa jeunesse : ce fut lorsque M. van der Merwe, le nouveau pasteur, dans son zèle à vouloir reprendre en main la paroisse qui allait à vau-l'eau, contesta le droit de Maman de s'asseoir au premier rang parmi les épouses des membres du conseil presbytéral. Ce fut le début d'une lutte longue et pénible qui prit des proportions inouïes et raviva les dissensions au sein de la paroisse ; notre maison devint le centre d'innombrables débats et de discussions toutes plus animées et virulentes les unes que les autres, car M. van der Merwe n'avait pas son pareil pour se faire des ennemis et Maman eut tôt fait de retourner le conflit à son avantage. Je n'ai jamais bien su tout ce qui s'était dit ou fait à cette occasion, ni percé le secret de ces négociations, ces projets et ces intrigues – j'avais assez à faire à la cuisine et au jardin et me tenais à l'écart de tout cela –, mais Maman conserva son siège au temple et le pasteur van der Merwe, durant la brève période où il exerça son ministère dans notre paroisse, ne remit plus jamais les pieds chez nous, bien que son épouse, elle, rendît parfois visite à Maman.

Le mécontentement, les discussions enflammées qui avaient lieu dans notre salon et les accrochages avec le conseil presbytéral ne cessèrent pas pour autant. Au bout de quatre ans, le pasteur van der Merwe reçut son congé. M. Reyneke, son successeur, était un homme jeune, plus prudent et plus diplomate ; sa femme et lui rendaient régulièrement visite à Maman, lui témoignaient le respect dû à son rang, et elle se prit pour eux d'une certaine sympathie. Avec le temps, les divisions les plus graves au sein de la paroisse finirent par s'aplanir, mais jusqu'à la fin de sa vie, même lorsqu'il lui fut devenu impossible de quitter sa chambre, puis son lit, Maman conserva sa place d'honneur au premier rang, avec les épouses des membres du conseil presbytéral, petite silhouette vêtue de noir de plus en plus maigre, mais toujours droite sur sa chaise comme un I. C'est à cette époque qu'elle fit venir de Worcester cette petite cape brodée d'un noir de jais brillant qui fit tant jaser et attisa la jalousie des autres femmes de la paroisse qui trouvaient pareille élégance déplacée ; à vrai dire, Maman n'était pas à l'aise non plus, mais elle continua de porter cette cape au culte tous les dimanches et cela pendant des années, brillant de mille feux au milieu des femmes au teint blême.

Se peut-il que tout cela ait réellement duré dix ans ? Je m'occupais du ménage et de la maison, faisais cuire le pain, vérifiais le linge qui revenait de la source d'Ouplaas et m'efforçais de protéger les pauvres massifs de fleurs du gel et de la sécheresse ; je remplissais les lampes à paraffine du salon et de la salle à manger, tirais les rideaux à la tombée du jour, et le dimanche accompagnais Maman au culte et m'asseyais tout au fond, près de la porte, tandis qu'elle se mouvait entre les bancs, rayonnante sous sa cape de jais, pour revendiquer sa place d'honneur, juste devant la chaire – une bonne fille, une fille exemplaire, une bénédiction dans la maison. Vue de l'extérieur, ma vie devait paraître solitaire et monotone, mais personnellement je ne l'ai jamais ressentie comme telle, car je n'attachais guère d'importance aux apparences et demeurais indifférente aux limitations de mon existence. À la sortie du temple, les femmes m'adressaient la parole avec bienveillance et tentaient bien, lorsque je les rencontrais en allant faire les courses, de m'associer à leurs bavardages sur le pas de la porte, mais j'étais étrangère à la plupart de leurs sujets de conversation et, d'autre part, il y avait beaucoup de choses qu'elles ne me disaient pas. Leur bienveillance avait toutefois ses limites ; tôt ou tard elles perdaient patience, renonçaient à leurs efforts, et leur jugement rejoignait sans doute celui de Stienie : « Vous savez, Tantie a toujours été un peu bizarre… » Le voilage, qui retenait et tamisait la lumière du jour, rendait la pièce où je me trouvais sombre et mystérieuse.

Debout devant la fenêtre, je sens sous mes doigts le bord lisse et dur du garde-boue de la voiture – non, ce n'est pas ça. Debout devant la fenêtre… Quel est donc ce souvenir qui s'impose à moi aussi nettement ? Ce devait être un autre soir ; je sens, un bref instant, la vitre lisse et fraîche sous mes doigts avant de tirer le rideau, je m'attarde encore un instant parce que j'ai aperçu, dehors, près de la grille, quelque chose qui bouge dans l'obscurité, une silhouette qui essaie d'ouvrir le verrou. Dois-je vraiment me souvenir, continuer à me souvenir de ces choses oubliées depuis si longtemps sans que cela ait jamais eu la moindre importance ? Je voulais m'endormir mais n'y arrivais pas ; allongée ici toute seule, muette et paralysée dans la maison endormie, mes pensées se sont mises en branle ; je voulais ne plus me souvenir de rien, je n'ai jamais eu l'intention de ressusciter le passé, de faire bouger des ombres dans l'obscurité ni de faire apparaître des fantômes dont on pût reconnaître les traits. D'où sort donc cet Abraham van Wyk qui, émergeant à grandes enjambées de la nuit noire après tant d'années, vient se planter de nouveau devant la porte de la maison en clignant des yeux à la lumière de la bougie que je tiens à la main ? Certes, il n'avait aucune raison de nous rendre visite ce soir-là, mais à tout prendre il n'y en avait pas davantage de s'en étonner, car Abraham était une vieille connaissance qui faisait depuis toujours partie de notre univers, avec son sourire gêné, sa barbe clairsemée et sa petite toux sèche. Sa femme était morte, ils n'avaient pas eu d'enfant, et il était apparu soudain sur le seuil de la porte alors que nous ignorions jusqu'à sa présence au village.

J'allumai la lampe – lorsque nous étions seules, nous nous contentions en général de bougies jusqu'au moment d'aller nous coucher –, fis du café que je portai au salon et retournai vaquer à mes occupations, laissant Abraham bavarder avec Maman. Que savais-je de la vie, à près de quarante ans ? Personne ne m'avait jamais rien dit, ni rien expliqué ; j'accomplissais mes tâches sans poser de questions, sans attendre la moindre explication. Je trouvais naturel que les questions, les explications et les sentiments restassent inexprimés, et d'apprendre les choses par des voies détournées sous forme de déductions, de suppositions ou d'observations fortuites, quelques mots dans un couloir, un éclair dans l'entrebâillement d'une porte, une ombre floue dans la lumière voilée de l'autre côté du rideau. Abraham prit congé de Maman, se leva pour partir, et je l'accompagnai jusqu'à la porte, munie d'une bougie ; il bafouilla quelques mots inaudibles en guise d'au revoir, se dirigea vers la grille dans l'obscurité, puis je refermai la porte derrière lui.

Que savais-je de la vie, en fin de compte ? Totalement prise au dépourvu par l'explosion de colère qui s'abattit sur moi lorsque je rejoignis Maman au salon, il me fallut du temps pour saisir le sens de ses paroles acerbes et de comprendre que c'était sur Abraham qu'elle déversait ce déchaînement de mépris et d'indignation ; bien que je fusse habituée à la violence de ses colères et de ses rancunes, il me fallut toutefois du temps pour comprendre que cette fois, j'étais visée moi aussi. « Un raté qui arrive à peine à nourrir quelques moutons, un bon à rien incapable de rembourser ses dettes au magasin, un fainéant qui n'a même pas réussi à se faire élire diacre –, Papa lui aurait ri au nez, déclara-t-elle en tremblant de rage, en proie à une colère qu'elle ne contenait que difficilement. Papa l'aurait mis à la porte sans même le laisser achever sa phrase. » J'écoutai ces paroles cassantes en silence, me gardant bien d'intervenir, car j'avais appris dès l'enfance à la laisser déverser sur moi ses colères qui confinaient à la démence, et ce n'est qu'en la voyant se préparer pour la prière du soir, encore tremblante de rage et butant sur les mots, que je compris, abasourdie, que la visite d'Abraham avait un rapport avec moi.

Je me souviens que cette nuit-là, je suis restée allongée longtemps sans pouvoir fermer l'œil et je me suis efforcée, malgré ma surprise, de comprendre ce qui s'était passé. J'étais convaincue que Papa ne lui aurait pas ri au nez, et l'aurait encore moins mis à la porte : il avait beaucoup trop bon cœur pour faire une chose pareille. Quant à Abraham, il est vrai qu'il n'était pas riche, mais c'était un homme honnête qui jouissait de l'estime de tous et n'avait rien à se reprocher. Certes, que ce modeste veuf vînt me faire la cour ne laissait pas de m'étonner, mais la nouvelle ne provoqua pas chez moi de bouffée d'angoisse semblable à celle qui m'avait submergée le jour où la vieille Mietjie m'avait dépêché Jasper sur la piste de danse : bizarrement, j'étais plutôt émue, je ressentis même une sorte de gratitude envers Abraham d'être venu ce soir-là, mais sans plus. Je me souviens que c'était la fin de l'automne, qu'il faisait très froid, que j'étais allongée les yeux grands ouverts, contemplant le clair de lune qui dessinait des ombres sur le plancher, et que j'entendais au loin les aboiements et les gémissements des chiens près des huttes de paille des métis, au pied de la colline. « Il a fait une offre », songeai-je en moi-même, et comme – pour autant que je sache – il ne l'avait jamais retirée, il ne tenait qu'à moi de l'accepter; j'aurais très bien pu me lever, me diriger sans bruit vers la fenêtre en m'orientant à la lumière de la lune sur le plancher, me hisser sur le rebord, descendre pieds nus la rue blanche jusqu'à la petite maison près du temple où Abraham logeait lorsqu'il venait au village, et frapper au volet jusqu'à ce qu'il m'ouvre. Quelqu'un me verrait-il? Quelqu'un m'entendrait-il? Et si oui, quelle importance?

Je sais que je suis restée longtemps étendue ainsi à peser le pour et le contre, sachant que c'était là ma dernière chance de fuir cette maison endormie, mais malgré cela, je n'arrivai pas à me résoudre à me lever et à emprunter cette ultime issue de secours. La possibilité était là, certes, mais ce n'était qu'une possibilité, sans plus, quelque chose à quoi l'on réfléchit et sur quoi l'on médite sans tenter pour autant de le concrétiser. Ma vie, c'était cette chambre où la lumière de la lune balayait les planches nues, cette grande maison silencieuse; immobile dans mon lit, j'en avais pleinement conscience, et je l'acceptais. D'une certaine manière, mon sort avait été scellé bien des années auparavant, même si je ne l'avais pas compris à l'époque, et tout ce que je pouvais faire c'était continuer. Le lendemain matin je me levai, tout étourdie à cause du manque de sommeil, allumai le feu et préparai le café comme d'habitude. Ma route consistait à marcher droit devant moi et non à emprunter les chemins de traverse.

Abraham van Wyk épousa peu après une veuve d'à peu près mon âge, qui mourut en couches un an plus tard ainsi que son bébé. Il partit alors pour le Bokkeveld et je n'ai jamais su ce qu'il était devenu. Il ne revint plus jamais chez nous ; je ne l'ai plus jamais revu, ne lui ai plus jamais parlé depuis ce fameux soir où je l'avais raccompagné jusqu'à la porte avec la bougie.

Chaque année, pour l'anniversaire de Maman, les femmes du village venaient prendre le café chez nous ct certains membres du conseil presbytéral venaient lui présenter leurs vœux, mais elle avait si fière allure, était si prompte à la repartie et se tenait toujours si droite que l'on remarquait à peine qu'elle avançait en âge. Parfois, en entrant au salon où elle était assise, j'étais comme frappée de stupeur pendant quelques secondes, mais dès qu'elle m'entendait elle se redressait aussitôt, comme si son air fragile et blême n'était que l'effet de mon imagination ; bien entendu, je ne posais aucune question. Combien de temps a-t-elle été rongée par la douleur avant de déclarer forfait ? Parfois, la nuit, il me semblait l'entendre appeler, mais lorsque je me levais pour aller écouter à sa porte tout était calme ; si je frappais timidement, elle répondait au bout d'un long moment, comme si elle venait juste de se réveiller : « Ce n'est rien, me disait-elle, va te recoucher. » Elle mit longtemps avant d'envoyer chercher la vieille Gesie, qui soignait par les plantes, et attendit de ne plus pouvoir faire bouillir ou infuser elle-même ses tisanes avant de m'autoriser à le faire. À cette époque, elle ne s'aventurait déjà plus dans la cuisine et ne mangeait plus à table, mais passait le plus clair de son temps assise au salon, près de la fenêtre puis elle ne quitta plus sa chambre. Jamais, au cours de sa longue agonie, elle ne me dit le moindre mot sur sa maladie, jamais elle ne voulut admettre qu'elle était malade et jamais, même au milieu des pires douleurs, elle n'accepta de reconnaître qu'elle souffrait, piégée par son orgueil et son entêtement muets qui lui interdisaient de se résigner à l'humiliation et à la défaite inéluctables que représentait la mort.

Il m'est facile aujourd'hui de résumer en quelques mots

ces derniers mois, ces dernières semaines de sa vie ; pourtant sa mort silencieuse, dont je fus le témoin, fut une agonie interminable, plus longue que les dix années où nous avions vécu ensemble au village. À ce stade, plus rien ne pouvait la soulager, mais je continuais à lui préparer ses infusions : elle me permettait parfois de rester la nuit auprès d'elle – du moins elle n'opposait pas de résistance –, mais une nuit, elle hurla de douleur, ce qui me réveilla – je m'étais endormie près de son lit ; elle m'envoya alors chercher la vieille Gesie. Je me revois courant dans l'obscurité pour aller frapper à sa fenêtre ; la vieille femme, encore tout ahurie, chercha à tâtons la pierre à feu pour allumer la lumière, rassembla ses vêtements et me suivit en haletant et en geignant, sa caisse de médicaments sous le bras, mais il était trop tard, et malgré toutes ses herbes et toutes ses tisanes elle ne parvint pas à nous redonner ne fût-ce qu'un semblant d'espoir. Il était même si tard que Maman nous autorisa à faire venir le médecin, mais comme elle savait qu'il ne pourrait rien pour elle, son arrivée la laissa indifférente.

Maans et Stienie vinrent faire leurs adieux à Maman avant de partir dans le Karoo pour l'hiver. Après cela, Maans s'assit à la table de la cuisine ; les larmes ruisselaient sur ses joues, car il avait toujours adoré Maman, mais Stienie, détournant le regard, parlait à voix haute, très vite, pressée d'en finir mais ne voulant pas le montrer. Ils avaient amené Pieter avec eux ; je le revois assis près du lit de Maman, caressant sa main décharnée, lentement, doucement, d'un air absent, comme il l'eût fait d'un objet insolite qu'il aurait trouvé dans le veld, une plume d'oie sauvage ou un piquant de porc-épic ; pourtant, malgré ce geste qui avait toutes les apparences de l'intimité, il ne montrait toujours aucun signe qui permît de dire qu'il l'avait reconnue.

Elle ne s'avoua pas vaincue, ne céda pas d'un pouce et lutta jusqu'au bout contre la mort, mais à l'intérieur d'elle-même elle était rongée par la douleur, évidée comme une fourmilière, et elle s'effondra d'un seul coup. Assise près de son lit, immobile dans le froid de la nuit d'hiver, je me forçais à rester éveillée. Attendais-je encore quelque chose, espérais-je encore ? Il n'y eut aucune parole, aucun signe, aucun geste de rapprochement ni de réconciliation, aucune marque d'amour lorsque le dernier souffle de vie s'éteignit sur le petit visage étroit et cireux posé sur l'oreiller.

En toute logique, elle aurait dû être enterrée à côté de Papa, à la ferme, mais comme Maans était encore dans le Karoo et qu'il n'y avait personne pour organiser les obsèques, l'enterrement eut lieu au village et l'on dut creuser sa tombe dans la terre gelée, à coups de pieds-de-biche. Il ne restait plus grand monde au village pour assister aux obsèques, et l'on eut du mal à trouver des hommes en nombre suffisant pour porter le cercueil. Dans le vent d'est mordant, le maigre cortège ne s'attarda pas longtemps près de la tombe et tout fut très vite fini.

Les voisins, voyant que je restais seule, me prirent en pitié : ils m'enveloppaient de leur sympathie, me prodiguaient de petites marques d'affection et des mots de réconfort et faisaient toutes sortes de tentatives pour me venir en aide, me proposant soit de passer la nuit à la maison, soit de dormir chez eux, de prévenir Maans pour qu'il vînt me chercher, ou encore de me trouver un moyen de transport pour aller le rejoindre dans le Karoo. Ils étaient si profondément désireux de faire quelque chose pour moi que je ne pouvais pas leur dire que je ne voulais rien d'eux : ils me regardaient sans comprendre et moi, face à eux, j'étais muette, incapable de verser une larme, mal à l'aise en présence d'une sollicitude que je n'avais pas demandée, j'attendais qu'ils s'en aillent, qu'ils me laissent seule ; ils finirent par se retirer et cessèrent de m'importuner avec leurs tentatives d'assistance. Le jeune pasteur me rendit régulièrement visite et entreprit de me réconforter et de me consoler à grand renfort de citations bibliques ; il priait avec moi pour que je trouve la force de surmonter ma perte et d'accepter ma solitude nouvelle – j'écoutais ses paroles de consolation et d'encouragement et exprimais une gratitude de bon aloi. Il s'acquitta de sa tâche envers moi du mieux qu'il put – il était encore jeune et ne connaissait pas grand-chose de la vie – mais je n'avais besoin ni de consolation, ni de réconfort, car il n'existait entre Maman et moi d'autres liens que ceux créés par des années d'intimité et d'habitude. Quant à la solitude, cet hiver-là, je restai seule dans la grande maison après l'enterrement de Maman et m'aperçus à ma grande surprise que je n'en souffrais pas et que je n'avais jamais encore eu le sentiment d'être seule. La seule fois que j'aie éprouvé un bref instant de solitude et d'angoisse, ce fut le jour où le brouillard tournoyait dans le ravin ; je me souviens aussi de ce vide insondable et obscur qui avait suivi le départ de Pieter et de Sofie, et de la fois où je m'étais agenouillée sur les berges boueuses d'une source, mais c'était différent, c'était davantage que de la solitude et en même temps quelque chose de moins, et puis ces souvenirs, déjà lointains, étaient enfouis au plus profond de moi.

Notre village fut toujours très petit – je ne crois pas qu'il y ait eu, à l'époque, plus de vingt ou trente de ces maisons à toit de chaume ; les poiriers et les potagers bordaient les deux rues qui longeaient le temple de part et d'autre et la plupart de ces maisons, qui appartenaient à la paroisse, n'étaient habitées qu'épisodiquement. L'on avait édifié un nouveau presbytère, quelques magasins et un bureau de poste ; à quelque distance de là, au pied de la colline, s'entassaient les huttes et les abris de fortune des métis. Comme la plupart des habitants du district étaient partis passer l'hiver dans le Karoo, il y avait encore moins de visiteurs que d'habitude : les marchands ambulants du Bokkeveld et du Boland ne venaient plus, les rouliers de Matjiesfontein se faisaient rares et parfois même l'arrivée de la malle-poste était retardée par de fortes chutes de neige dans le Verlatekloof ou le col du Komsberg. Rares étaient ceux qui étaient restés au village, et lorsque je n'avais aucune raison d'aller au magasin, je pouvais passer des journées entières sans parler à quiconque, sauf avec la femme qui venait faire le ménage ; l'après-midi, lorsqu'elle s'en allait, j'étais seule dans la maison propre et vide, à attendre.

Attendre – oui, je l'admets. Les gens de mon entourage, dans leur compassion stérile, s'imaginèrent qu'avec la mort de Maman j'avais perdu à la fois ma raison d'être et mon but dans l'existence et à leurs yeux tout, désormais, était fini : certes j'étais seule, sans autre perspective que ma propre vieillesse et ma propre mort, mais je me moquais comme d'une guigne de leur jugement. Tant de choses avaient changé, ou disparu au fil des ans ! Ce n'était jamais qu'un changement de plus, une disparition de plus dans une liste déjà longue ; j'avais survécu jusque-là à tous les changements et à toutes les pertes, et je savais que je surmonterais aussi ceux-là, quoi qu'ils en pensent.

Je me souviens qu'une nuit, l'hiver qui suivit la mort de Maman, il y eut une forte chute de neige. La neige, chez nous, n'a rien d'exceptionnel et je n'aurais aucune raison particulière de m'en souvenir si ce n'est que cette année-là, elle était plus abondante encore que d'habitude, et que je ne m'étais pas encore habituée à ma liberté nouvelle. Le lendemain matin, au réveil, je pris immédiatement conscience de mon profond isolement et du silence. Les bruits du village eux-mêmes en étaient étouffés ; la femme de ménage n'était pas venue, les gens étaient cloîtrés chez eux, et comme personne n'avait fait la moindre tentative pour me rendre visite ni prendre de mes nouvelles, je passai toute la journée sans parler – sans devoir parler – à qui que ce fût, sans la moindre obligation, la moindre attente à satisfaire : ce fut le premier jour de vraie liberté de toute mon existence.

Dehors, le monde entier était blanc : le potager, les petits massifs de fleurs et la rue devant la maison semblaient avoir disparu, la neige recouvrait les murs de pierre et les toits tandis que, à l'extérieur du village la grisaille du veld s'effaçait sous un épais tapis blanc et que l'épaisse couche de neige gommait la crête des collines basses qui s'étiraient vers l'est. Le ciel était blême et incolore, les nuages écrasaient les collines, et comme la neige ne fondait pas, le paysage conserva sa blancheur toute la journée. Je passais d'une chambre à l'autre, traversant les pièces vides éclairées de l'extérieur par la réverbération, et en regardant par la fenêtre, je vis que le paysage familier – la rue, les maisons, le temple – était méconnaissable. J'errai d'une pièce à l'autre parmi les espaces infinis de la maison, presque sans faire de bruit, à mon habitude, sans même faire crisser le tissu de ma robe ni craquer une planche sous mon pas, et regardai par chaque fenêtre, l'une après l'autre, afin d'explorer ce monde nouveau dans lequel je me trouvais plongée de façon si inattendue. Rien d'autre ; en fait, il n'y eut rien d'autre que cette violente chute de neige et ma solitude dans la maison vide – au cours de la nuit, la neige fondit et le lendemain matin, au réveil, je l'entendis goutter du toit devant ma fenêtre et vis les contours familiers des routes, des pierres et des falaises resurgir de la neige fondue et de la boue. Je chérissais néanmoins le silence de cette journée, ce long silence dont j'avais fait l'expérience et qui fait depuis lors partie de moi, quel qu'ait été le nombre de mes interlocuteurs par la suite. Ce que je veux dire par là ? Je ne sais pas ; je ne l'ai pas compris à l'époque et même maintenant, je serais incapable de fournir la moindre explication et de dire : «Voici comment j'ai vécu cette journée, voici ce qu'elle signifie pour moi.» Non, je n'essaie pas de me justifier – devant qui, d'ailleurs, et dans quel but ? Je me souviens, un point c'est tout ; ce sont des choses dont je me souviens, de petites choses simples que je ne pourrais expliquer à personne, moi qui ne me rappelle même plus les dates de naissance de mes frères ni les dates de décès de mes parents. Couchée dans l'obscurité, je me souviens de ces pièces vides inondées d'une lumière blanche.

Cet hiver-là, je me rendis tout naturellement sur la tombe

de Maman dans le petit cimetière à la sortie du village, consciente que les gens, invisibles derrière les vitres des maisons devant lesquelles je passais, me suivaient du regard. À leurs yeux, le fait de me voir descendre au cimetière vêtue de ma robe noire, seule dans la rue principale, compensait sans doute l'absence de mots, de larmes et d'autres signes extérieurs de deuil. Pourquoi m'y rendais-je ? La mort de Maman n'avait laissé en moi aucun vide et je ne ressentais pas le moindre chagrin, mais c'était tout de même plus qu'une simple obligation. J'aurais très bien pu prendre le café chez les quelques femmes restées au village, aller au magasin en semaine et au temple le dimanche ; j'aurais pu descendre la rue principale, longer les dernières maisons isolées où les gens m'observaient sans se montrer derrière leurs fenêtres puis, dépassant les derniers terrains cultivés, continuer en direction du petit cimetière avec ses petits tas de pierres et de terre et ses stèles sculptées. L'herbe était sèche et blanche, le veld était gris, les mottes de terre empilées sur la tombe de Maman avaient gelé et, en me baissant pour les toucher, je m'aperçus que la terre était dure comme de la pierre. Je n'avais pas de fleurs à déposer sur le petit tas de terre nue – dans cette terre gelée, aucune fleur sauvage n'eût germé, ni même pris racine – je n'avais rien à dire, aucun sentiment à exprimer, aucun souvenir à faire revivre. Que cherchais-je en ce lieu ? Je restai debout près de la tombe afin de retarder le moment de rentrer et, tournant le dos au village, promenai mon regard en direction de la route qui passe par Rooikloof, monte vers Verlatekloof et le Karoo et, au-delà de Groenfontein, grimpe vers Driefontein et le col du Vloksberg. De l'endroit où je me trouvais, les routes étaient invisibles et les traces de roues des calèches et des chariots étaient déjà à moitié effacées par les tempêtes hivernales, mais comme j'en connaissais le cours, je pouvais en suivre les lignes à travers le veld qui s'élançait à l'assaut des collines et gravissait la pente de l'escarpement où le vent faisait tournoyer quelques flocons de neige fine. Au bout d'un long moment, je me retournai et refis le chemin en sens inverse. En sortant du cimetière, j'aurais pu tourner à droite, prendre la grand-route et suivre les traces de roues des calèches et des chariots à travers le veld, mais au lieu de cela, je tournai à gauche et rentrai au village.

J'aurais pu mettre le cap sur une destination inconnue, comme ces familles d'éleveurs nomades avec leur chariot et leurs quelques moutons, ou encore ces ouvriers agricoles, balluchon sur l'épaule, qui partaient en quête d'un nouveau patron ; apercevant un cavalier au loin, j'aurais pu me tapir tel un fugitif parmi les élytropappus en attendant qu'il me dépasse. Je voyais devant moi le village avec ses petites maisons éparses qui m'attendaient, les murs en pierre ou blanchis à la chaux, les toitures de chaume, les grosses branches dénudées des arbres fruitiers et l'arête blanche du toit du temple. Les femmes métisses ramassaient des branches d'euryops dans le veld pour faire du feu, les jeunes filles gardaient les chèvres et, l'été venu, marchaient parfois longtemps à la recherche de plantes et de fruits sauvages ; parfois, des femmes blanches accompagnaient les lavandières jusqu'à Ouplaas et lavaient leur linge à la source. Quant à moi, j'étais incapable de faire autre chose que d'aller sur la tombe de Maman et de contempler le veld en tournant le dos aux petites maisons du village. Quelque temps plus tard, un après-midi, le jeune pasteur vint me voir et me dit d'une voix timide, avec beaucoup de gentillesse et beaucoup de sérieux, qu'il n'était pas bon de se laisser envahir par le chagrin ni de porter le deuil trop longtemps, et qu'il ne fallait pas s'accrocher aux êtres chers ni à leur souvenir. Bégayant légèrement, car il était jeune et avait encore beaucoup à apprendre, il me dit que même dans ma solitude la vie pouvait encore m'apporter beaucoup et que j'avais une tâche, ou plutôt un devoir à accomplir, un devoir solennel, dans cette paroisse où, représentant une famille en vue, j'occupais une situation honorable et jouissais d'une grande estime. Ma mère, m'assura-t-il avec conviction, n'aurait pas voulu que je m'abîme dans mon chagrin ; après cette conversation, je me rendis moins souvent au cimetière.

Qu'est-ce qui m'empêchait de suivre cette route blanche, de suivre les traces parallèles des roues parmi les pierres et les arbustes, et de gravir le flanc de la montagne jusqu'à la ferme ? Maman n'était plus là pour m'interdire de partir et, cet hiver-là, il n'y avait personne à la ferme à qui je devrais expliquer ma soudaine apparition ; la maison était déserte, les enclos et les étables étaient vides. De plus en plus souvent, la nuit, incapable de trouver le sommeil, je regardais les reflets de la lune sur les lattes du plancher et réfléchissais aux possibilités que m'offrait ma liberté toute neuve. Mes chaussures étaient rangées au pied du lit, mes vêtements sur la chaise où je les avais pliés en me déshabillant, mon châle pendu sur le dossier : je n'avais qu'à me lever et à tendre la main, je n'avais plus aucune raison de faire attention ni de trembler à l'idée d'être trahie par le craquement du plancher ou le grincement d'une poignée de porte. Le village dormait, les fenêtres vides étaient plongées dans l'obscurité, les aboiements des chiens s'étaient tus et devant moi, sur la véranda, la route blanche était aussi nette qu'en plein jour.

Je descendis la rue principale, dépassai les dernières maisons et le cimetière avec ses petits tas de pierres et ses stèles éparses, jusqu'à l'endroit où la rue du village cessait de se donner de grands airs et redevenait une simple route. Les nuages passaient en glissant devant la lune, et les traces des roues, les buissons et les pierres se mirent à danser devant mes yeux ; prise de vertige, je m'arrêtai, hors d'haleine. Rien ne presse, me dis-je, personne n'a remarqué ma fuite, il s'écoulera du temps avant que quelqu'un s'aperçoive de mon absence et que l'on commence les recherches : la route est longue, et me mettre à courir dès maintenant, simplement parce que je suis impatiente d'arriver, n'aurait aucun sens ; cependant, lorsque je compris ce que j'étais en train de faire, je pressai le pas de plus belle. La lune avait disparu, effaçant les traces blanches devant mes yeux, mais je n'hésitai pas : j'étais certaine de retrouver la route de la maison, même après toutes ces années. De plus j'étais seule, et à pied ; il me serait plus facile de faire le trajet qu'autrefois, lorsque je voyageais en calèche ou en chariot. Je marchai jusqu'à Groenfontein, gravis la colline derrière la maison et me retrouvai au milieu d'un tourbillon de flocons de neige glacés qui me fouettèrent le visage dans l'obscurité. Pas une lumière ne brillait aux fenêtres des rares fermes que je dépassai ; les bâtiments sombres semblaient abandonnés, les ondulations du veld se détachaient sur l'horizon et les seuls bruits audibles étaient le battement de mon cœur et le halètement de ma respiration. Je marchai d'un pas alerte, au jugé, enveloppée dans mon châle pour me protéger du froid, comme si mes pieds trouvaient le chemin sans même attendre que le souvenir les guide ; je trébuchai sur des rochers, retrouvai le sentier, courus pendant plusieurs kilomètres sans ressentir la moindre fatigue jusqu'à ce qu'enfin, à quelque distance de là, je distingue le miroitement des lacs dans le demi-jour et les contours sombres des bâtiments de notre ferme qui se profilaient dans les ténèbres alentour. Les portes étaient tirées, les volets clos et les poutres qui fermaient les barrières des enclos bien enfoncées, mais la maison, l'étable et les enclos semblaient attendre quelque chose ; même si les portes étaient fermées à clef, je pouvais toujours ouvrir les volets de l'extérieur, me hisser sur le rebord d'une fenêtre et me glisser dans l'obscurité familière de la maison. J'étais de retour. Ensuite ?

Ensuite, je ne sais plus : peut-être est-ce pour cela que j'ai hésité, et finalement reculé, bien que j'aie souvent passé en revue toutes les éventualités et répété mentalement tous les détails de ma fuite. Quelle explication donnerais-je lorsque – c'était inéluctable – ils me trouveraient ici et exigeraient de moi impitoyablement des raisons, des éclaircissements ? Quelle serait l'issue de cette brève escapade ? Ils me reconduiraient au village, m'emprisonneraient plus solidement que jamais dans l'étau de leurs attentions et de leur sollicitude et me surveilleraient avec amour, un amour implacable, sans me laisser la moindre parcelle de liberté. Voilà pourquoi je n'ai jamais entrepris ce long voyage. En admettant même que j'aie ouvert les volets grinçants, que je me sois assise sur l'appui de la fenêtre et que je me sois laissée tomber dans l'obscurité, qu'aurais-je vu, qu'aurais-je entendu ? Je détournai le visage – ce n'est que maintenant, au soir de ma vie, que j'ai appris à garder les yeux ouverts dans le noir et à regarder droit devant moi sans crainte d'entendre des voix dans le silence. Mon rêve est demeuré un rêve ; je m'éveillai avec le picotement des flocons de neige sur mes lèvres, m'assis au bord du lit, étendis le bras et touchai mes vêtements posés tout près de moi afin de sentir si mon châle et le bord de ma robe étaient encore humides, et si mes chaussures étaient encore maculées de la boue de la route.

Cette année-là, en rentrant du Karoo, Maans et Stienie vinrent directement au village me témoigner leur sympathie et s'enquérir des détails de l'agonie de Maman. Je crois que je leur ai répondu de manière vague et confuse, car je m'étais aperçue que non seulement je ne me souvenais plus des détails de cette mort déjà lointaine, mais que je ne savais pas comment réagir à leurs condoléances. Stienie, prise soudain d'un élan de tendresse, se précipita sur moi pour me prendre dans ses bras et instinctivement je fis un pas en arrière pour échapper à son étreinte. Nous nous rendîmes en voiture au cimetière pour nous recueillir sur la tombe et Maans se chargea de commander une stèle dans le Boland, après quoi nous procédâmes au partage des biens de Maman. Il n'y avait guère d'objets de valeur, si ce n'est sa chaîne en or. Maans prit la petite Bible et le recueil de cantiques ; Stienie dit qu'elle aimerait bien avoir la chaîne en souvenir de sa «petite mamie» et qu'elle ne désirait rien d'autre.

Ils restèrent quelques jours avec moi au village; bien que Stienie parlât sans arrêt, s'agitât en tous sens et qu'il fallût accueillir et recevoir un flot incessant de visiteurs, nous avions tous trois en permanence à l'esprit la question qu'ils avaient jusqu'ici passée sous silence, qu'ils répugnaient à exprimer à haute voix et que je redoutais de les entendre poser. Ce n'est que lorsqu'ils furent prêts à partir pour la ferme, après qu'ils eurent porté leurs affaires dans la voiture qui les attendait devant la porte de la cuisine et que Stienie eut attaché son chapeau avec des épingles, qu'elle demanda d'un air ingénu, presque incidemment, si Tantie n'allait pas se sentir bien seule, ici, au village. «Pas le moins du monde, répondis-je d'un ton tout aussi léger, tout aussi détaché, d'ailleurs c'est tellement plus pratique d'habiter au village maintenant que je me fais vieille, avec le pasteur et le médecin à portée de main et les voisins toujours prêts à rendre service.» Je disais absolument n'importe quoi, ce qui me passait par la tête, mais leur soulagement, lorsqu'ils prirent congé de moi, était visible : Maans était rassuré de savoir qu'il n'avait pas de souci à se faire pour moi, et Stienie de ne pas devoir m'emmener à la ferme. Elle avait déjà Betta, une parente qui dépendait totalement d'elle; pourquoi se serait-elle encombrée de moi? Je restai près de la barrière, agitai la main en signe d'adieu et les regardai s'éloigner en suivant des yeux le nuage de poussière soulevé par la calèche à la sortie du village, puis le long de la route rectiligne qui les ramenait à la ferme. Je me rendis compte que la ferme sombre et vide des mois d'hiver, la maison de mes rêves et de mes projets irréalisables était maintenant toute à moi, et perdis aussitôt tout intérêt pour cette autre maison vers laquelle ils s'en retournaient, où Stienie régnait en maître et où Betta exécutait ses ordres, cette maison dans laquelle, par sens du devoir, ils m'eussent sans doute cédé une chambre si je l'avais exigé. Je préférais rester ici, endurer la compassion muette ou la pitié des voisins, assister seule aux réunions de prière et au culte le dimanche, et contempler une fois par semaine, depuis le cimetière à la lisière du village, l'endroit où les routes s'évanouissaient dans les contreforts des collines, à travers la grisaille ondoyante du veld.

La maison resplendissait d'une belle lumière printanière, aussi brillante que la réverbération de la neige. Parfois, je me surprenais encore à attendre ou à me préparer pour quelque événement, ou bien je sursautais, croyant que quelqu'un m'avait appelée, mais cela ne dura pas et je m'habituai vite à la liberté. Protégées par le mur du jardin ou la véranda, les fleurs que non sans mal j'avais cultivées, soignées et maintenues en vie firent une timide apparition dans la froidure tandis qu'au village, dans la terre retournée des jardins nus, les arbres bourgeonnaient et se balançaient dans le vent d'est ; jusqu'en octobre, voire en novembre, chaque nuit qui passait pouvait encore apporter son lot de gelées, et chaque jour un tourbillon de neige pouvait déferler à l'improviste sur les sommets. Devant le presbytère, le rosier grimpant que Mme Reyneke avait planté lorsqu'elle avait emménagé l'année précédente avec son mari se mit à fleurir contre un pilier de la véranda, mais la malheureuse mourut au printemps ; on l'inhuma devant le temple et elle ne vit ni les premières fleurs de la jeune plante, ni les feuilles blanches, brillantes et translucides qui s'ouvraient dans le printemps pâle et froid du Roggeveld.

Pendant tout un temps, les voisins, à leur retour du Karoo, me rendirent visite pour me présenter leurs condoléances ; aussi je me recroquevillais sur moi-même chaque fois que j'entendais des bruits de sabots de chevaux dans la rue, un véhicule passer devant la maison, le grincement de la grille ou des bruits de pas sur le plancher de la véranda. Peu à peu, toutefois, le danger s'amenuisa, la menace se fit moins pressante, comme si les gens, dans leur miséricorde, avaient daigné oublier jusqu'à mon existence. C'était peut-être dû au fait que je vivais retirée et ne participais que de loin à leur quotidien ; j'étais une spectatrice silencieuse en marge de leurs réceptions, une petite bonne femme timide à l'arrière-plan de leurs mondanités. À moins qu'ils n'en aient eu assez de ma timidité et de mes silences et qu'ils n'aient décidé de s'en tenir au strict nécessaire en matière de politesse et de bonne volonté. Seuls Maans et Stienie logeaient chez moi quelques jours lorsqu'ils venaient au culte avec Pieter et Betta ; c'était aussi leur maison, même si je les considérais comme des intrus et si j'appréhendais chaque fois leur visite comme une invasion. Pendant ces quelques jours, la maison retentissait du bruit des talons hauts des chaussures de Stienie sur les planchers, de ses bavardages, de ses questions, de ses interrogatoires, de ses ordres et de ses farfouillements dans les armoires – « Pourquoi ne fais-tu pas plutôt ça comme ça, Tantie ? » Par bonheur, Betta lui tenait compagnie la plupart du temps – c'était sa tâche en ce bas monde – et quelques jours plus tard ils repartaient, la calèche disparaissait à nouveau et laissait derrière elle les maisons éparpillées le long de la route blanche qui les ramenait à la ferme : j'étais libre.

Je vécus donc seule dans la maison, au village. À quoi passais-je mes journées ? Je me souviens de m'être remise à la lecture – je n'avais jamais eu beaucoup de temps pour lire : Maman s'impatientait dès qu'elle me voyait avec un livre et me trouvait toujours quelque chose à faire. Parfois, le jeune pasteur m'apportait un recueil de sermons ou une petite brochure religieuse, parce qu'il savait que Tantie aimait ce genre de choses – mon étrange passe-temps le faisait sourire ; les gens qui possédaient des livres me les prêtaient, le magistrat me faisait parvenir ses journaux lorsqu'il les avait lus et certains habitants du district, ayant appris que j'aimais lire, surgissaient soudain sur le pas de la porte avec un ouvrage ancien, voire avec toute une caisse de livres dont ils avaient hérité et ne savaient que faire. Je lisais tout ce que l'on m'apportait, tout ce que je pouvais, maintenant que Maman n'était plus là pour se plaindre que les tâches ménagères n'avançaient pas ou que les bougies se consumaient trop vite : «Vous devriez faire attention à vos yeux, Tantie, vous lisez beaucoup trop», me reprochait parfois en riant le jeune M. Reyneke, qui n'était guère porté sur la lecture et faisait des fautes de néerlandais dans ses sermons.

J'écrivais. Parfois, comme au bon vieux temps, quelqu'un me demandait de rédiger une lettre, aussi conservais-je mon nécessaire à écrire dans le tiroir de la table de la salle à manger; parfois je sortais sans nécessité le papier à lettres, les plumes en acier et l'encre, les disposais sur la table et commençais à écrire, non pas les mots que quelqu'un d'autre me dictait, mais mes mots à moi, qu'il me fallait tout d'abord chercher et trouver avant de pouvoir les coucher par écrit. Mademoiselle Le Roux m'avait appris à tracer des lettres bien rondes, avec des pleins et des déliés bien réguliers, mais lorsque j'essayais d'écrire pour moi-même, mon habileté me trahissait complètement, le papier se salissait et se couvrait de taches, exactement comme les bouts de tissu sales et froissés sur lesquels j'apprenais à broder lorsque j'étais enfant. Que voulais-je donc écrire? Je ne sais plus – pas des lettres, personne n'attendait de lettre de moi; sans doute simplement les choses que j'eusse aimé dire si j'avais eu quelqu'un à qui parler, quelqu'un qui eût été disposé à m'écouter et à tenter de me comprendre, et si ma langue n'avait pas été bloquée par quelque obstacle. Je me souviens que je restais assise longtemps devant la feuille blanche posée sur le plateau nu de la table, essayant de trouver des mots, et que lorsque j'avais enfin fini je pliais la feuille en tout petits morceaux et la rangeais derrière le tiroir de mon armoire, derrière les bas et les sous-vêtements, là où personne n'aurait l'idée d'aller les chercher. Après quelque temps, toutefois, je cessai d'écrire, et un jour, je ressortis tous ces petits bouts de papier et les brûlai dans le poêle de la cuisine sans même les relire. Ce n'était pas par découragement, bien que ces pages d'écriture m'eussent coûté beaucoup d'efforts, mais simplement parce que je n'en ressentais plus le besoin. C'est ainsi que je vécus au village pendant plusieurs années.

Maans fit ériger sur la tombe de Maman une stèle en pierre blanche du Cap qui dominait les dalles plates et basses et les tas de pierres. Il y avait fait graver ses nom et prénoms, les dates de sa naissance et de sa mort ainsi que les textes des Écritures que le pasteur l'avait aidé à choisir ; je l'ai touchée, et elle était aussi froide sous mes doigts que les mottes de terre gelées qui recouvraient la tombe après l'enterrement.

Les affaires prospéraient. Maans était un paysan méticuleux, prudent et travailleur, qui avait fait coup sur coup deux beaux héritages, et Stienie, qui était fille unique, avait fait elle aussi, à ce que l'on disait, un riche héritage à la mort de son père. Les gens du district aimaient bien Maans, son caractère calme et mesuré ; ils appréciaient sa droiture, comme ils avaient apprécié en son temps l'honnêteté de Papa. De plus, comme il parlait et agissait avec circonspection et mûrissait longuement ses jugements, il n'avait aucun ennemi. Tout portait à croire qu'il serait un jour diacre de la paroisse et entrerait au conseil presbytéral ; dès que notre village fut assez grand pour se doter de sa propre mairie, il devint membre du conseil municipal et, plus tard, siégea au conseil de district. Je ne suis pas sûre que Maans lui-même fût très friand de toutes ces fonctions, car il n'aimait ni les réunions, ni les consultations, ni les mondanités, mais il accepta le verdict des urnes et les postes qu'on lui confia, et s'acquitta consciencieusement de ses tâches.

Toutes ces obligations obligèrent Maans et Stienie à venir plus souvent au village, et je les vis davantage.

Personnellement, j'ai toujours eu l'impression que Maans n'aimait guère venir au village en voiture ni porter le col dur, la cravate, le costume ou la redingote, mais Stienie était aux anges : lorsqu'elle n'était pas, pour un oui ou pour un non, en visite chez ses amis à Worcester ou encore aux bains à Goudini[1], on la voyait beaucoup au village et j'en arrivais parfois à me demander si elle ne préférerait pas habiter la nouvelle maison, car j'avais le sentiment qu'elle n'était plus aussi heureuse à la ferme que les années précédentes. Elle se faisait faire des robes d'après des gravures qu'elle trouvait dans des revues de mode qu'elle faisait venir du Cap. De toutes les femmes de notre petite paroisse, elle était toujours la mieux habillée ; elle portait des robes avec des nœuds, des volants, des franges et des traînes, comme c'était la mode à l'époque, et de petits chapeaux ornés de rubans et de fleurs – au temple, le dimanche, tout le monde levait les yeux lorsqu'elle allait s'asseoir avec les épouses des membres du conseil presbytéral. Je crois que les gens avaient appris à se méfier de ses yeux toujours sur le qui-vive et de sa langue de vipère, mais la situation de Maans faisait d'elle une femme que tout le monde respectait. À la voir, on aurait pu penser qu'elle avait pratiquement tout ce qu'une femme peut désirer, en tout cas bien plus que la plupart des femmes de son entourage ; pourtant, Stienie n'avait jamais l'air vraiment heureuse, ni même contente. Était-ce parce qu'ils n'avaient pas d'enfant ? C'est possible, bien que, pour autant que je sache, Stienie ne raffolât pas particulièrement des enfants. Était-ce parce qu'elle savait que personne n'hériterait de toutes ces fermes et de tous ces troupeaux de moutons, que personne ne perpétuerait le nom ni l'honneur de la famille ? Mais qui suis-je pour tenter de comprendre et d'expliquer tous ces mystères, moi qui avais éconduit Jasper Esterhuysen le jour où sa mère me l'avait dépêché sur la piste

1. Station thermale de la province du Cap-Occidental, à proximité de la ville de Worcester.

de danse, moi qui avais refermé la porte derrière Abraham van Wyk sans même réagir à sa demande en mariage ? Je n'ai jamais bien compris ce que pouvait signifier pour Stienie le fait de ne pas avoir d'enfant, et plus tard, lorsqu'elle tomba finalement enceinte, je n'ai pas davantage saisi l'importance de sa grossesse. Ces choses-là étaient pour moi tout aussi incompréhensibles que tous les autres mystères dont les femmes mariées s'entretenaient à voix basse afin que je ne les entendisse pas ; dans ces conditions, quel poids auraient bien pu avoir mes supputations et mes déductions, et qui s'y serait intéressé ?

Comme je l'ai dit, à cette époque la vieille Betta vivait à la ferme avec Maans et Stienie et s'occupait du ménage. Elle les accompagnait parfois lorsqu'ils se rendaient au village, et parfois non, au gré sans doute des sautes d'humeur de Stienie, mais ils ne l'emmenaient jamais nulle part ; lorsqu'ils sortaient, elle s'asseyait près de moi avec son crochet et me racontait, de sa voix monocorde et plaintive, ses misères et ses chagrins de veuve corpulente entre deux âges, déversant un flot interminable de plaintes et de reproches qui n'appelait pas de réponse tandis que ses doigts agiles s'affairaient inlassablement sur l'aiguille qui étincelait au soleil.

Cette libération, cette liberté, cette solitude grisante après la mort de Maman ont-elles réellement duré aussi longtemps que je l'imagine maintenant ? Non, c'est juste ma mémoire qui me joue des tours, mon imagination qui me trahit ; tout au plus quelques années, et même alors ma solitude était sans cesse troublée, soit par Maans et Stienie lorsqu'ils venaient au village pour assister au culte ou à des réunions, soit par Betta, avec son aiguille à crochet qui brillait au soleil et ses jérémiades. En fait, je n'avais que quelques semaines pour profiter pleinement de ma précieuse liberté avant d'être interrompue par le cortège des visiteurs, le bruit et les bouleversements. Je voyais ces visites uniquement comme des interruptions ; la réalité, c'était ces semaines au cours desquelles je menais ma vie sans être dérangée, seule dans la maison vide et silencieuse, muette devant ma feuille blanche.

J'avais remarqué depuis longtemps que tout n'allait pas pour le mieux à la ferme, même si je ne prêtais guère attention aux histoires de Betta. Comme elle était célibataire et dépendait de Stienie, elle n'avait d'autre choix que de prendre son mal en patience; tous les conseils que j'aurais pu lui donner, si tant est que j'eusse voulu m'en mêler, n'eussent servi de rien. Un jour, cependant, j'entendis dire que Maans avait emmené Betta en calèche au village avec sa valise et qu'il l'avait débarquée chez la vieille Miemie Olivier, une vague parente à elle; elles vécurent ensemble jusqu'à leur mort, et tout le monde se récria : «Oh! là, là! mon Dieu, pauvre Betta, c'est vraiment injuste» en secouant la tête en signe de réprobation. Comme d'habitude, en ma présence, personne ne disait jamais rien et Stienie observait sur le sujet un silence éloquent; quant à moi, je n'encourageais guère Betta à s'épancher, même lorsqu'elle venait me voir : «Je préfère ne rien dire, après tout elle fait aussi partie de ta famille», me fit-elle remarquer un jour d'un ton lourd de sous-entendus – alors qu'en réalité Stienie était une parente à elle. Après cette saillie, elle se mura dans un silence offensé.

Un beau jour – quelques mois plus tard, tout au plus – Maans, contrairement à son habitude, se rendit seul au village; nous étions à la cuisine, où je lui préparais de quoi manger pour le trajet du retour, lorsqu'il me demanda timidement, avec mille précautions, si je n'aurais pas envie de retourner vivre avec eux à la ferme, mais d'un air si hésitant et avec tant de circonlocutions que je compris ce qu'il avait en tête bien avant qu'il n'en arrive à la demande proprement dite et que j'eus le temps de m'y préparer tout en coupant le pain et la viande, sans avoir besoin d'en entendre davantage. Je me demandais pour quelle raison Stienie me l'avait envoyé; de toute évidence, c'était elle qui avait décidé que je devais revenir, et lui ne faisait qu'exécuter à contrecœur l'ordre qu'elle lui avait donné. Lorsqu'il eut fini de parler, je le rassurai : « Bien sûr que je viendrai », dis-je ; son soulagement fut manifeste, exactement comme le jour où j'avais répondu à Stienie que cela ne me dérangeait pas de rester au village, bien qu'elle eût déjà pris sa décision. Si tout cela s'était produit quelques semaines, voire quelques mois plus tôt, peut-être l'idée m'eût-elle encore effrayée, peut-être eussé-je tenté de trouver une échappatoire ou de reculer l'échéance, mais ce jour-là j'acquiesçai sans tergiverser et, me préparant à quitter la maison, je vidai les tiroirs de l'armoire de ma chambre et j'emballai mes affaires ; ce doit être à cette époque que j'ai brûlé les petits mots pliés en quatre dans le poêle de la cuisine avant de laisser mourir le feu. De toute façon, il n'eût servi à rien d'opposer une quelconque résistance ou de tenter d'obtenir un délai : je n'étais qu'une femme célibataire, sans biens ni revenus, hébergée chez Maans et Stienie et tout aussi dépendante de leur bon vouloir que l'était la vieille Betta – cette pensée, toutefois, ne m'effleura pas l'esprit. Cette période de liberté totale, répartie de manière irrégulière sur quelques mois, quelques semaines et quelques jours étalés sur quelques années, n'avait pas duré bien longtemps – un printemps hésitant, une journée de silence dans une maison vide qu'emplissait la réverbération de la neige –, mais c'était assez, et je savais qu'il était temps de rentrer.

Maans envoya Pieter et un ouvrier agricole au village pour venir me chercher avec la calèche, moi et mes affaires, et Pieter passa la nuit à la maison. C'était la première fois depuis son retour chez nous que j'étais seule avec lui, et je ne sais comment décrire cette soirée que nous passâmes ensemble ; au fil des ans, il était devenu pour moi un étranger et sa présence m'était aussi impersonnelle que celle de n'importe quel visiteur de passage ; je savais bien pourtant que c'était mon frère, mon frère à moi, mon frère chéri, assis là en face de moi sans rien dire, comme un inconnu. C'est pour cette raison que je ne pus rien avaler ce soir-là, et non parce que je devais quitter cette maison où j'avais vécu si longtemps. Il mangea la tête penchée sur son assiette à la lueur de la bougie, sans dire un mot, sauf «oui, volontiers» et «non, merci» en réponse à mes questions, isolé dans ce monde lointain et paisible où il s'était retiré depuis son retour vingt ans plus tôt : un homme maigre aux cheveux grisonnants, tenant maladroitement sa tasse et son couteau d'un air guindé, sans me regarder. J'étais consciente que plus jamais nous ne serions ainsi seuls tous les deux, plus jamais nous ne serions aussi certains de ne pas être dérangés, plus jamais ne me serait donnée une telle occasion de franchise et de sincérité. Je voulus tendre la main et toucher la sienne, tendre le bras et le toucher, ouvrir la voie aux questions que je m'étais retenue de poser pendant une vie entière, ou presque, mais cela m'était impossible, même ce jour-là, et je restai assise en face de lui en silence.

Je ne possédais pas grand-chose – quelques vêtements, une brosse à cheveux, un peigne, ma petite Bible, un recueil de cantiques et une petite caisse de livres ; le tout fut emballé en un tournemain et hissé sur la calèche. Ce matin-là, mon chapeau sur la tête, je refis une dernière fois le tour de la maison, tirai les rideaux et fermai à clef les portes des chambres. Derrière la maison, la calèche était prête et sur le petit banc, près de la porte de la cuisine, Pieter attendait, assis dans le soleil matinal, le dos appuyé contre le mur. Je sortis et sus en le voyant là que c'était ma dernière chance, et que même si par extraordinaire une occasion se représentait, il serait trop tard pour en profiter.

J'allai m'asseoir près de lui et nous restâmes ainsi un moment tandis que les chevaux s'ébrouaient fébrilement et martelaient le sol de leurs sabots. C'était le printemps, de nouveau le printemps, et Maans était rentré du Karoo depuis peu ; l'air était encore vif et froid, mais le soleil brillait d'une lumière argentée et les branches des arbres se couvraient de bourgeons. «Pieter, murmurai-je enfin tout doucement pour que personne d'autre que lui ne m'entende, bien qu'il n'y eût personne dans les parages, Pieter, qu'est-il arrivé à Sofie ? »

Après son retour, Pieter avait peu à peu appris à effectuer certains menus travaux et à accomplir des tâches élémentaires ; il savait qu'il devait venir me chercher au village, bien que l'on eût envoyé quelqu'un avec lui par mesure de sécurité, et aussi qu'il fallait atteler les chevaux et charger les bagages. Pour autant que nous pouvions nous en rendre compte, toutefois, il ne comprenait ni la raison de ces tâches, ni le lien entre les différents gestes qu'il exécutait : avait-il des souvenirs, et si oui, dans quelle mesure ? Dans quelle mesure comprenait-il ce que nous lui disions ? Ce qu'il pensait, ce qu'il ressentait, la question même de savoir s'il avait réellement des pensées et des sentiments, tout cela, durant toutes ces années, était resté pour nous une énigme, tout comme le fait qu'il demeurait en permanence muré dans son silence. « Peut-être, me disais-je alors, peut-être qu'il en sait plus que nous ne soupçonnons et qu'il n'arrive tout simplement pas à l'exprimer », un peu comme les vieux, ou comme les paysans sans terre de notre district qui n'avaient jamais appris à écrire ; ou peut-être était-il, contrairement à nous, arrivé à un stade où il n'éprouvait plus le besoin de parler de ce qu'il avait vécu, et avait-il conscience de l'inanité de toute tentative de s'exprimer par des mots. Une fois de plus, alors que nous étions assis tous les deux sur le banc près de la porte de la cuisine dans le soleil printanier, sa réaction fut ambiguë : anxieuse, tendue, attendant sa réponse, j'avais l'impression que le nom que je venais de prononcer ne lui était pas étranger, qu'il l'avait reconnu, mais que les souvenirs que cela évoquait en lui le poussaient davantage à rentrer dans sa coquille qu'à répondre à ma question. Il resta silencieux et, lorsque je me retournai enfin pour le regarder en face, il me considéra avec douceur et bienveillance, les yeux grands ouverts et vides comme ceux d'un enfant, attendant que je donne le signal du départ. Je n'aurais pas ma réponse : je ne saurais jamais rien, jamais.

Nous nous levâmes et montâmes dans la calèche ; il n'y avait plus de raison de temporiser. Nous nous mîmes en route, tournâmes le coin de la rue, passâmes devant le temple, descendîmes la rue principale et longeâmes les dernières maisons du village et les arbres dont les rares bourgeons resplendissaient au soleil ; arrivés au cimetière, nous empruntâmes la longue route blanche qui courait à travers le veld, traversâmes Groenfontein et nous lançâmes à l'assaut des hauteurs de Driefontein et du col du Vloksberg, au bord du monde. Je rentrais à la maison.

# 6

C'est tout, il n'y a rien d'autre à raconter. Je veux dormir, me reposer. Ou bien, si ce n'est pas possible, pas encore possible, entendre chanter les coqs au loin dans la nuit et voir le premier rayon blême de l'aube se poser sur les volets. Jusqu'ici, cependant, aucun bruit n'a traversé l'obscurité, et la fenêtre est toujours invisible. Je ne suis donc pas encore déchargée de l'obligation de me souvenir, et me vois contrainte de poursuivre mon long monologue, couchée dans ce lit où j'attends la délivrance. Mais à quoi bon ? De toute façon, il n'y a plus rien à raconter.

Au village, les voisines, dès qu'elles surent que je rentrais à la ferme, auraient bien voulu me témoigner leur sympathie, si je les avais laissées faire. Elles n'auraient pas demandé mieux que de casser du sucre sur le dos de Stienie mais, découragées par mon silence, elles durent se contenter de secouer la tête d'un air contrit et de relancer la conversation sur cette pauvre Betta – « Quelle honte, c'est vraiment injuste ». De même, en ce qui me concerne, elles s'attendaient sans doute au pire, mais je n'eus aucun problème avec Stienie, pas plus qu'à l'époque où nous vivions ensemble. Avec le temps, son caractère ne s'était pas arrangé, elle était devenue impatiente, irritable et soupe au lait, mais comme tout, dans sa maison, était exactement comme elle le désirait, il n'y eut jamais entre nous de motif de discorde.

Il est vrai que bien des choses avaient changé durant ma longue absence, mais la maison, bien que j'y eusse grandi, ne m'appartenait pas. J'en étais partie depuis si longtemps qu'elle m'était presque devenue étrangère, j'allais de surprise en surprise chaque fois que je reconnaissais quelque chose. Il y avait des vitres aux fenêtres, un plancher dans le salon, un canapé, des fauteuils, un lustre, et sur les murs de grandes photographies de Maans et de Stienie dans des cadres qu'ils avaient fait faire à Worcester. La cuisine regorgeait d'ustensiles et, alors que durant toutes ces années Maman et moi nous étions toujours débrouillées seules avec la vieille Dulsie, une armée de femmes se chargeait désormais des travaux domestiques. Mon ancienne chambre était intacte ; je déballai mes affaires, rangeai mes vêtements dans les tiroirs, posai le peigne et la brosse sur le coffre et la Bible à côté du lit, consciente que ce retour marquait la fin du voyage : je regardai un instant par la petite fenêtre à l'ancienne, contemplai la cour et le veld, sachant pertinemment que je mourrais dans cette chambre au sol recouvert de bouse séchée et aux volets de bois.

« Tantie, vous n'avez pas encore vu la belle pierre que nous avons fait dresser pour Grand-Père, n'est-ce pas ? demanda Stienie lorsque nous fûmes à table. Maans en a aussi fait faire une pour sa petite maman. Nous pourrions vous la montrer cet après-midi, Tantie. » Je décidais néanmoins d'y aller seule ; je suivis le sentier, dépassai l'endroit où se trouvaient autrefois le hangar, les chambres des domestiques et l'enclos et continuai en direction du cimetière, derrière la colline ; là, sur la tombe de tante Coba, une stèle de marbre blanc portait le nom de Sofie, sa date de naissance et la date de décès que, des années auparavant, j'avais inscrite dans la Bible familiale tandis que Maman regardait par-dessus mon épaule. C'est à ce moment-là, seule dans le cimetière, que je compris que la ferme était désormais totalement entre les mains de Maans et de Stienie, et que je l'acceptai : puisque c'était là le sens qu'ils souhaitaient donner à cette tombe anonyme et à cette date arbitraire, eh bien, ce serait la signification qu'elles auraient désormais ; seule ma mémoire eût pu démentir cette nouvelle interprétation, et je me devais de garder le silence sur cette vérité dérangeante jusqu'à ce que disparaisse, avec moi, la dernière menace. Après tout, le passé est le passé, et le sens que donnerait à ces reliques la génération suivante n'était plus mon affaire : les mots, les dates et les faits dont ils souhaitaient se souvenir étaient gravés dans la pierre en lettres de plomb, et leur destin était soit d'être lus et acceptés comme tels, soit de s'effriter et de disparaître au fur et à mesure que la stèle se fissurerait, ses derniers fragments devenus introuvables au milieu des arbustes et des buissons touffus.

L'été de mon arrivée à la ferme coïncida avec une longue et terrible sécheresse qui contribua à faciliter mon retour et mon adaptation, car cette aridité inhabituelle avait transformé ce pays et ce paysage familiers en un lieu qui m'était devenu étranger, un peu comme si je me trouvais dans une région que je découvrais pour la première fois. Nous étions en bordure du plateau, sur une bande de terre fertile et bien arrosée, avec nos sources et nos lacs, et nous fûmes moins durement touchés que les paysans des régions plus arides de l'intérieur. Maans avait assez de pâturages pour ses moutons, mais vers la fin de l'année des paysans du district de Rietrivier commencèrent à nous envoyer leurs troupeaux. À Noël, le veld était aussi mort qu'en plein hiver, et nous fêtâmes le Nouvel An dans la plus grande discrétion, car bien que Maans et Stienie eussent pris l'habitude de recevoir chaque année les voisins en grande pompe, cet été-là personne n'était d'humeur à faire la fête. Seuls ceux qui se trouvaient avec leurs moutons sur les terres de Maans vinrent à la maison boire un verre de vin doux ; les jeunes esquissèrent quelques pas de danse au son d'un harmonica et d'un accordéon, les hommes tirèrent des coups de fusil en l'air pour s'amuser, mais ce fut une fête sans joie et tout le monde se dispersa rapidement. Il faut dire que les visiteurs ne se sentaient pas vraiment les bienvenus : si Maans était accueillant et toujours prêt à rendre service, Stienie ne cachait pas son agacement envers ces étrangers qu'elle n'avait pas invités, qui abusaient de son hospitalité et piétinaient nos pâturages avec leurs troupeaux. Il n'était pas étonnant dès lors qu'ils fissent en sorte d'éviter notre maison. Il se peut que je sois un peu injuste à l'égard de Stienie : elle était enceinte, et c'est peut-être pour cette raison que nous n'organisions plus de réceptions comme avant. La grande sécheresse coïncida avec la grossesse de Stienie.

Personne ne m'avait rien dit, comme d'habitude – soit que tout le monde partît du principe que j'étais au courant, soit que l'on estimât que cela ne me regardait pas. Quelques mois après mon arrivée, Maans me dit d'un air penaud combien il était heureux que je sois de retour, surtout maintenant, avec Stienie : c'était une période difficile, je comprenais sûrement… Il laissa sa phrase en suspens et ne me donna pas d'autre explication, mais j'avais remarqué que Stienie intervenait moins dans la tenue du ménage, qu'elle se plaignait souvent, portait des robes amples et légères et passait de plus en plus de temps allongée dans sa chambre.

Depuis combien de temps Stienie et Maans étaient-ils mariés ? Quinze ans, seize ans peut-être ? Jusque-là, il n'avait jamais été question d'enfant ; Maman, longtemps déjà avant sa mort, avait cessé de spéculer sur l'arrivée éventuelle d'un arrière-petit-fils ou d'une arrière-petite-fille, et même la famille de Stienie avait appris à éviter toute allusion à ce sujet. Pourtant, ce fut au cours de ces mois d'implacable chaleur et de poussière, alors que le veld se desséchait sous un ciel désespérément vide, que les arbustes se ratatinaient, que les sentiers étaient réduits à l'état de poussière et que les dernières sources se tarissaient peu à peu, que le corps de Stienie s'alourdit, que ses mouvements se firent plus gauches, que ses mains et ses jambes gonflèrent sous l'effet de la chaleur et qu'elle prit l'habitude de s'allonger sur le canapé du salon et de se rafraîchir à l'aide de son éventail; parfois même elle restait cloîtrée dans sa chambre plongée dans la pénombre. J'en déduisis que l'enfant naîtrait vers la fin de l'automne ou le début de l'hiver, car elle avait annoncé qu'étant donné son état elle ne descendrait pas dans le Karoo bien qu'elle n'eût encore pris aucune disposition pour préparer l'accouchement. C'est moi qui finis par m'inquiéter, car j'en savais assez sur la venue au monde d'un enfant pour me rendre compte qu'il y avait certaines précautions à prendre. En parler avec Maans n'eût servi de rien : que savent les hommes de ces choses ? Quant à Stienie, elle se mettait en colère et déclarait qu'elle ne voulait pas qu'on l'embête avec ces histoires. C'était étrange de la voir ainsi; je ne l'avais jamais connue aussi apathique, aussi indécise. Tout au contraire.

Ce devait être au mois de mai. Maans était allé à Komsberg chercher la vieille Neeltjie Müller, la sage-femme la plus expérimentée de toute la région : nous approchions sans doute de l'hiver, car je me souviens que les soirées étaient longues, que nous étions assises au salon près du poêle à charbon, Neeltjie et moi, qu'elle maugréait qu'elle voulait rejoindre sa famille dans le Karoo, et qu'elle cochait chaque jour qui passait dans sa Bible avec un bout de crayon. Nous finîmes par préparer quelques petits vêtements et d'autres babioles pour le bébé, mais j'avais l'impression que cet accouchement ne l'intéressait guère, et qu'elle se souciait de Stienie comme d'une guigne; lorsque Maans venait aux nouvelles, elle se contentait de hausser les épaules. Il l'avait probablement payée grassement pour qu'elle accepte de passer plusieurs semaines chez nous à l'approche de l'hiver, et c'était sans doute uniquement à cause de l'argent qu'elle était restée. Finalement, elle persuada Maans, soi-disant pour soigner ses rhumatismes, de lui verser chaque soir un petit verre d'eau-de-vie dans lequel elle trempait quelques morceaux de sucre, qu'elle mangeait ensuite en les repêchant à l'aide d'une petite cuiller; elle devenait alors intarissable sur les accouchements difficiles et les décès dont elle avait été témoin au fil des ans. C'est incroyable comme je me souviens bien de ces dernières semaines de la grossesse de Stienie, alors que le pays tout entier était prisonnier d'une sécheresse impitoyable, de ce paysage gris et rabougri fait tout de pierre, de poussière et d'arbustes morts sous un ciel blanc et vide, de ce froid nocturne dans le salon où nous étions assis tous ensemble à attendre, de cette vieille femme avec son bonnet sur la tête, son châle à franges et sa petite Bible, de l'odeur de l'eau-de-vie et du sucre qu'elle mangeait à la cuiller.

Il ne se passait toujours rien. Le paysage immobile nous enveloppa, le ciel, au-dessus de la terre grise et morte, était blafard et l'hiver, immobile, s'installa tout autour de nous. Dans le ciel tournoyaient de fins flocons de neige que nous apercevions un instant dans la lumière avant qu'ils disparaissent. La vieille Neeltjie comptait les traits au crayon dans sa Bible, puis comptait et recomptait sur ses doigts en marmonnant toute seule, les pieds posés sur la chaufferette de Maman que nous avions ressortie car elle avait tout le temps froid; elle grommelait dans son coin avec un agacement manifeste, puis repoussait son petit verre sur la table en direction de Maans pour qu'il le remplisse.

Ce qui s'est passé réellement, je ne le sais pas, car j'étais dans la cuisine : c'était une nuit agitée, et des rafales incessantes faisaient trembler les portes et les volets. Stienie avait mal dormi et Maans avait dû réveiller la vieille pour lui demander d'aller la voir, ce qui expliquait qu'elle fût de mauvaise humeur. Le vent balayait le veld aride, faisait tourbillonner la poussière dans la cour et la plaquait contre les vitres, gémissait dans la cheminée et faisait vibrer les fenêtres; la pluie menaçait mais ne venait pas, et le veld était toujours aussi desséché. Stienie venait d'entrer dans son dixième mois de grossesse lorsqu'un matin – j'étais penchée au-dessus de la cuisinière – j'entendis un hurlement dans la chambre ; nous attendions cela depuis si longtemps que je posai instinctivement la bouilloire sur le feu pour mettre l'eau à chauffer et me retournai pour attraper les linges que nous avions préparés. C'est alors que j'entendis la voix de la vieille Neeltjie, et que je compris qu'elles étaient en train de se disputer : la sage-femme hurlait depuis le salon et Stienie, dans la chambre, en faisait autant depuis son lit, tandis que Maans tentait en vain de les ramener à la raison. Nous eûmes tout juste le temps de faire sortir en hâte les domestiques afin qu'ils n'entendent pas les imprécations de la vieille, puis je me rendis auprès de Stienie qui criait et sanglotait sans pouvoir s'arrêter ; au salon, la vieille Neeltjie proférait des malédictions en direction de la porte que je venais de lui claquer au nez.

Ce qui s'est réellement passé, je ne l'ai jamais su, car Stienie était trop bouleversée pour tenir un discours cohérent et ce n'est pas le genre de sujet dont il est possible de parler après coup – d'ailleurs, par la suite, tout le monde fit comme si de rien n'était –, mais je suppose que la vieille Neeltjie, ce matin-là, lui avait dit qu'il n'y aurait pas de bébé, car aussitôt après elle annonça qu'elle était restée suffisamment longtemps chez nous et insista pour que Maans la ramène au village. Comme il hésitait, car la tempête menaçait, elle fourra toutes ses affaires – sa petite Bible, son bonnet de nuit et sa boîte à couture – dans le sac de jute qu'elle avait apporté en arrivant, attacha le tout avec une ficelle puis alla s'asseoir au salon et attendit avec son balluchon sur les genoux, de sorte qu'il ne put faire autrement que de faire atteler la calèche. J'eus à peine le temps de demander aux domestiques de leur préparer un en-cas pour la route. Quant à moi, mon devoir était de rester auprès de Stienie. Maans vint nous dire au revoir ; il était inquiet pour sa femme et ne savait pas trop ce qu'il devait faire, mais comme la voiture attendait devant la porte de la cuisine et que la vieille femme s'était déjà installée, il fut bien obligé de partir. Je me souviens de m'être penchée par la fenêtre, mon linge mouillé à la main, d'avoir jeté un regard furtif et d'avoir vu, au milieu des tourbillons de poussière et des arbustes, la calèche qui luttait contre le vent, déjà presque invisible sous le ciel bas et sombre; puis j'allai m'occuper de Stienie – dans les jours qui suivirent, elle accapara toute mon attention.

Je me souviens que ce jour-là le vent soufflait avec force, que la poussière s'infiltrait entre la fenêtre et le châssis, qu'il faisait si sombre que j'avais dû allumer une chandelle de suif en plein jour, et si froid que l'eau dans laquelle je trempais les serviettes pour les passer sur le front de Stienie et laver son corps boursouflé était glacée. Je lui donnai des anticonvulsifs et lui fis préparer une infusion d'asa foetida; elle finit par se calmer, mais je ne pouvais pas la laisser seule. En début d'après-midi, le vent charria les premières gouttes de pluie puis l'averse s'abattit d'un coup et obscurcit le paysage, mettant brutalement fin à cette longue période de sécheresse : Maans était vraisemblablement déjà arrivé au village, mais comme je savais qu'il ne pourrait pas rentrer avec une pluie pareille, je donnai l'ordre de remplir la chaufferette de charbon, posai les pieds dessus, m'enroulai dans une couverture et montai la garde près du lit de Stienie. Tout cela pour rien, songeai-je en moi-même : la grossesse, le corps lourd et disgracieux, la respiration haletante, les nausées, les pertes de connaissance, les crampes et les pieds gonflés; Stienie, épuisée par l'épreuve, s'était endormie. Sa chemise de nuit et ses cheveux étaient trempés de sueur. Il plut toute la soirée. La nuit, couchée sur le petit lit de camp que j'avais fait installer au pied du lit de Stienie, j'entendais le bruit de la pluie qui tombait dru chaque fois que je me réveillais, seule dans la maison avec une femme endormie et une domestique qui sommeillait par terre dans la cuisine, devant le poêle.

La calèche ne revint que le lendemain après-midi, en se

frayant péniblement un chemin dans la boue épaisse qui jaillissait entre les roues et les jambes des chevaux. Maans ramenait le médecin du village, dont le cheval était attaché derrière le véhicule; lui aussi avait dû se faire payer un bon prix pour entreprendre le long trajet jusqu'à la ferme par un temps comme celui-là. Il examina Stienie sans faire de commentaire et son mutisme ne me dit rien qui vaille. Il dormit tout habillé sur le lit de la chambre d'amis, avec son manteau pour toute couverture, et le lendemain matin à l'aube il fit seller son cheval et retourna au village, pataugeant dans la boue au milieu des cours d'eau en crue. Il ne dit pas grand-chose de plus que la veille, mais laissa des poudres et des gouttes pour Stienie.

Une fois que tout fut terminé, Maans conduisit Stienie dans le Boland : il attendit quelques jours, le temps de prendre ses dispositions à la ferme et que la route fût à nouveau praticable, puis ils partirent. Comme les moutons n'étaient toujours pas descendus dans le Karoo, il dit qu'il enverrait un message à Fisantkraal pour demander à Coenraad de nous donner un coup de main – mais Coenraad se souciait-il seulement encore de nous ? À cette époque de l'année, il était sans doute déjà lui-même dans le Karoo; toujours est-il que personne ne vint nous aider et c'est moi, en définitive, qui dus m'occuper de la transhumance. Par bonheur, Maans avait des ouvriers fiables, chance que Papa n'avait jamais eue; je leur fis vider la maison et charger le chariot, à la suite de quoi les bergers avec leurs familles, Pieter et moi nous mîmes en route. Au lieu de descendre comme autrefois par les corniches et le Vloksberg en poussant le chariot qui tanguait au-dessus du vide, nous prîmes la nouvelle route, qui passait tout près de Verlatekloof. Le voyage, bien que plus rapide, dura néanmoins plusieurs jours, et ce fut de nouveau pour moi une période de liberté, sans personne pour me donner d'ordre ni exiger des explications, personne pour m'observer ni me poser des questions, rien que la présence silencieuse et distante du cocher, des bergers et de leurs familles et, le soir venu, de Pieter en face de moi devant le feu de camp. C'est moi qui m'occupais du chariot et des bœufs – tâche qui était d'ordinaire l'apanage de Maans et, dans le temps, de Papa ou de Coenraad –, moi qui prenais les décisions, moi encore à qui les ouvriers venaient demander ce qu'ils devaient faire, mais cette charge ne me pesait guère. En regardant notre petit groupe s'enfoncer dans la gorge étroite avec les moutons et le chariot, j'eus l'impression fugitive que nous faisions le trajet en sens inverse, que nous nous étions égarés et qu'en réalité nous gravissions les pentes à l'assaut des montagnes, vers le plateau où le vent balayait la végétation, vers la lumière blanche, aveuglante et sans ombre et vers la liberté, une liberté tout aussi enivrante que celle que j'avais connue le lendemain de la mort de Maman lorsque je m'étais retrouvée seule dans notre maison, au village. Ce n'était chaque fois que quelques jours, une semaine ou deux à la fois, pas plus, mais c'était suffisant et à chaque fois ce cadeau m'émerveillait et me remplissait de joie. Une fois dans le Karoo, nous nous installâmes dans la petite maison que Maans avait fait construire pour l'hiver. Quelque temps plus tard, il revint de Worcester et nous rejoignit. Il ne nous dit pas grand-chose au sujet de Stienie, sinon qu'elle était restée à Worcester, où elle avait de la famille et où le médecin la connaissait ; plus tard, elle alla prendre les eaux à Goudini et séjourna même quelque temps au bord de la mer. Elle fut absente tout l'hiver et ce n'est qu'au printemps, après que nous eûmes regagné le Roggeveld et que nous nous fûmes réinstallés à la ferme, que Maans retourna la chercher dans le Boland.

Pour moi, ce fut une période heureuse que ces mois d'hiver en compagnie de Maans dans le Karoo, car malgré le temps qui passait il n'avait pas changé ; c'était toujours le garçon calme, reconnaissant et peu exigeant que j'avais connu, et tenir son ménage n'était pas difficile. Je dis toujours « garçon », bien qu'il eût déjà quarante ans ; le soir, alors que nous étions assis tous ensemble à la lueur de la bougie, je remarquai les premiers fils d'argent dans ses cheveux noirs et parfois, lorsque, plongé dans ses pensées, il oubliait ma présence, je lui trouvais soudain l'air fatigué, abattu. Cela me faisait mal au cœur de le voir ainsi, mais qu'aurais-je pu dire ou faire pour l'aider ? Pourtant, pendant ces quelques mois où Stienie fut absente, ce fut comme si une certaine intimité reprenait forme entre nous, comme s'il redevenait l'enfant que j'avais élevé après mon retour d'entre les morts, l'enfant que je portais sur mon bras, que je tenais par la main et considérais comme mon fils.

La vieille Neeltjie, naturellement, racontait ses histoires à qui voulait l'entendre – tous les gens étaient curieux de savoir ce qui s'était passé ; leurs supputations ne parvinrent jamais jusqu'à moi, mais j'étais consciente de leur impatience à peine contenue lorsqu'ils demandaient des nouvelles de Stienie, cherchant à savoir combien de temps elle serait absente et chez qui elle habitait, et de leurs yeux inquisiteurs, espérant que l'expression de mon visage trahirait, peut-être, quelque chose que mes paroles creuses et évasives ne leur révélaient pas. Je n'en savais toutefois pas beaucoup plus qu'eux, et peut-être même moins, n'étant pas dans les secrets de la vieille Neeltjie. Vers la fin de l'hiver, Stienie m'écrivit une ou deux fois pour me dire qu'elle allait bien, mais elle ne dévoilait rien de plus ; de toute façon, elle n'avait jamais manié la plume avec aisance, aussi ne savais-je pas trop à quoi m'attendre lorsque Maans, au bout de plusieurs mois, la ramena enfin chez nous.

L'on voyait qu'elle avait été très malade : Stienie n'avait jamais été mince et, les années passant, elle avait même pris un peu d'embonpoint, mais elle était très pâle et ses yeux noirs et brillants nous regardaient durement, d'un air que je ne lui connaissais pas et que je qualifierai d'« interrogateur » – le mot n'est pas assez fort, « soupçonneux » serait peut-être plus exact. Au début, elle était très calme, presque passive, se contentant de poser quelques questions au sujet de la maison et de la ferme sans faire la moindre allusion à ce qui s'était passé ou à ce qui avait changé en son absence, comme si elle n'avait rien remarqué. Elle était aimable, mais absente, ne montrait aucun intérêt pour ce qui l'entourait et affichait la plus parfaite indifférence envers Maans et moi ; ce n'était ni de l'apathie, ni de la fatigue – bien au contraire, l'on sentait en permanence chez elle une tension sous-jacente qui pouvait éclater à tout moment. Il n'y eut toutefois pas d'éclat et ce premier soir, alors que nous étions assis à table pour le dîner, je compris que je n'avais rien à craindre ; dans un moment d'inattention, à la lumière de la lampe, mon regard croisa le sien et je me rendis compte avec étonnement qu'elle avait peur de moi, bien que la chose me semblât difficile à croire. Cependant, au cours des semaines et des mois qui suivirent, cette idée se confirma en moi et je commençai même à entrevoir les raisons de son attitude : elle avait peur de moi parce que j'avais vu son corps nu et gonflé, ses cheveux collés sur son front, la terreur et le désespoir dans ses yeux, peur de moi à qui elle s'était cramponnée des deux mains avec angoisse, de moi qui avais dû plaquer un oreiller contre sa bouche pour étouffer le bruit de ses sanglots. J'en avais trop vu, trop entendu, j'en savais trop, jamais elle ne réussirait à se libérer de ce savoir qui planait comme une ombre ni à me pardonner du pouvoir que, bien malgré moi, j'avais acquis sur elle. Moi qui vivais chez Maans et Stienie et dépendais de leur bon vouloir, je parle d'elle aujourd'hui comme d'une enfant méchante : je dois dire toutefois qu'après son retour je n'ai plus jamais eu la moindre difficulté avec elle ; après son retour, elle savait exactement à quoi s'en tenir.

Comme c'était à prévoir, dès que la nouvelle du retour de Stienie à la ferme fut connue, les voisins voulurent venir la voir, bien qu'ils ne sussent pas plus que moi à quoi s'attendre. Les visites se déroulaient dans un climat tendu, les réponses comme les questions étaient pleines de sous-entendus et tout le monde, de part et d'autre, faisait assaut d'une affection et d'une bienveillance feintes. Au moment de partir, chacun était soulagé ; je suppose que par la suite les langues allaient bon train et que les gens procédaient par devinettes, supputations et déductions afin de répondre comme ils le pouvaient à leurs questions restées sans réponse. Lors du premier culte avec Sainte Cène qui suivit son retour, nous nous rendîmes au village comme à l'accoutumée, assistâmes à tous les offices, et Stienie reçut et fit elle-même quelques visites, comme elle en avait l'habitude ; bien qu'elle fût plus calme que par le passé et parût par moments incertaine, voire hésitante, son regard, lui, était toujours aussi fébrile, aussi brillant. Pendant son séjour au Cap, elle avait entièrement renouvelé sa garde-robe et portait désormais ses nouvelles toilettes pour aller au temple. Sans doute s'habillait-on comme cela au Cap, mais comme je l'ai déjà dit, c'était beaucoup trop élégant pour notre petit village et pour les gens de chez nous, et je me sentais toujours un peu gênée en la suivant jusqu'à notre banc – soit dit sans vouloir la critiquer. Ce qui me gênait n'était pas tant qu'elle portât, comme autrefois, des toilettes chères et élégantes simplement parce qu'elle les trouvait belles, ou pour épater la galerie ; c'était plutôt que choisir un vêtement était devenu pour elle une sorte de défi, et que lorsque je pénétrais dans le temple et la suivais jusqu'au banc où nous prenions place l'une à côté de l'autre, elle était dans un état d'extrême nervosité, toujours très droite, tandis que ses yeux clairs et vifs balayaient l'assistance sans voir personne. Le jour du Nouvel An, nous organisâmes comme chaque année une réception à la ferme avec de nombreux invités – davantage que les années précédentes, ce que je mis sur le compte de la curiosité ; je revois Stienie passant de l'un à l'autre toute la soirée avec sa robe rouge à volants bordée de dentelle qu'elle avait fait venir du Cap et qui bruissait tout autour d'elle, saluant les invités, leur souhaitant la bienvenue et bavardant avec eux sans jamais pour autant prêter la moindre attention à ses interlocuteurs.

La tension persista, et aussi la fébrilité ; l'on eût dit que depuis son retour la place qu'elle occupait parmi nous n'était plus faite pour elle, comme si elle était en permanence en quête de quelque chose de nouveau, sans bien savoir elle-même ce qu'elle voulait. Le désir ardent que j'avais perçu chez elle des années auparavant ne s'était apaisé que momentanément, et son insatiable appétit d'antan s'était réveillé. Je l'observais patiemment, en silence. Dès le début de la nouvelle année, elle se mit à œuvrer aveuglément, sans relâche, à la réalisation de son rêve : c'est au cours des années qui suivirent que la nouvelle maison fut construite et que Maans fut élu député, et c'est aussi à cette époque qu'elle trouva une épouse à Pieter.

Comment tout cela avait-il commencé – avec la maison ? Oui, probablement. La maison d'habitation de la ferme n'était plus toute jeune – Grand-Père l'avait fait construire près de cent ans auparavant. C'était une bâtisse à l'ancienne qui accusait son âge en dépit de toutes les transformations, avec ses chambres à coucher et sa cuisine au sol recouvert de bouse séchée, ses murs épais, ses fenêtres étroites et son toit de chaume ; Stienie avait toujours préféré la maison du village, ses planchers et ses grandes fenêtres qui laissaient entrer la lumière. À l'époque où Maman et moi habitions au village, Maans avait fait abattre les anciennes dépendances – la grange, l'enclos, les chambres de bonnes et les décombres de l'ancienne maison de l'arrière-grand-père – et les avait reconstruites un peu plus loin, en ajoutant une chambre pour Pieter ; il rechignait toutefois à en faire davantage, malgré les jérémiades de Stienie. Au village, peu après mon retour à la ferme, il avait fait poser un toit de tôle ondulée, comme cela se faisait de plus en plus en ce temps-là ; c'est alors que Stienie parla à nouveau de transformer la maison de la ferme. L'affaire traîna en longueur, puis la maladie s'en mêla, mais dès que Stienie revint du Boland, plus rien ne l'arrêta et Maans dût faire bâtir pour elle une maison entièrement nouvelle avec des planchers, des plafonds lambrissés, des fenêtres à guillotine et un toit en tôle ondulée, comme sur les nouvelles maisons qu'elle avait vues dans le Boland. Maans finit par céder, comme il le faisait toujours tôt ou tard, et pendant des mois les ouvriers s'activèrent dans la plaine devant l'ancienne ferme et le long de la route qui menait aux lacs, tandis que Stienie surveillait les opérations depuis la vieille maison et donnait elle-même, de plus en plus souvent, les ordres et les indications – pourquoi d'ailleurs s'en serait-elle privée ? Tout cela n'intéressait guère Maans, qui avait autre chose à faire, elle, en revanche, savait précisément ce qu'elle voulait. Ce chantier de longue haleine sembla lui donner, du moins provisoirement, un nouvel objectif dans la vie après son retour du Boland, et elle attachait une grande importance à l'intérêt que suscitait cette entreprise un peu partout dans le district : au fur et à mesure que la nouvelle se répandait, les gens faisaient le déplacement pour admirer les travaux. Stienie n'était pas peu fière d'accompagner les femmes jusqu'au chantier, bien qu'elle n'eût pas grand-chose à leur montrer si ce n'était l'immensité des fondations ; lorsqu'elle n'avait pas de visites, elle se croyait obligée de me prier de me promener un moment avec elle en fin d'après-midi – et nous nous dirigions invariablement vers le chantier, où nous regardions s'élever les murs. Elle ne s'apercevait pas que je ne partageais pas son enthousiasme, ni que je ne m'intéressais pas particulièrement aux travaux : pour Stienie, ce que les autres pouvaient penser ou ressentir n'avait jamais eu beaucoup d'importance.

À la même époque, alors qu'elle surveillait la construction de la nouvelle maison, Stienie se mit en tête de marier Pieter ; c'était juste après le décès d'Andreas Stofberg. Andreas avait toujours tiré le diable par la queue, la sécheresse n'avait rien arrangé et à sa mort, sa famille fut contrainte de vendre la ferme pour payer ses dettes. Tout le monde s'attendait à ce que Stienie prît soin de sa veuve et de leur petite fille, dont elle était la plus proche parente ; Maans n'eût d'ailleurs pas demandé mieux que de leur venir en aide, car il aimait bien la petite, mais Stienie ne montra guère d'empressement à accueillir la femme chez elle, sans parler de l'enfant. Elle allégua que ce n'était pas très pratique, à cause des travaux, et finalement elles s'installèrent au village, dans la maison, dans la chambre de bonne ; il est probable que Maans les aidait à subvenir à leurs besoins, bien qu'Annie gagnât un peu d'argent grâce à ses travaux de couture. Quelque temps après – la nouvelle maison n'était pas encore terminée – Stienie lâcha négligemment au cours de la conversation qu'elle se demandait si ce ne serait pas une bonne idée que l'oncle Pieter se marie ; avant que j'eusse le temps de me remettre de ma surprise, elle m'exposa tous les avantages de la chose et déclara qu'Annie et lui pourraient habiter la vieille maison une fois que nous aurions emménagé dans la nouvelle. Elle parlait très vite, sans me regarder, mais je savais que cette soudaine sollicitude pour l'oncle Pieter n'avait rien de sincère, qu'elle cherchait simplement à se décharger de ses obligations vis-à-vis d'Annie et à se débarrasser de Pieter avant que la nouvelle maison fût prête, de peur qu'ils n'en gâchent la belle élégance par leur présence et qu'elle ne soit obligée d'héberger Annie et sa fille. Tout de même, tout de même, me dis-je en moi-même, ne sachant trop si je devais rire ou pleurer ; pour finir, je réagis à sa proposition par quelques paroles évasives. À quoi bon formuler des réserves ? Compte tenu des circonstances, c'était sans doute la meilleure solution pour nous tous, même si elle n'avait d'autre but que de servir les intérêts de Stienie. Annie était une jeune femme convenable, calme, propre et travailleuse, qui s'occuperait bien de Pieter, et lui, de son côté, aimait les enfants et s'entendrait bien avec la petite ; ce ne serait sans doute jamais un mariage au sens classique du terme, mais Pieter aurait quelqu'un pour prendre soin de lui et lui prodiguer un peu d'affection, un peu de chaleur et peut-être, qui sait, vers la fin de ses jours, quelque chose comme de l'amour ou du bonheur. On les fit donc passer un beau matin en toute hâte devant monsieur le maire, comme si l'on voulait éviter que la chose ne s'ébruite, avec Maans, Stienie et moi pour seuls témoins – Annie, qui sortait tout juste de sa période de deuil, était encore vêtue de noir. Pieter, à l'époque, approchait de la soixantaine, mais pour autant que je peux en juger – et si tant est que je sache ce qu'est le bonheur – ils vécurent heureux pendant les quelques années qu'ils passèrent ensemble.

J'ai dit que je ne savais trop si je devais rire ou pleurer, et je ne le sais toujours pas aujourd'hui. En vérité, comme je l'ai déjà évoqué, en vérité je n'avais jamais considéré le vieil homme taiseux, débonnaire et souriant qui vivait dans la chambre de bonne à la ferme comme mon frère, et j'avais dit adieu pour de bon au souvenir que j'avais gardé de Pieter ce matin d'automne où nous étions assis sur le petit banc, au village, devant la porte de la cuisine, le jour où, après une ultime tentative pour entrer en contact avec lui, j'avais dû renoncer face à son mutisme bienveillant mais implacable. Je compris alors que le passé ne se rattrape jamais ; un mur de pierre se dressait devant moi et me barrait la route, et derrière ce mur, au loin, je voyais le monde de ma jeunesse dans la lumière du soleil, intact mais en même temps inaccessible. Il n'y avait aucun lien entre ce vieil homme souriant patiemment, vêtu d'un vieux costume, et le jeune homme rieur au torse blanc debout sur les gerbes, le jeune homme qui se faufilait sans bruit en sautant par-dessus l'appui de la fenêtre dans la lumière aveuglante de la lune. Comment pourrais-je reprocher à Stienie de l'avoir rejeté ? Ne l'avais-je pas moi-même rejeté, n'avais-je pas été tout aussi prompte qu'elle à oublier le vieillard misérable et un peu négligé dans sa chambre de bonne ?

À peu près à la même époque que le mariage de Pieter, alors que les travaux de la nouvelle maison touchaient à leur fin, Maans fut élu député. Calme et modeste, il n'en avait pas moins fait son petit bonhomme de chemin et, lorsque les responsables de la Ligue afrikaner[1] décidèrent de créer une section dans notre district, ils l'incitèrent vivement à devenir membre du comité local. Il regimba quelque peu au début, disant qu'il n'était pas fait pour la politique, mais plus tard, lorsque l'on organisa des élections législatives, ils revinrent à la charge et cette fois il céda. Pour quelle raison? Il disait lui-même qu'il ne s'intéressait pas à la politique et qu'il n'était ni ambitieux, ni batailleur; dans notre région, toutefois, personne n'avait jamais été élu député, et Stienie s'était découvert là un nouvel objectif : devenir femme de député, se rendre chaque année au Cap et fréquenter tous les gens importants. Maans fit donc le tour du district pour discuter avec les gens et récolter des voix, Stienie l'accompagna, et le chantier fut provisoirement interrompu. « C'était l'année où Stienie s'est présentée aux élections législatives », devait dire bien plus tard Floris van Wyk de sa langue de vipère, un soir de réveillon de Nouvel An, sans savoir que je l'entendais; tous ceux qui étaient assis avec lui éclatèrent de rire comme s'il venait d'en raconter une bien bonne. Ce fut toutefois Maans qui fut élu, même si c'était Stienie qui s'était chargée de convaincre les électeurs.

À la reprise des travaux, Stienie conçut des projets encore plus grandioses, et lorsqu'ils revinrent de leur premier séjour au Cap elle apporta encore de nombreuses modifications, bien que la maison, à l'époque, fût pratiquement prête : elle fit abattre le mur entre le salon et la salle à manger pour y installer des portes accordéons et fit livrer à la ferme toutes sortes de choses qu'elle avait achetées. Ce manège dura encore quelques années; à chaque retour de voyage, il fallait aller jusqu'à Matjiesfontein chercher ce

1. Important parti politique afrikaner de la colonie du Cap; fondé en 1879, il disparut de la scène politique avec la création de l'Union d'Afrique du Sud en 1910.

qu'elle avait commandé, et comme notre chariot ne suffisait pas toujours à la tâche, Maans embauchait des rouliers au village pour qu'ils lui prêtent main-forte avec leurs charrettes à ânes. C'est ainsi que l'on vit arriver du papier peint à fleurs et des lustres pour les salles de séjour, des carreaux de couleur pour les cheminées encastrées qu'elle avait fait construire, des doubles-rideaux ornés de glands et des voilages, de petites tables basses avec des bibelots et un piano pour le salon – bien que Stienie n'ait jamais su en jouer –, des penderies avec des miroirs à l'intérieur des portes, des lits en cuivre jaune garnis de matelas en fibre de coco, un nouveau service de table, un service à thé, des tapis bigarrés et Dieu sait quoi encore : chaque année, lorsqu'ils rentraient du Cap, les hommes discutaient de politique avec Maans tandis que les femmes admiraient les dernières acquisitions de Stienie. En repartant, elles se gaussaient derrière son dos de ses manières affectées et de son élégance, mais le plus souvent c'était simplement de la pure jalousie : « Ça, Maans, y a pas à dire, tu t'es fait construire la plus belle maison de tout le district », déclara Dawid Loubser en remontant dans sa calèche après sa première visite ; Lina et Gertruida firent semblant de n'avoir rien entendu – à ma connaissance, jamais une femme du district n'alla aussi loin que ce brave Dawid dans l'admiration béate. Au bout de quelques années, toutefois, Stienie parut se lasser, à moins qu'ayant déjà tout ce qu'il lui fallait elle ne désirât plus rien. Elle cessa ses achats pour la maison et désormais, lorsqu'elle revenait du Cap, c'était avec des cartons à chapeaux et des valises remplies de vêtements neufs.

Élégante, la maison l'était sans conteste, en tout cas pour notre région ; c'était une vaste bâtisse de pierre surmontée d'un toit de tôle ondulée que l'on voyait briller de loin au soleil dans le veld, et qui dominait l'ancienne maison d'habitation à toiture de chaume située un peu plus loin, au pied de la colline. La vieille maison était un refuge où nous nous retirions pour faire la cuisine, manger et dormir, le lieu où les enfants étaient nés et où, avec un peu de chance, l'on mourait dans son lit; mais la nouvelle, à quoi servait-elle, avec ces pièces beaucoup trop grandes et beaucoup trop nombreuses pour nous, toute cette lumière qui s'engouffrait à travers ses grandes fenêtres, ces cheminées, ces lampes et ces lits en cuivre jaune à ne plus savoir qu'en faire? Je déambulais dans ces volumes immenses gorgés de lumière, sursautant chaque fois que j'entendais les semelles de mes chaussures crisser sur le plancher ou la pluie marteler la tôle ondulée, et lorsqu'il m'arrivait par inadvertance de me cogner à Maans dans le couloir, j'avais l'impression que lui aussi se sentait bizarre, comme s'il était mal à l'aise; Stienie, en revanche, était heureuse, du moins pour une certaine durée, à sa manière, aussi heureuse qu'elle était capable de l'être. Étrangement, avec le temps, j'eus de plus en plus le sentiment, lorsque je rendais visite à Annie, laquelle vivait désormais dans l'ancienne maison avec Pieter et la petite, que la maison où j'étais née et où j'avais grandi était froide et sombre, comme si je m'étais peu à peu habituée à la nouvelle maison de Stienie.

Maans et Stienie descendaient désormais chaque année au Cap, où ils louaient une maison; Stienie s'y sentit vite chez elle, se fit des relations et prit l'habitude de sortir et de participer aux mondanités locales. Elle m'écrivait de temps à autre un petit mot ou découpait à mon intention un article de journal lorsque Maans était intervenu au Parlement afin que je le montre autour de moi, mais les articles étaient rares et un beau jour, elle cessa de me les envoyer car les habitants du district commençaient à faire des gorges chaudes du silence de leur député. Il prit néanmoins la parole à plusieurs reprises, lorsque les débats portaient sur l'agriculture ou l'élevage, et vota toujours comme il fallait; comme les gens l'aimaient bien et n'avaient rien à lui reprocher, près de vingt ans plus tard il les représentait toujours, bien qu'il n'eût jamais dit un mot plus haut que l'autre et n'eût jamais créé le moindre scandale, ni même attiré l'attention sur lui.

Au début, Maans me proposait parfois de leur rendre visite au Cap ; Stienie s'empressait toujours de renchérir, mais un peu trop vite à mon goût et d'une manière qui montrait clairement que rien ne pressait. Un jour, il fit même remarquer qu'il serait bon que je les accompagne pour m'occuper du ménage, car Stienie avait toutes sortes d'activités et se plaignait sans cesse ; il avait dit cela sans réfléchir, peut-être même en plaisantant, mais Stienie, assise à côté de moi, ne réagit pas et il ne renouvela jamais l'invitation. Je craignais, dans les débuts, qu'ils n'attendent de moi que j'aille les voir ou que je leur tienne compagnie, mais cette peur se dissipa peu à peu : pour Maans comme pour Stienie, j'étais plus utile ici à la ferme en leur absence, et en outre, je compris vite que Stienie souhaitait quitter la ferme et n'avait aucune envie de s'embarrasser de moi au Cap, où je lui aurais rappelé en permanence tout ce qu'elle cherchait précisément à oublier. Ce fut à cette époque que les familles aisées du district commencèrent à envoyer leurs enfants à l'école dans le Boland, aussi y en avait-il toujours une ou deux qui avait une fille à l'école au Cap ou un fils étudiant à l'université ; je les entendis se plaindre à plusieurs reprises que Stienie ne s'occupait pas assez des enfants, et des fermiers du district qui s'étaient rendus à la ville s'exprimaient parfois avec aigreur sur la manière dont ils avaient été reçus. Quant à moi, j'avais la paix.

Nous continuâmes donc ainsi : je restais seule dans la grande maison une partie de l'année, Pieter vivait avec Annie et la petite dans la vieille bâtisse et l'hiver, nous descendions tous ensemble dans le Karoo. Lorsque j'étais enfant, j'allais parfois au culte à Worcester avec mes parents, mais je ne m'étais jamais aventurée plus loin ; maintenant que nous avions notre propre temple dans le Roggeveld, une telle expédition n'était plus nécessaire. Ainsi, pendant ces années-là, ma vie s'écoula le long de la route qui allait de la ferme au village et, à l'approche de l'hiver, je descendais dans le Karoo en passant par Verlatekloof. Je n'étais jamais allée à Matjiesfontein et n'avais jamais vu ni train, ni voie de chemin de fer. Je n'en avais d'ailleurs jamais ressenti le désir.

Cinq ou six ans après avoir épousé Annie, Pieter mourut, aussi calmement et aussi discrètement qu'il avait vécu : un matin, alors que Maans et Stienie étaient au Cap, Annie se précipita en courant vers la maison pour dire qu'il était mort. Il était malade depuis quelque temps déjà et ce matin-là, assis au bord de son lit, il avait soudain basculé à la renverse contre les oreillers. Il n'avait pas soixante-dix ans. J'aidai Annie à préparer le corps et nous l'enterrâmes à la ferme, avec pour seuls témoins les voisins les plus proches. Hendrik Esterhuizen célébra le culte et nous envoyâmes quelqu'un au village pour expédier un télégramme à Maans, mais il ne pouvait naturellement pas venir exprès du Cap juste pour les obsèques. Un vieil homme qui avait vécu pendant des années chez nous à la ferme était mort, voilà tout, un parent à charge, un paysan pauvre respecté de tous ; je ne ressentis, en faisant la toilette du corps inerte et vieilli de cet étranger, rien d'autre qu'une douleur sourde et lointaine que j'avais du mal à expliquer.

Après la mort de Pieter, Annie et sa petite fille restèrent dans la vieille maison ; Annie était une femme tranquille qui n'embêtait personne, et c'était pratique pour Stienie qui pouvait compter sur son aide lorsqu'il y avait des invités. On lui fournissait du bois et de la viande, et je suppose que Maans lui donnait un peu d'argent pour vivre car Pieter ne lui avait rien laissé. Maans aimait bien la petite, ce qui n'était guère du goût de Stienie, qui n'encouragea jamais l'enfant à venir chez nous. Pendant tout un temps, Maans parla de l'envoyer à l'école au Cap, mais Stienie s'y opposa avec véhémence. Il tenta bien de faire valoir qu'elle pourrait devenir institutrice, ou encore fonder une petite école au village, mais Stienie se contenta de secouer la tête en pinçant les lèvres, enfilant dans son ouvrage son aiguille à broder qui brillait à la lueur de la lampe, et les choses en restèrent là.

Pendant quelques mois, la petite fit à pied le chemin jusqu'à Driefontein où elle fréquenta l'école de la ferme locale et je l'aidai un peu à apprendre à lire et à écrire, mais elle n'était pas d'une grande intelligence, ou peut-être ne faisait-elle guère d'efforts. Un jour, Maans suggéra que quelqu'un, au village, pourrait lui donner des leçons de piano, puisque le piano qu'ils avaient chez eux ne servait de toute façon à personne, mais Stienie éclata de rire à cette idée et une fois de plus, la proposition resta lettre morte.

Après la mort de Pieter, Maans annonça qu'il avait l'intention de faire ériger une stèle à la mémoire de son oncle, mais il avait d'autres choses en tête et les années passèrent. Comme je n'avais pas envie de lui rappeler sa promesse, je pris sur mes maigres économies de quoi faire graver par le vieil Appie, au village, une stèle ornée de lettres inégales et d'un entrelacs de branches et de couronnes, sur laquelle je fis inscrire son prénom, son nom, les dates de sa naissance et de sa mort et les mots *Luc, chapitre XV, verset 32.* Maans était au Cap lorsqu'on livra la pierre, et comme ni lui, ni Stienie n'avait de raison de se rendre au cimetière, ils n'en ont sans doute jamais rien su. Ainsi tout le monde est mort : Papa, Maman, Jakob et Pieter; Sofie aussi, sans doute – comment Sofie, qui était plus âgée que moi, pourrait-elle être encore de ce monde, alors que j'ai moi-même dépassé les soixante-dix ans ? Il ne reste plus que moi désormais, qui attends l'aube et me consume à petit feu dans l'obscurité en écoutant le souffle régulier de la jeune fille, quelque part au pied de mon lit, plongée dans un sommeil si profond que rien ne parviendrait à l'en tirer. Dort-elle encore ? Le silence autour de moi est de plus en plus lourd, je n'entends plus rien, et devant mes yeux l'obscurité est aussi pesante qu'un rideau. Je suis la seule survivante.

Maans faisait toujours en sorte de revenir du Cap dès qu'il le pouvait, car il n'aimait ni la ville, ni la vie citadine, mais Stienie faisait souvent traîner leur séjour en longueur, ce qui les amenait à s'absenter longtemps de la ferme. De plus, à leur retour, Maans devait sillonner sa circonscription pour bavarder avec les gens. Stienie l'accompagnait presque toujours, ses malles attachées à l'arrière de la calèche ; elle prétendait qu'elle s'ennuyait à la maison. Je me retrouvais donc de plus en plus souvent seule, et je dus à plusieurs reprises m'occuper de tout moi-même, donner les ordres et prendre les décisions. Pourquoi pas, après tout ? J'avais grandi à la ferme, et pendant la plus grande partie de ma vie j'avais regardé faire les hommes – d'abord Papa et mes frères, puis Maans – et écouté leurs conversations. Maans essaya bien quelque temps de travailler avec un contremaître, mais comme tôt ou tard ce dernier – ou sa femme – se disputait avec Stienie et s'en allait, il finit par se dire que nous pourrions très bien nous débrouiller seuls, aussi longtemps que je serais à la maison ; il appréciait de pouvoir compter sur moi et Stienie remarqua même un jour, non sans satisfaction, qu'il était tout de même pratique de pouvoir se passer de contremaître – je n'eus cependant jamais droit à un seul compliment de sa part.

Quoique... à dire vrai, ce n'est pas tout à fait exact : un jour, je surpris dans une conversation des paroles que l'on pourrait sans doute qualifier de compliment, bien qu'elles ne me fussent pas directement destinées. J'étais dans le couloir, marchant derrière la bonne qui portait le plateau au salon, lorsque j'entendis Maans dire aux invités, du ton tranquille qui était le sien : « Tantie s'occupe bien mieux de la ferme que n'importe quel contremaître ! » – sur quoi Stienie renchérit : « Oui, c'est vraiment une brave petite vieille. » Cette grande et belle maison avait aussi ses avantages : combien de fois n'avais-je pas eu l'occasion d'entendre ou d'apercevoir quelque chose par hasard derrière une porte, au détour d'un couloir, dans un coin ou derrière les voilages de dentelle ! Je m'immobilisai un instant dans le couloir, au lieu d'entrer derrière la bonne et de l'aider à servir le café comme j'en avais l'habitude. Voilà donc ce que je suis, songeai-je en moi-même : une brave petite vieille ! À près de soixante-dix ans, j'eus l'impression qu'un gouffre s'ouvrait en moi et me déchirait de part en part. Je n'avais jamais vraiment eu de raison d'avoir une très haute opinion de moi-même, mais les paroles inattendues de Stienie – à la fois aimables et méprisantes, comme elle savait si bien l'être – m'avaient blessée, et je me souviens encore d'être restée dans le couloir sans bouger, titubant au bord de l'abîme.

Quoi qu'il en soit, plus je vieillissais, plus j'avais de liberté, cette liberté à laquelle je m'étais préparée depuis si longtemps et dont je pouvais désormais profiter à mon aise. J'étais souvent seule pendant des journées, voire des semaines entières, sans personne pour me voir ni m'entendre, pour m'observer, me poser des questions ni me faire des reproches, et quant aux domestiques, à la cuisine, ils se moquaient pas mal de ce que je faisais. Annie, de son côté, menait sa petite vie tranquille avec sa fille sans s'occuper de moi, et les voisins avaient renoncé depuis longtemps à me rendre visite lorsque j'étais seule, car je réussissais presque toujours à les éviter. Pendant toutes ces journées, ces semaines, ces mois même, je testais les limites de ma liberté et m'aventurais chaque fois un peu plus loin sans jamais rencontrer le moindre obstacle ; je découvris que j'étais libre d'aller et venir à ma guise et de me promener où bon me semblait, retrouvai les chemins d'antan et tous les lieux aimés de mon enfance. La liberté dont j'avais joui au village, seule dans la maison inondée de lumière grâce à la réverbération du soleil sur la neige, était toujours soumise à des restrictions, et lorsque je me rendais au cimetière je devais me contenter de suivre du regard, à l'orée du village, le tracé de la route à travers la grisaille du veld. Désormais je pouvais marcher librement sans même devoir me préoccuper de chercher un sentier, et m'absenter toute une journée sans que personne se demande où j'étais.

Au début, la guerre ne changea rien à notre vie à la ferme

– c'était un sujet de conversation pour les hommes lors des réunions de famille ; ce n'est que lorsque les commandos boers envahirent la colonie du Cap et que les Anglais établirent leur gigantesque campement à Matjiesfontein que nous fûmes touchés directement. L'on construisit alors des redoutes et des forts sur tout le pourtour du plateau, des soldats furent chargés de surveiller les cols permettant de passer du Roggeberg au Karoo, et chez nous, à la ferme, de l'autre côté des lacs, les Anglais établirent un camp pour plusieurs semaines. Stienie, qui envisageait déjà d'aller s'installer dans la maison au village, s'accommoda fort bien de la situation : au moins, disait-elle, nous serions protégés et en sécurité. Elle ne se tint plus de joie le jour où un groupe d'officiers anglais vint demander l'autorisation de jouer du piano chez nous, événement qui, comme je l'ai dit, était fort rare ; elle leur servit le thé dans ses plus belles tasses et s'assit avec eux au salon pour bavarder, car elle avait appris l'anglais au Cap. Maans, lui, n'aimait pas trop voir des Anglais à la ferme, car bien qu'il fût un homme de paix et qu'il fît de son mieux pour ne pas prendre parti, il savait que les gens, dans le district, n'appréciaient guère la situation ; il ne pouvait rien faire, cependant, car les soldats lui achetaient au prix fort les moutons et le pain que Stienie faisait cuire. Après quelque temps, toutefois, ils partirent, nous abandonnant à notre sort ; hommes et chevaux disparurent pratiquement du jour au lendemain, mais le veld, de l'autre côté des lacs, conserva longtemps les traces de leur passage, et là où ils avaient installé leur camp l'herbe fut longue à repousser.

Il ne resta bientôt plus au village qu'une unique garnison ; le village lui-même fut fortifié et les commandos allaient et venaient chez nous à leur guise. Stienie émit à nouveau l'idée qu'il serait peut-être plus prudent de quitter la ferme, mais après que les Boers eurent attaqué le village elle décida de se rendre au Cap chez ses amis. Quant à moi, personne ne me proposa d'habiter au village, et encore moins d'accompagner

Stienie pour me mettre à l'abri ; Maans et moi restâmes seuls à la ferme jusqu'à la fin de la guerre, avec Annie et sa fille dans la vieille bâtisse. Nous fûmes soumis à la loi martiale, tous les chevaux furent réquisitionnés, nous n'avions le droit d'aller nulle part et plus personne ne nous rendit visite. Dans le Hantam et le Roggeveld, les commandos boers se déplaçaient librement et surgissaient de temps à autre dans la cour de la ferme pour nous demander de la nourriture ou des vêtements. Je ne crois pas que Maans appréciât beaucoup ces incursions, mais il ne pouvait pas refuser, bien qu'ils ne nous aient jamais donné le moindre penny en échange des nombreux moutons qu'il fallut abattre pour eux. Une année, à Bastersfontein – c'était le jour du Nouvel An –, ils capturèrent l'un des bergers de Maans ainsi qu'un autre homme, prétendirent qu'ils espionnaient pour le compte des Anglais, les fouettèrent et les fusillèrent. Leurs femmes vinrent se plaindre auprès de Maans – je me souviens encore de leurs pleurs et de leurs cris dans la cour, devant la porte de la cuisine ; depuis le pas de la porte, juste derrière Maans, je regardais la scène, aveuglée par la réverbération du soleil sur la poussière blanche, mais je ne pouvais rien faire pour elles et Maans pas davantage, car c'était la guerre et les belligérants n'en faisaient qu'à leur tête.

Pendant longtemps, nous n'eûmes plus le droit d'aller nulle part, et nous n'étions en sécurité nulle part ; Maans suggéra d'un ton hésitant qu'il serait peut-être plus prudent que je cesse de me promener toute seule dans le veld comme j'en avais pris l'habitude. Il n'en dit pas davantage, mais par la suite je m'arrangeai pour ne sortir que lorsqu'il était lui-même absent, afin de ne pas l'inquiéter. Pour moi, toutefois, ce n'était plus pareil, j'avais le sentiment que la terre et le veld que j'avais connus toute ma vie avaient changé, que les endroits les plus familiers étaient soudain remplis de danger et que je ne pouvais plus faire confiance au pays de mon enfance, désormais aussi luisant et dangereux que le cobra du Cap lorsqu'il se faufile parmi les arbustes entre les rochers. Certains jeunes hommes du district avaient rejoint les commandos boers ; parfois l'un d'eux était tué dans une escarmouche, ou encore capturé et exécuté comme rebelle : c'étaient des jeunes hommes, que je connaissais à peine, bien que leurs parents ou leurs grands-parents fussent de ma génération. Dans l'isolement où nous vivions, nous apprenions généralement la nouvelle de ces combats et de ces exécutions par les bergers, et les domestiques étaient bien mieux renseignés que nous sur les mouvements des commandos et des soldats.

Quelque chose avait changé, et lorsque la guerre fut finie, la vie n'était plus la même. Maans retourna au Cap siéger au Parlement, mais il avait déjà plus de cinquante ans et beaucoup de cheveux gris : souvent, quand je lui trouvais l'air vieux et fatigué, je me remémorais l'enfant que je portais attaché sur mon dos et que j'avais élevé seule, le petit écolier qui voulait devenir soldat. Je me demandais parfois s'il se souvenait de l'eau qui brillait au soleil entre les roseaux, s'il avait conservé de ses années d'enfance ne serait-ce qu'un vague souvenir des larmes qui coulaient sur mes joues lorsque je m'étais agenouillée dans le veld, s'il se demandait parfois avec un peu d'inquiétude d'où venait cette image floue, ou bien ce qu'elle représentait. À moins que tout cela aussi n'eût sombré dans l'oubli…

Que se serait-il passé si Papa l'avait autorisé à partir ? Eût-il été plus heureux, plus malheureux ? Qui sait ? Stienie était de moins en moins à la maison, elle se plaignait beaucoup de sa santé et prétendait qu'elle devait rester au Cap pour être plus près des médecins qui la soignaient ; le reste du temps, elle se promenait au bord de la mer, prenait les eaux à Goudini ou séjournait au sanatorium de Caledon. À la maison elle était nerveuse, insatisfaite, et la seule chose qui pût la dérider était d'avoir de la visite, ou lorsqu'elle trouvait un prétexte quelconque pour recevoir. Son regard était toujours aussi fébrile, aussi inquisiteur, mais sa voix se fit plus âpre, plus plaintive. En vieillissant, elle prit du poids, mais continua de s'habiller au Cap : elle avait toujours été pour nous d'une élégance outrancière, mais là, comment dire, elle était franchement excentrique avec ses manches à goussets, ses volants, ses traînes, ses chapeaux à fleurs, ses rubans et ses voilettes, ses grandes épingles à chapeau et ses plumes d'autruche – Stienie avait toujours aimé les plumes d'autruche. Alors qu'autrefois les gens riaient avec bonhomie de ses accoutrements, désormais les moqueries, de moins en moins débonnaires, devenaient carrément méchantes, surtout parmi les femmes. Certes, c'étaient la plupart du temps des jeunes qui la connaissaient mal, n'étaient pas très tendres dans leurs déclarations et étaient prompts à juger et à condamner ; parfois ils forçaient le trait, la rendant plus ridicule qu'elle ne l'était en réalité.

Maans, quant à lui, jouissait toujours de l'estime générale, mais çà et là une aigreur nouvelle se fit jour dans les sentiments que les gens éprouvaient envers lui. La guerre avait semé la zizanie dans notre district ; certains étaient d'avis qu'il avait collaboré un peu trop facilement avec le gouvernement, d'autres estimaient qu'il avait été trop gentil avec les commandos à la ferme. Après l'avoir raillé des années durant pour son côté taciturne au Parlement, les uns et les autres lui reprochaient désormais soit de ne pas prendre assez souvent la parole, soit d'être trop mou dans ses interventions. J'entendais les propos désobligeants que l'on tenait sur lui dans les conversations que je surprenais, que ce fût à la cuisine, dans le couloir lorsque la porte était entrebâillée, ou en passant près d'un petit groupe d'invités qui me tournaient le dos et avaient oublié ma présence comme d'habitude ; il devint de plus en plus manifeste que l'affection et la confiance d'autrefois avaient disparu. Que s'était-il passé ? Je n'en savais rien moi-même, car tout cela se déroulait à l'extérieur de moi, sur un sentier tortueux et doré qui brillait par intermittence au soleil dans la grisaille ambiante.

Maans finit par se rendre compte lui-même que les sentiments des gens à son égard avaient changé. Il ne se serait sans doute jamais lancé dans la politique si Stienie ne l'y avait poussé, et sans elle il eût sans doute passé la main depuis longtemps, car les obligations, les responsabilités et les longues absences de la ferme lui pesaient ; plus le temps passait, plus il était clair qu'il en avait assez. Pourtant, dès qu'il parlait de se retirer, Stienie l'interrompait d'un mouvement rapide de la tête et des épaules et glissait dans un petit rire une remarque méprisante, comme pour bien faire comprendre qu'il ne pensait pas vraiment ce qu'il disait ; finalement, lorsqu'il fut question d'unifier le pays[1], il déclara qu'il resterait jusqu'à l'élection d'un nouveau parlement, mais pas au-delà. Cette fois, Stienie se garda d'intervenir ; elle demeura silencieuse et l'écouta parler en examinant ses bagues, comme si sa décision ne l'intéressait plus. Il avait bien vieilli, l'enfant que j'avais élevé, et il avait désormais plus de gris que de noir dans ses cheveux ; je levai les yeux tandis qu'il parlait et, en le voyant ainsi à la lumière de la lampe, je fus prise de panique, comme si je m'apercevais soudain à quel point les années avaient passé vite. Si Papa l'avait autorisé à devenir soldat comme il le souhaitait, les choses eussent-elles réellement été différentes ?

Je pouvais regarder de l'autre côté de la table dans le halo de la lampe, et voir ; je pouvais écouter dans la lumière terne du couloir ou dans le salon, derrière le double-rideau, et entendre – mais c'était tout. Rien de ce que j'aurais pu faire n'eût empêché ni modifié le cours des choses et, les années passant, je m'étais tellement détachée de tout que je ne me sentais plus impliquée le moins du monde. Certes, j'allais encore au village pour la Sainte Cène, j'assistais au culte avec Maans et Stienie, mais lorsque la maison fourmillait de visiteurs, je prenais de plus en plus souvent la liberté de

1. La guerre des Boers (1899-1902) fut suivie de pourparlers en vue de constituer une union entre les deux républiques boers indépendantes (le Transvaal et l'État libre d'Orange) et les deux colonies britanniques (Le Cap et le Natal) ; c'est ainsi que naquit en 1910 l'Union d'Afrique du Sud, qui dura jusqu'à la proclamation de la république en 1961.

m'éclipser et, si dans les premiers temps les gens remarquèrent mon absence, ils s'y habituèrent vite. À la ferme, lorsqu'il y avait des invités, je donnais des instructions en cuisine et veillais à ce que le café fût servi au salon, mais je ne me mêlais plus à la compagnie ; Stienie, au début, faisait la grimace devant un tel manque de savoir-vivre et me gratifiait d'un petit mouvement agacé de ses épaules rondes, mais elle s'abstint de tout commentaire et en toute honnêteté, parmi nos visiteurs, jamais aucun ne réclama ma présence, jamais aucun ne s'inquiéta.

Un jour que j'assistais, bien malgré moi, à un mariage en compagnie de Maans et de Stienie, tenant le rôle de l'invitée muette que personne n'avait remarquée à l'écart des réjouissances, j'entendis les femmes rassemblées sous le halo de la lampe, un verre de vin doux à la main, parler de Stienie :« Maans est rarement à la maison ces temps-ci, observa l'une d'elles avec dédain ; c'est sa tante, la vieille folle, qui s'occupe de la ferme à sa place. » Je ne sais plus qui avait prononcé ces paroles, ni même qui étaient les mariés ; je me souviens seulement de l'ombre dans le coin de la pièce où j'étais assise, de ce jugement que personne n'avait contredit et du silence qui s'abattit soudain lorsqu'elles s'aperçurent que j'étais à côté d'elles et que j'avais entendu leur conversation. Un bref instant, l'abîme béant s'ouvrit de nouveau en moi ; très vite elles se mirent à parler d'autre chose, et à l'endroit même où j'étais assise, à l'écart de leur petit cercle, je fus soudain submergée par un sentiment de liberté. Après cette expérience, je jugeai inutile d'assister aux mariages ou aux enterrements qui avaient lieu dans le district. J'allais au village pour la Sainte Cène, j'assistais au culte avec Maans et Stienie, mais les derniers liens visibles qui, jusque-là, me rattachaient encore aux gens de notre entourage étaient rompus.

À la maison, comme je l'ai dit, lorsque j'étais enfant, nous n'avions pas de miroir, aussi n'avais-je jamais eu l'occasion de voir mon visage. Dans les dernières années, je réappris à vivre sans miroir – je n'en avais d'ailleurs nul besoin, car je ne savais déjà que trop bien à quoi je ressemblais : une vieille femme méchante, incapable d'avoir une conversation sensée ou toute autre forme de contact avec autrui, qui plus est timide, s'exprimant avec difficulté et affligée d'une mystérieuse cicatrice sur le front, une vieille femme à la peau desséchée par le soleil et aux cheveux ébouriffés par le vent, une vieille femme que son existence étrange et solitaire avait presque rendue à l'état sauvage, voilà tout ce qui reste de moi : une vieille femme solitaire gisant sur son lit dans une chambre obscure, muette, paralysée, et tellement recroquevillée au fond d'elle-même qu'un retour à la vie semble impossible. C'est tout.

Mais quelle importance ? Laissez-la donc dormir, cette jeune fille sur sa paillasse au pied de mon lit : elle est jeune, elle a la vie devant elle. Pourquoi l'obliger à se réveiller, à se lever ? Il n'y a plus rien qu'elle puisse faire pour moi.

Qu'espérais-je en attendant le chant du coq, scrutant l'obscurité pour tenter d'entrevoir les premières lueurs pâles de l'aube ? Que pouvait m'apporter le matin que la nuit ne m'eût déjà donné ? Je me suis souvenue de ce que j'avais oublié, j'ai mis des mots sur ce que je ne voulais pas savoir, ma mission est accomplie ; maintenant je suis fatiguée, je veux me reposer sans être dérangée par quiconque, et surtout pas par les mille et une activités de la journée. Le puzzle est étalé devant moi, tous les éclats, tous les fragments sont en place, ma tâche est terminée, et ce n'est pas à moi de juger si le travail a été bien ou mal fait. Une dernière chose toutefois, puisque je suis arrivée jusqu'ici et que j'ai tant parlé ; une dernière chose encore, bien que je ne sache pas trop pourquoi, puis j'en aurai fini.

Les dernières années, après la guerre, alors que je me détachais progressivement de tout ce qui se passait autour de moi, des gens vinrent me trouver à la ferme malgré l'isolement dans lequel je vivais, comme ils le faisaient jadis, lorsque l'instruction n'était pas encore aussi répandue dans nos contrées qu'elle l'est aujourd'hui et qu'ils me demandaient de leur lire ou de leur écrire des lettres. C'étaient des gens simples, des gens modestes, des paysans sans terre, et si je n'étais pas à la maison lors de leur passage, ils s'asseyaient à l'ombre dans leur carriole, le long du mur, en attendant que je revienne; c'étaient parfois des métis venus en charrette à âne du district de Rietrivier, du Nuweveld ou de plus loin encore, parce qu'ils avaient entendu parler de moi chez eux, comme je l'appris par la suite. Tous ces visiteurs m'exposaient timidement les maux dont ils souffraient et je découvris qu'ils me créditaient d'une connaissance particulière des plantes et des herbes – c'était comme cela que les gens du district expliquaient mon goût pour la solitude et mes longues randonnées dans le veld et, dans leur simplicité, ils interprétaient ma solitude et mon isolement comme autant de signes de savoir et de pouvoir. Ils dénudaient humblement devant moi leurs plaies, leurs ulcères et leurs chairs gonflées, et me regardaient avec confiance en attendant que je les guérisse de leurs maux. Je ne pouvais toutefois pas faire grand-chose, étant moi-même aussi démunie qu'eux face à la souffrance et honteuse de cette confiance imméritée qu'ils plaçaient en moi : je bafouillais une excuse, leur proposais des remèdes dont j'avais eu connaissance par hasard ou leur donnais un médicament quelconque que je prélevais sur la pharmacie familiale avant, morte de honte, de suivre du regard la carriole branlante qui reprenait sa route et ses occupants qui rentraient chez eux avec leur douleur et leur souffrance. Peut-être n'y avait-il personne d'autre qui fût disposé à les écouter ou à tenter de leur venir en aide, et appréciaient-ils l'attention et la sollicitude qu'ils trouvaient auprès de moi? Toujours est-il qu'ils venaient chaque année, et qu'ils croyaient sincèrement que j'avais le pouvoir de les soulager; Stienie s'irritait de voir ces véhicules misérables bringuebaler dans la cour lorsqu'elle était à la maison et tonnait sans ménagement contre ces visiteurs, mais jamais en ma présence. Que pouvais-je faire, prise entre ses regards désapprobateurs et leur confiance sans fondement, pleinement consciente de mon impuissance? Ces malheureux étaient les seuls êtres qui eussent encore besoin de moi, même si leur croyance dans mes capacités ne reposait sur rien, et leurs rares visites étaient l'unique lien qui m'attachât encore au monde.

Un jour que Maans et Stienie étaient au Cap, l'une de ces carrioles bringuebalantes s'arrêta à une certaine distance de la maison. Je m'étais assise près de la fenêtre de la salle à manger, car je me sentais fatiguée, et n'étais pas sortie pour voir ce que voulaient ces gens bien que j'eusse entendu, à la porte de la cuisine, un homme parler avec les domestiques. Je pensais qu'ils venaient me demander conseil, comme toujours, mais ce n'était pas le cas. La bonne vint me dire qu'un homme, un Blanc, voulait savoir s'il pouvait rester quelque temps sur nos terres pour y faire paître ses moutons. Je lui fis servir du café et m'assis avec lui à la cuisine pour lui tenir compagnie – Stienie, les dernières années, refusait de laisser entrer ces gens dans son salon, et même à la cuisine ils n'étaient pas les bienvenus. L'homme était plutôt jeune, bien qu'il parût vieux et fatigué dans ses vêtements couverts de poussière et ses chaussures usées; tout en buvant son café, il me fit, d'un ton poli mais détaché, le récit du long trajet qu'il venait de parcourir depuis Sakrivier et Rietrivier, à travers le Nuweveld. Au moment de partir, alors que je lui indiquais un endroit où s'installer, il se figea sur le seuil de la porte de la cuisine où il s'apprêtait à prendre congé, son chapeau à la main, et mentionna en passant que sa femme était malade et qu'elle était couchée dans le chariot, non comme s'il espérait ou attendait une aide de ma part, mais plutôt comme s'il ajoutait une information à la liste de celles qu'il m'avait énumérées en buvant son café, dans le récit de sa vie d'errance.

Il était assez rare à l'époque de voir un Blanc errer de la

sorte d'un pâturage à l'autre avec ses moutons, vivant de l'hospitalité et de la charité d'autrui, et ces vieux chariots délabrés n'étaient plus aussi courants qu'à l'époque de mon enfance. Assise devant la fenêtre, je ne pus m'empêcher de songer sans le vouloir au passé et à toutes sortes de choses que j'avais oubliées depuis longtemps : l'oncle Ruben, avec ses enfants aux pieds nus, et les pitoyables équipées de Jan Baster sur la route de Grootrivier. Je voulus m'allonger afin de me reposer un peu, mais la visite de cet inconnu m'avait troublée et les vieux souvenirs remuaient tant de choses en moi que je n'arrivai pas à trouver le repos. Je pris mon coffre à médicaments et me dirigeai vers le chariot.

L'homme était seul avec son berger et n'avait personne pour l'aider. Son chariot était vieux et déglingué, la bâche en était usée et déchirée, et il tangua lorsque je me hissai à l'intérieur ; la femme, gisant sur des couvertures de peaux étalées sur un lit de camp, ne remarqua même pas ma présence. Je fouillai parmi les remèdes que je connaissais, mais elle ne fit pas attention à moi ; l'homme me remercia de mon aide presque servilement, comme s'il ne s'y attendait pas et qu'il ne fût pas habitué à tant de sollicitude, mais il semblait savoir qu'aucun médicament ne pourrait plus la sauver. Ne pouvant plus rien faire pour eux, je décidai de les laisser seuls avec un peu de nourriture que je leur avais fait porter, mais dans la soirée je pris la lanterne et me rendis de nouveau auprès d'eux.

Le berger s'était endormi devant les quelques braises qui restaient du feu de camp et, dans le chariot, l'homme était assis près du lit de sa femme à la lumière d'une unique chandelle de suif plaquée sur un coffre ; immobile, les épaules tombantes, il ne leva pas les yeux à mon arrivée et ne fit même pas mine de s'écarter lorsque je me penchai sur elle. Je la regardai dans la semi-obscurité et, voyant que je ne pouvais plus rien pour elle, j'allai m'asseoir sur un petit siège pliant au pied du lit, pour la veiller en compagnie de l'inconnu. Pourquoi faisais-je cela ? J'aurais pu tout aussi bien rentrer à la maison, car il n'avait pas davantage besoin de ma présence que son épouse. Dans la lumière vacillante de la chandelle de suif, je fis l'inventaire de leurs maigres possessions – le récipient ébréché, la tasse fendue, le couteau – l'homme fatigué, épuisé, et la femme mourante sur le lit. Quel âge pouvait-elle avoir? C'était impossible à dire, car des années de pauvreté, de souffrance et d'errance avaient laissé des marques profondes sur son visage, mais les cheveux qui retombaient sur son front trempé de sueur étaient encore noirs, et l'on devinait qu'elle avait dû être jolie – comment savoir? Je me redressai et me penchai au-dessus d'elle pour essuyer la sueur de son front, car l'homme ne faisait aucun geste, aucune tentative; lorsqu'elle laissa errer sa main fiévreuse et hésitante sur la couverture, semblant chercher quelque chose de ses doigts, il ne remarqua rien non plus et c'est moi qui, me penchant en avant, la saisis, et c'est ainsi qu'elle mourut, sa main dans la mienne.

Nous demeurâmes assis un moment sans bouger, jusqu'à ce que la flamme vacillante menaçât de s'éteindre, car je ne voulais pas troubler ce moment par une parole ou un geste inopportuns. Tout en tenant la main de cette femme morte dans la mienne, je me dis que Sofie avait dû mourir ainsi, ou d'une manière semblable, quelque part dans un chariot ou sous une tente, dans un abri de berger ou une chambre de bonne, dans la solitude du Grand Karoo, du pays bochiman ou du Namakwaland, voire plus loin encore, au-delà de Grootrivier, dans une solitude semblable, une pauvreté semblable, un désespoir semblable; c'était d'un lit de mort tout aussi silencieux que quelqu'un, un beau jour, nous avait ramené Pieter. Cinquante ou soixante ans durant je m'étais posé la question, traînant partout avec moi mon incertitude et mes questions non formulées, et maintenant j'avais la réponse, la boucle était bouclée : au bout de tant d'années, je pouvais enfin accomplir un dernier geste de compassion et de réconciliation, tendre la main et la passer sur son front, tendre la main, serrer la sienne tandis qu'elle mourait doucement et lui dire adieu. Le moment était venu d'inscrire la date dans la Bible familiale et de la graver dans la pierre.

Le lendemain, l'homme et son aide creusèrent une tombe dans le cimetière à l'endroit que je leur avais désigné, juste à côté de celle de Jakob ; il n'y avait qu'eux deux, Annie, sa fille et moi. Ils comblèrent la fosse, empilèrent quelques pierres par-dessus, en posèrent une à la verticale à la tête et une au pied de la tombe, puis l'homme balbutia quelques mots de remerciement et reprit sa route vers l'étape suivante avec son chariot déglingué, ses mules et sa poignée de moutons que le berger poussait devant lui. Son épouse resta dans notre cimetière : la sépulture de Jakob était flanquée d'un côté par la pierre tombale de Sofie, avec la date qui figurait dans la Bible familiale, et de l'autre par la sienne. Une fois l'homme parti, Annie se souvint tout à coup qu'aucune d'entre nous ne lui avait demandé comment sa femme s'appelait ; mais qui aurait l'idée de lui ériger une stèle, et qui, de toute façon, se fierait à une épitaphe, fût-elle gravée dans la pierre ?

Le lendemain, je me rendis à pied à Bastersfontein, pour la première fois depuis le jour où j'y avais emmené Maans, qui n'était à l'époque qu'un petit garçon. Déjà, pour une jeune fille accompagnée d'un petit enfant, c'était un long trajet, mais pour une vieille femme retournant lentement, en hésitant, dans un lieu qu'elle avait pris soin d'éviter pendant si longtemps, c'était encore pis : cet endroit, j'avais presque peur de le revoir, mais ma peur n'était pas fondée car il ne restait rien d'autre que la ligne basse de la colline pierreuse et les arbustes gris qui se détachaient sur le bleu délavé du ciel. Les derniers restes des huttes en ruine que j'y avais trouvées autrefois avaient disparu et c'est en vain que je les cherchai parmi les euryops, sur les rochers ; de même, entre les couches de roches, je ne trouvai aucune trace de la source, aucun signe de boue ni de moiteur, de joncs des marais, de roseaux ou de terre meuble susceptible de retenir une empreinte. Je découvris simplement deux petits tas de pierres sur des sépultures, presque invisibles au milieu des arbustes grisâtres, et songeai que des bergers qui vivaient là y avaient enterré leurs proches ; c'est alors que j'aperçus entre les pierres de petits bouquets de fleurs sauvages pas encore tout à fait fanées. Je compris alors que c'était là que, pendant la guerre, les Boers avaient fusillé les deux hommes soupçonnés d'espionnage, et je revis les femmes en pleurs dans la cour devant notre cuisine, sans que Maans ou moi puissions faire quoi que ce soit pour leur venir en aide. La guerre était finie depuis longtemps, plus personne n'en parlait ni ne faisait allusion aux événements survenus à Bastersfontein ; je ne savais même pas ce qu'étaient devenues les familles de ces hommes et pourtant, des années plus tard, des gens se souvenaient encore, des inconnus traversaient le veld pour déposer sur les tombes, parmi les pierres, les bouquets de fleurs sauvages qu'ils avaient cueillies.

Fourbue, je restai assise là un long moment à écouter le vent qui soufflait de plus en plus fort. *La tristesse et la douleur* – ces mots, oubliés depuis longtemps, me revinrent en mémoire, mais je ne savais plus où je les avais entendus ni qui les avait chantés, car la voix du chanteur, aussi immatérielle que le vent, était tombée dans l'oubli – *Ô la tristesse et la douleur !* Je savais au fond de moi qu'aucune plante au monde n'apporte la guérison, qu'aucune herbe ne garantit l'oubli. L'être humain est condamné à se souvenir et à porter son fardeau jusqu'à la fin.

Je finis par me dire qu'il était temps de me lever et de rebrousser chemin, quelque lointaine que me parût la maison, car les nuages s'amoncelaient au-dessus du plateau, et je me mis en route, traînant les pieds et trébuchant sur les racines, les pierres et les ravines. Le jour faiblissait sous les assauts du vent, le soleil et l'ombre alternaient sur le veld et le paysage ondoyait devant mes pas ; dans le ciel bleu, intense et sombre où menaçait l'orage, dans la lumière voilée du soleil, je voyais scintiller les élytropappus rhinocerotis blafards qui resplendissaient devant mes yeux et m'aveuglaient de leurs reflets argentés, puis je sentis une lame de fond me soulever et balayer la terre de dessous mes pieds. Je trébuchai sur une racine ou sur une pierre, mon pied s'enfonça dans un terrier de porc-épic et je tombai à terre.

Lorsque j'étais enfant, ils s'étaient aperçus de mon absence, étaient partis à ma recherche et un berger m'avait trouvée dans le veld et portée jusqu'à la maison, me sauvant d'une mort certaine ; lentement, laborieusement, sans trop savoir ce que je faisais, je m'étais hissée hors des profondeurs obscures et j'étais remontée vers la lumière, mais c'était il y a bien longtemps et je n'avais plus, désormais, de raison de vivre. Je préférais rester couchée à l'endroit même où j'étais tombée, fermer les yeux et écouter le bruit du vent dans les élytropappus jusqu'à ce que l'obscurité recouvre complètement ce paysage radieux, jusqu'à ce que je puisse enfin me laisser glisser dans les profondeurs, sans bruit ni résistance, portée par le poids de mon corps. À moitié endormie, je me dis que je me faisais trop vieille pour ces trajets solitaires, et que celui-là serait le dernier.

Je me redressai péniblement, le corps las et meurtri par ma chute, me frayai lentement un chemin parmi les ombres et les lumières dans la clarté argentée sous la menace de l'orage, au milieu d'une splendeur dont je n'avais plus été témoin depuis de longues années, et distinguai soudain, au loin, les lacs qui brillaient au soleil : je sus, alors, que je n'étais plus loin de la maison. Personne ne me vit arriver en traînant les pieds, avec mes vêtements poussiéreux et déchirés, les mains et le visage meurtris. Une fois dans ma chambre, je brossai ma robe tant bien que mal, relevai prestement mes cheveux et versai un peu d'eau pour me laver, mais mes mains lâchèrent prise et je chancelai en arrière dans cette obscurité à laquelle j'aspirais depuis si longtemps, cette miséricordieuse obscurité dans laquelle je pourrais m'assoupir à même le sol de ma chambre. Mon heure, toutefois, n'avait pas encore sonné : la bonne me trouva, appela Annie, et les deux femmes me portèrent jusqu'à la vieille maison, la maison où je suis née, la chambre où je dormais lorsque j'étais enfant. J'entendais vaguement leurs voix inquiètes, je voyais leurs gestes apeurés à la lueur de la bougie mais ne distinguais plus leurs paroles. Perdue dans mes pensées et dans mes souvenirs, j'attendais que les mots prennent fin, que quelqu'un souffle la bougie, j'attendais que la veilleuse près de mon lit s'éteigne et que s'apaise la respiration régulière de la jeune fille sur le lit de camp. Pendant quelques instants, j'eus peur de cette obscurité et de ce silence, tellement plus vastes que tout ce à quoi je m'étais attendue ; pendant quelques instants, j'eus peur de tout ce dont il me fallait me souvenir, mais maintenant j'ai vaincu la peur, atteint la connaissance et acquis la sagesse, et je peux contempler l'obscurité les yeux grands ouverts.

Il n'y a plus d'aube, rien que l'obscurité ; d'abord l'obscurité, puis le sommeil. L'obscurité a effacé le clair de lune, soufflé la flamme de la bougie ; Pieter, sans un mot, bascule par-dessus l'appui de la fenêtre et retombe dans l'obscurité d'où il était venu, et seule brille encore un instant la robe de Sofie tandis qu'elle danse seule sur une musique inaudible avant de disparaître elle aussi, ombre parmi les ombres. Ils ont trouvé le repos, et maintenant cette vie peut prendre fin à son tour : j'ai remis mon rapport, présenté mon bilan. L'eau s'est tarie et la terre n'a pas conservé les empreintes. L'obscurité enveloppe tout.

Je voulais me relever une dernière fois, traverser la maison endormie, je voulais sortir chercher quelque chose, mais ces désirs se sont évanouis eux aussi, comme se sont évanouis la peur et les souvenirs, et tout a disparu, englouti dans le grand trou noir. Que pourrais-je chercher d'autre ? D'autres viendront, d'autres gens, un jour, longtemps après nous. Parmi les arbustes bourgeonnants où les porcs-épics auront creusé leurs terriers, ils trouveront peut-être des pierres pour la présence desquelles ils n'auront aucune explication plausible, et des vestiges d'inscriptions rongées par les intempéries qu'ils ne pourront ni comprendre, ni même déchiffrer : peut-être parviendront-ils encore à distinguer un nom, une date, mais qui pourra juger de leur fiabilité ou en décrypter le sens ? À l'endroit où le vieux mur s'affaisse pour laisser place à des amas de pierres, parmi les buissons, les pierres et les herbes, personne ne cherchera jamais les restes de bois ou de métal enfouis là autrefois, et même si quelqu'un découvre des fragments, des éclats, qui pourra encore dire s'il s'agit d'une croix, d'une bague ? Les pierres entassées là il y a longtemps se désagrègent, s'effondrent, et plus rien ne permet de les distinguer au milieu des corniches, des affleurements et des crêtes dans le paysage de pierre plat et gris.

*DU MÊME AUTEUR*

*AUX ÉDITIONS PHÉBUS*

*En étrange pays*, roman
2007

*Retour au pays bien-aimé*, roman
2006

*La Saison des adieux*, roman
2004
Prix Amphi, 2006

3 nouvelles dans *Caravanes* n° 8
2003

*Cet ouvrage*
*réalisé pour le compte des Éditions Phébus*
*a été mis en pages par In Folio,*
*reproduit et achevé d'imprimer*
*en mai 2009*
*dans les ateliers de Normandie Roto Impression s.a.s.*
*61250 Lonrai*
*N° d'imprimeur : 09-1868*

*Imprimé en France*

*Dépôt légal : février 2009*
*I.S.B.N. : 978-2-75-290306-8*